TERRE INDIENNE

SÉRIE « MONDE » H.S. N° 54

TERRE INDIENNE

dirigé par
PHILIPPE JACQUIN

AUTREMENT : 4, RUE D'ENGHIEN, 75010 PARIS.
TÉL. : (1) 47.70.12.50. FAX : 47.70.97.52

Directeur-rédacteur en chef : Henry Dougier.
Rédaction : Béatrice Ajchenbaum-Boffety. Nicole Czechowski. Richard Figuier.
Maurice Lemoine. *Fabrication/Secrétariat de rédaction :* Bernadette Mercier, assistée de Hélène Dupont. *Maquette :* Patricia Chapuis, Élisabeth de Garrigues. *Service financier :* Éric Moulette. *Gestion et administration :* Anne Allasseur. Agnès André. Hassina Mérabet. Christian Da Silva. *Attachée de presse :* Magalie Cornetto. *Service commercial :* Jean-François Platet.

Abonnements au 1ᵉʳ janvier 1991 : L'abonnement peut être souscrit auprès de votre libraire, ou directement aux Éditions Autrement, 4, rue d'Enghien, 75010 Paris, (CCP Paris 1-198-50-C). Le montant de l'abonnement doit être joint à la commande. Un délai d'un mois est nécessaire pour la mise en place de l'abonnement, plus le délai d'acheminement. Pour tout changement d'adresse, veuillez nous prévenir avant le 15 du mois et nous joindre la dernière étiquette d'envoi. Un abonnement commence avec le numéro du mois. Tarifs par série : « Monde » (7 N°/an) : 530 F (étranger : 600 F). « Mutations » (7 N°/an) : 530 F (étranger : 600 F). « Mémoires » (7 N°/an) : 650 F (étranger : 770 F). « Morales », (4 N°/an) : 315 F, (étranger : 370 F). **Vente en librairie exclusivement. — Diffusion/distribution** : Éditions du Seuil.

« CE MONDE ENFANT DÉVASTÉ PAR SES CONQUÉRANTS... »

PAR PHILIPPE JACQUIN

*L*a réflexion de Montaigne, dans les Cannibales, *illustre le drame qui ensanglante le plateau mexicain et les vallées des Andes ; pendant que l'Europe s'ouvre à la Renaissance, « un vol de gerfauts » s'abat sur l'Amérique. Bouleversé, Montaigne s'interroge sur une tragédie d'autant plus grave qu'elle bouleverse « un monde enfant », une terre à peine effleurée par le péché originel, vierge de toutes les turpitudes de la Vieille Europe. Pendant des générations, humanistes et philosophes observent le paradis perdu. L'Europe ne découvre pas l'Amérique mais la genèse de l'Histoire humaine, loin des Écritures. En réalité, au fur et à mesure de la Conquête, s'estompent la terre édénique, l'el Dorado, la fontaine de Jouvence. Les Européens n'auront de cesse de fouiller le Continent pour extraire ses richesses tout en détruisant l'oasis bienfaisante des origines. En brisant les civilisations indiennes, les hommes de l'Ancien Monde tuent leurs rêves, dévastent le monde enfant et lui insufflent la corruption.*

*M*ontaigne *regardait le Nouveau Monde, à l'état de nature, comme un véritable modèle, une source d'inspiration profonde pour une Europe fatiguée et meurtrie. Aujourd'hui, la réflexion de Montaigne apparaît comme la pensée prémonitoire d'une tragédie dont la répétition pendant cinq siècles a éclipsé les acteurs.*

L'Amérique indienne *du XXᵉ siècle appartient « à un monde enfant » ou, plutôt, tout a été fait pour qu'elle le retrouve. L'Occidental grandit avec l'Indien, non pas celui de la réalité, mais le stéréotype façonné par les écrivains et les cinéastes. L'Indien s'est transformé en fantôme, il revient et il disparaît au gré des spectacles et des modes. Des images, des mots d'origine indienne traversent notre quotidien, tra-*

vestis par la publicité et le folklore. *Une culture originale s'évanouit dans l'American Way of Life. La Jeep « Cherokee », le tracteur « Manitou », la berline « Thunderbird », même la fusée « Tomahawk » ne font référence qu'à la technologie américaine, ils ont perdu leur sens et viennent rejoindre le vaste* melting-pot *linguistique de la civilisation occidentale. En fait, loin d'être insignifiant, le vol des mots et des images appartient à une lutte symbolique. En dépouillant tout signifiant à une culture, on l'infantilise, on la réduit à des stéréotypes, à la figuration touristique, au rêve bon marché. Ainsi, l'Indien revient vers l'univers de l'enfant et du spectacle, l'âge où l'on joue aux cow-boys et aux Indiens, où l'on est bercé par les westerns avec des bons et des méchants si faciles à distinguer, surtout lorsqu'ils sont coiffés de plumes.*

Cet ouvrage ouvre au public un ensemble d'études qui permettent d'approcher la réalité indienne de la fin du XXᵉ siècle. La réunion, dans un même corpus, d'anthropologues, d'historiens, de spécialistes de la littérature est représentative de l'approche que nécessite, aujourd'hui, la compréhension des sociétés dans leur passé et leur présent. Pensées comme une sorte de commémoration, cent ans après, de l'assassinat de Sitting Bull et du massacre de Wounded Knee en décembre 1890, les contributions de cet ouvrage se sont étoffées, enveloppant tout le destin des Indiens depuis cinq siècles.

La phrase de Montaigne est toujours d'actualité. Elle s'applique aussi à l'Amérique hispanique et a valeur de symbole au moment où la nature américaine court les plus grands risques. Elle nous rappelle également l'attachement des Français, depuis la Découverte, à ce Monde nouveau. Après tout, on l'oublie un peu vite, la France a été présente pendant deux siècles en Amérique du Nord et nous avons également notre responsabilité dans la Conquête.

PHILIPPE JACQUIN

Maître de conférences à l'université Jean-Moulin, Lyon III. Spécialiste de l'histoire des Indiens d'Amériques aux XVIIᵉ et XVIIIᵉ siècles. Dernière publication : *Les Indiens blancs*, Payot, Paris, 1987.

CHRONOLOGIE

1540/1542. Premières explorations de Coronado dans la région des Pueblos.

1584. Colonie de sir Walter Raleigh à Roanoke.

1607. Débarquement de 105 colons anglais à Jamestown.

1620. Débarquement des pèlerins du *Mayflower* à Plymouth.

1622. Attaque des colons de Virginie par Oppechankanough.

1636/1637. Guerre des Pequots au Connecticut.

1644. Deuxième attaque powathan en Virginie.

1675/1676. Guerre du roi Philip en Nouvelle-Angleterre.

1680. Révolte des Pueblos dans le Sud-Ouest.

1682. Traité de William Penn avec les Delawares.

1711/1712. Guerre des Tuscaroras en Caroline du Nord. Les Tuscaroras entrent dans la Ligue des Iroquois.

1715/1716. Guerre yamasee en Caroline du Sud et en Georgie.

1754. Conférence d'Albany entre les Iroquois et les colons.

1754/1763. Guerre de Sept Ans.

1763. « Révolte de Pontiac ». Proclamation royale sur la frontière des Appalaches.

1774. Guerre de lord Dunmore.

1775/1783. Guerre d'Indépendance américaine.

1778. Premier traité signé avec les États-Unis et les Delawares.

1787. Le Congrès continental signe l'Ordonnance du Nord-Ouest. Rédaction de la Constitution des États-Unis.

1790/1791. Les armées de Josiah Harmar et d'Arthur St Clair sont défaites dans l'Ohio par les tribus confédérées.

1794. Bataille de Fallen Timbers : défaite des tribus du Nord-Ouest.

1795. Traité de Greenville, signé par douze tribus. Une frontière permanente est établie dans le territoire du Nord-Ouest.

1803. Traité de Vincennes : le territoire indien du Nord-Ouest est réduit.

1803. Jefferson achète la Louisiane à Napoléon.

1804/1806. Expédition de Lewis et Clarke vers le Pacifique.

1811. Bataille de Tippecanoe.

1812/1814. Guerre entre l'Angleterre et les États-Unis. Mort de Tecumseh à la bataille de la Thames.

1814. Expédition d'Andrew Jackson avec la milice d'Alabama contre les Creek.

1816/1818. Première guerre seminole.

1819. Traité Adams-Onis : l'Espagne cède la Floride aux États-Unis.

1824. Création du Bureau des Affaires indiennes au département de la Guerre.

1827. Adoption de la Constitution cherokee.

1830. Le Congrès adopte l'*Indian Removal Bill*, proposé par le président Jackson.

1832. Worcester v. Georgia à la Cour suprême. John Marshall énonce la doctrine des *dependent domestic nations*.

1835. Traité de New Echota : les Cherokee cèdent toutes leurs terres en Georgie et doivent s'exiler.

1835/1842. Deuxième guerre seminole.

1838. La « Piste des Larmes » des Cherokee : déportation en Oklahoma.

1842. Ouverture de la piste de l'Oregon.

1845. Les États-Unis annexent le Texas.

1848. Traité de Guadalupe Hidalgo entre le Mexique et les États-Unis. Acquisition par les États-Unis du sud-ouest du continent.

1849. Le Bureau des Affaires indiennes est transféré au département de l'Intérieur.

1851. Premier traité de Laramie avec les tribus des plaines et des montagnes.

1855. Traités avec les tribus des territoires de l'Oregon et du Washington.

1860/1875. Extermination des bisons.

1862. Guerre des Sioux Santees dans le Minnesota.

1862/1872. Guérillas apaches dans le Sud-Ouest.

1864. Massacre des Cheyennes à Sand Creek.

1868. Le régiment de Custer massacre les Cheyennes de Black Kettle.

1869. Ely Parker (Seneca), premier Indien nommé commissaire du BAI.

1871. Le Congrès abandonne la politique des traités avec les tribus indiennes.

1872/1873. Guerre des Modoc dans l'Oregon.

1876. Little Big Horn : défaite et mort du général Custer dans la bataille avec les Sioux tetons et les Cheyennes.

1877. Guerre des Nez-Percé dans l'Idaho et le Montana. Reddition de Chief Joseph.

1879. Guerre des Ute. Création de l'école de Carlisle en Pennsylvanie.

1882. Fondation de l'Indian Rights Association.

1886. Reddition de Geronimo.

1887. *Dawes Act* : loi de lotissement des réserves.

1890. 15 décembre : meurtre de Sitting Bull à Standing Rock. 29 décembre : massacre de Wounded Knee.

1911. Fondation de l'American Indian Association (Society of American Indians).

1924. *Indian Citizenship Act* : citoyenneté des Indiens.

1928. Publication du rapport Meriam : *The Problem of Indian Administration.*

1934. *Wheeler-Hower Act* : loi de « réorganisation indienne ».

1944. Fondation du National Congress of American Indians.

1946. Création de la Commission pour les revendications indiennes par le Congrès.

1949. Programme de « relogement » des Indiens.

1953/1954. Premiers décrets de *termination.*

1958. *Termination* des Klamath de l'Oregon.

1960. *Termination* des Menominee.

1961. Conférence des Indiens américains à Chicago.

1964. Début de la lutte pour les droits de pêche dans l'État de Washington.

1968. Fondation de l'American Indian Movement.

1969. Les Passamaquoddys barrent la route à Princeton dans le Maine. Occupation d'Alcatraz par les Indians of All Tribes.

1970. Sit-in indiens dans plusieurs bureaux du BAI.

1971. Alaska Native Claims Act : les Esquimaux et les Aleut dédommagés.

1972. Marche de Gordon, au Nebraska, pour protester contre le meurtre de Raymond Little Thunder.
Trail of the Broken Treaties : occupation de l'immeuble du BAI à Washington.

1973. Février-mai : occupation de Wounded Knee, au Dakota du Sud.

1975. Abrogation de la loi de *termination* des Menominee.

1976. *Project Independence* : programme de développement des ressources énergétiques aux États-Unis. Deuxième Conférence internationale des traités indiens. Création de l'International Indian Treaty Concil.

1977/1978. Dépôts de projets de loi par les sénateurs Kennedy, Meeds, Cunningham... visant à abroger les traités et à supprimer le statut spécial des tribus et nations indiennes.

Février-juillet 1978 : la plus Longue Marche, contre l'abrogation des traités indiens.

1981. 15-18 septembre : conférence des organisations non gouvernementales (ONTI) à New York. Des groupes autochtones du monde entier viennent défendre leur droit de vivre librement sur leurs territoires.

1982. 25 janvier : la Cour suprême approuve l'impôt prélevé par les Apaches du Nouveau-Mexique sur une grande compagnie pétrolière installée sur leur réserve.

1982. Avril : réédition de l'ouvrage de Félix Cohen, publié d'abord en 1942, sur les fondements de la doctrine du droit indien *Handbook of Federal Indian Laws.*

1983. Janvier : le président Reagan demande au Congrès d'abolir la politique de *termination*, il reconnaît la diversité des tribus et le droit de chacune d'elles à se déterminer.

1984. Février : premier colloque au séminaire théologique de Princeton en vue d'encourager le développement des études du droit indien.

1985. Mars : la Cour suprême se prononce en faveur des Oneidas dont les terres avaient été acquises par deux comités de l'État de New York sous l'approbation fédérale.

1985. Avril : la Cour suprême confirme la légalité de l'impôt indien qui, depuis 1978, pèse sur les revenus d'une société minière du territoire navajo.

1990. Anniversaire de la mort de Sitting Bull et du massacre de Wounded Knee.

LA POPULATION INDIENNE DES ÉTATS-UNIS, 1900-1991
(en milliers)

ANNÉE	TOTAL	EN MILIEU URBAIN	EN MILIEU RURAL	% DU TOTAL EN MILIEU URBAIN
1492	7 000 à 8 000			
1900	237	1	236	0,4
1920	244	15	229	6,1
1940	334	24	310	7,2
1960	524	146	378	27,9
1970	764	340	424	44,5
1977	1 000	500	500	50,0
1986	1 420			
1991	2 000			

Source : SORKIN (Alan L.). — *The Urban American Indian*, Lexington, Toronto, Lexington Books, 1978, p. 10.

REVENU MOYEN DES HOMMES INDIENS, NOIRS ET BLANCS, 1949-1969
(en dollars de 1969)

ANNÉE	TOTAL DES INDIENS	INDIENS DES VILLES	INDIENS DES RÉSERVES	NOIRS	BLANCS
1949	1 094	1 198	950	2 218	3 780
1959	2 218	2 961	1 699	3 398	5 229
1969	3 509	4 568	2 603	4 508	7 579

Source : SORKIN (Alan L.). — *The Urban American Indian*, Lexington, Toronto, Lexington Books, 1978, p. 14.

TAUX DE CHÔMAGE DES HOMMES INDIENS, NOIRS ET BLANCS
(en pourcentage)

ANNÉE	INDIENS			NOIRS	BLANCS
	TOTAL	EN MILIEU URBAIN	DANS LES RÉSERVES		
1960	38,2	12,1	51,3	10,7	4,8
1970	28,6	9,4	41,0	8,2	4,0
1975	—	—	39,8	13,7	7,2

Source : SORKIN (Alan L.). — *The Urban American Indian*, Lexington, Toronto, Lexington Books, 1978, p. 21.

13

1

LE CHEMIN
DES LARMES

PEUT-ÊTRE
SOMMES-NOUS FRÈRES ?

LES UNES APRÈS LES AUTRES, LES DERNIÈRES NATIONS AMÉRINDIENNES LIBRES DE L'OUEST ET DU NORD DU CONTINENT AMÉRICAIN ONT SUCCOMBÉ, MOINS À CAUSE DE LEUR INFÉRIORITÉ MILITAIRE QUE PAR SUITE DE LA DESTRUCTION PROGRESSIVE DE LEUR MILIEU ET DE LA DÉSINTÉGRATION SOCIALE QUI S'ENSUIVIT. À TRAVERS LE DISCOURS DU CHEF SEATTLE « PEUT-ÊTRE SOMMES-NOUS FRÈRES », J.-M.G. LE CLÉZIO REND HOMMAGE À TOUS CEUX QUI ONT DÉFENDU AU PRIX DE LEUR VIE LES PENSÉES ET LA PHILOSOPHIE AMÉRINDIENNES.

À la veille de la commémoration du premier voyage de Christophe Colomb vers le Nouveau Monde, l'anniversaire de la mort de Taureau Assis a une valeur de symbole, qui souligne la catastrophe que fut l'arrivée des premiers Européens sur le territoire des Amérindiens. Depuis cette première rencontre, jusqu'aux temps modernes, la défaite des nations amérindiennes, sur toute l'étendue du continent américain, a été précédée par une catastrophe écologique. Cette idée n'est pas neuve : dès le XVIᵉ et le XVIIᵉ siècle, la plupart des grands chroniqueurs qui ont été à l'origine de nos « sciences humaines », Las Casas, Mendieta, Torquemada, ne disent pas autre chose quand ils cherchent à faire comprendre à leurs contemporains que la conquête du Nouveau Monde n'est pas un bienfait mais véritablement un désastre.

Les massacres, les famines, les épidémies sont les manifestations les plus visibles d'un déséquilibre qui annonce la fin de ces civilisations, la désolation des terres nouvellement conquises et, d'une certaine façon, notre propre ruine. Le père José de Acosta démontre avec un réalisme qui touche au cynisme l'ampleur de cette catastrophe : en détruisant les Indiens, dit-il, les Espagnols ne font que préparer leur propre châtiment, puisqu'ils se privent des richesses que Dieu leur avait réservées.

Cette catastrophe et cette destruction qui marche le long du nouveau continent du sud au nord ne sont pas le résultat d'un hasard. En fait, le but de la conquête (par les Espagnols et les Portugais d'abord, puis les Anglais et les Français) est l'appropriation de cette « virginité », qui donne aux conquérants de l'Ancien Monde opportuniste et rationnel le droit d'en abuser jusqu'aux limites. Les premiers voyages des conquérants ne sont rien d'autre, en dépit des apparences, que des entreprises lucratives, tout à fait semblables aux expéditions coloniales de la fin du XIXᵉ siècle. Avant de se lancer à l'aventure, les « découvreurs » cherchent des capitaux pour acheter hommes, armes et vaisseaux, et faire provision de ces caisses de pacotilles et de verre filé qui leur permettront de s'approprier des terres et des esclaves.

Ils s'endettent, s'engagent sur la promesse des butins à venir, recrutent leurs équipages dans les prisons. Ils signent des traités par lesquels ils se répartissent les richesses et les peuples dont ils ignorent encore l'existence — le monstrueux traité entre Pizarre, Luque et Almagro. Pour rembourser ces mises de fonds, les conquérants doivent exploiter sans aucun frein les richesses conquises, afin d'en retirer dans le minimum de temps un bénéfice considérable. C'est cette volonté de gaspillage systématique qui caractérise la mentalité des premiers voyageurs européens, et c'est elle qui entretient chez les colons, jusqu'aux temps modernes, le mythe de l'inépuisable Amérique. Pourtant, autour d'eux, tout dément le mythe : la famine, les épidémies, l'appauvrissement du sol, les forêts dévastées, les lacs asséchés, la disparition des espèces animales, et surtout l'effondrement démographique des populations amérindiennes. En l'espace de quelques décennies, des régions qui comptaient des centaines de milliers d'individus sont réduites à quelques poignées d'esclaves ou de « renégats ».

La volonté destructrice des conquérants forge d'une certaine façon l'unité politique des survivants du monde amérindien. Contrairement aux idéalistes restés en Europe, les colons espagnols ou anglo-saxons aiment à dépeindre l'Indien américain comme un être dépravé, sans loi ni religion, à peine différent de l'animal. « *Brutos animales* », dit le père Andres Perez de Ribas à propos des nations semi-nomades de l'Ouest mexicain. Et les agents du *Bureau of Indian Affairs* expriment ce mélange de commisération et de mépris avec lequel ils traitent les Indiens insoumis de la Frontière :

> « Notre détermination aujourd'hui doit être de ne jamais relâcher l'usage de la force envers des populations à qui on ne saurait faire davantage confiance qu'à des bandes de loups errant à travers les montagnes[1]. »

Pour les peuples indiens (et particulièrement pour ceux de l'Amérique aride), le monde où ils vivaient était leur unique

---

1. COLLINS, *in* Archives du BIA, Santa Fe, 1861.

demeure, ils n'avaient nulle part où se retirer. C'est pourquoi leur économie ne pouvait être qu'une économie de survie : respect de la terre et de toutes ses ressources.

L'évidence de cette nécessité procurait aux conquérants un double avantage : en exploitant jusqu'aux limites les richesses du Nouveau Monde, ils étaient sûrs de pouvoir soumettre les plus rebelles par la faim et par la pauvreté. En les exilant du pouvoir sur leurs propres terres, ils leur ôtaient toute responsabilité sur leur monde, et jusqu'au sentiment d'appartenir à l'espèce humaine. L'Amérique devenait, grâce à cette dialectique, ce que les conquérants avaient rêvé, un règne primitif et barbare.

Les nations du Nord et du Nord-Ouest, les « barbares », les « vagabonds », sont celles qui ont vécu de la façon la plus dramatique l'enfermement dans la violence. Nomades vivant en grande partie de la chasse sur l'immense territoire qui va des déserts du Sonora et du Durango jusqu'au Canada, et comprenant les hauts plateaux et les savanes du centre du continent, Apaches, Utah, Comanches, Arapahoes, Pawnees, Sioux, Wichita, Cheyennes, Crow, Dakota, Mandans, Osage, tous ceux qu'on a appelés les Peuples du Bison vivaient dans un équilibre fragile, qui reposait en grande partie sur la chasse. Le bison était la principale source de survie : la chair et le sang nourrissaient l'Indien, les cornes et les sabots lui servaient d'armes, d'outils, de colle, le cuir lui servait pour les tentes, pour les habits, les tendons pour les liens, l'estomac des veaux lui donnait le lait caillé, le fiel était une teinture. Le massacre du bison, perpétré par les colons anglo-saxons, fut l'un des plus grands désastres écologiques de tous les temps. Les plaines autrefois vivantes, peuplées de nomades, devinrent ce que T.R. Fehrenbach appelle les « plaines cimetières[2] » où l'Indien errait sans but et sans ressources, pris dans le cauchemar d'un monde sans vie.

La plainte adressée au gouverneur du Texas en 1852 par les chefs comanches Katum'se et Sanaco résonne avec un accent de vérité qui ne toucha que peu d'Européens :

« Sur ce vaste pays que pendant des siècles nos ancêtres ont parcouru sans que personne ne leur en refuse le droit, libres et heureux, que nous reste-t-il ? Le gibier, notre principale ressource, est tué et chassé au loin, et l'on nous force dans les lieux les plus stériles et les plus arides, où nous mourons de faim. Nous ne voyons autour de nous que destruction, et nous attendons notre fin avec indifférence et résignation. Donnez-nous seulement une terre que nous pourrons dire nôtre, afin que nous puissions y enterrer notre peuple en paix. »

---

2. FEHRENBACH, *Comanches, the destruction of a people.*

Les unes après les autres, les dernières nations amérindiennes libres de l'ouest et du nord du continent américain succombèrent, moins à cause de leur infériorité militaire que par suite de la destruction progressive de leur milieu et de la désintégration sociale qui s'ensuivit. Comanches, Arapahoes, Utah, Sioux, Apaches, les Indiens connurent le même sort, la même servitude et le même désespoir qu'avaient connus, au commencement de la conquête, les peuples agriculteurs de la Méso-Amérique, Aztèques, Mayas, Purépécha, Otomi. Leur désespoir provenait moins d'une défaite politique — car, vivant séparées, les nations amérindiennes eurent rarement conscience d'une guerre généralisée contre leur race — que du sentiment profond, mystique, d'une rupture de l'équilibre de l'univers et d'une violation de la terre sacrée.

Puisqu'on célèbre aujourd'hui le triste anniversaire de la mort d'un des plus grands chefs visionnaires de l'Amérique indienne, le Dakota Taureau Assis, c'est un hommage à tous ceux qui ont défendu au prix de leur vie la pensée et la philosophie amérindiennes qu'il faut rendre, à Juh, à Cochise, à Chef Joseph. Au chef Seattle, dont le discours « Peut-être sommes-nous frères ? » devrait être enseigné dans toutes les écoles, comme l'un des plus beaux et des plus forts messages laissés à l'humanité :

« PEUT-ÊTRE SOMMES-NOUS FRÈRES[3] ? »

Seattle (ou Sealth) était l'un des grands chefs indiens à l'époque où l'homme blanc progressait vers l'ouest en Amérique du Nord.
On peut admirer dans son discours à la fois un sens et un souci écologiques, inconnus à l'époque mais si actuels, en même temps que le pressentiment du sort qui attendait le peuple indien.

« Le Grand Chef de Washington nous a fait part de son désir d'acheter notre terre.

« Le Grand Chef nous a fait part de son amitié et de ses sentiments bienveillants. Il est très généreux, car nous savons bien qu'il n'a pas grand besoin de notre amitié en retour.

« Cependant, nous allons considérer votre offre, car nous savons que si nous ne vendons pas, l'homme blanc va venir avec ses fusils et va prendre notre terre.

« Mais peut-on acheter ou vendre le ciel, la chaleur de la terre ? Étrange idée pour nous !

---

3. Discours prononcé en 1854 par le chef indien Seattle devant l'Assemblée des tribus. « Idées et action », n° 113 — 1976/6. *Bulletin de la Campagne mondiale contre la faim-action pour le développement*, FAO, Rome.

« Si nous ne sommes pas propriétaires de la fraîcheur de l'air, ni du miroitement de l'eau, comment pouvez-vous nous l'acheter ?

« Le moindre recoin de cette terre est sacré pour mon peuple. Chaque aiguille de pin luisante, chaque grève sablonneuse, chaque écharpe de brume dans le bois noir, chaque clairière, le bourdonnement des insectes, tout cela est sacré dans la mémoire et la vie de mon peuple. La sève qui coule dans les arbres porte les souvenirs de l'homme rouge.

« Les morts des hommes blancs, lorsqu'ils se promènent au milieu des étoiles, oublient leur terre natale. Nos morts n'oublient jamais la beauté de cette terre, car elle est la mère de l'homme rouge ; nous faisons partie de cette terre comme elle fait partie de nous.

« Les fleurs parfumées sont nos sœurs, le cerf, le cheval, le grand aigle sont nos frères ; les crêtes des montagnes, les sucs des prairies, le corps chaud du poney, et l'homme lui-même, tous appartiennent à la même famille.

« Ainsi, lorsqu'il nous demande d'acheter notre terre, le Grand Chef de Washington exige beaucoup de nous.

« Le Grand Chef nous a assuré qu'il nous en réserverait un coin, où nous pourrions vivre confortablement, nous et nos enfants, et qu'il serait notre père, et nous ses enfants.

« Nous allons donc considérer votre offre d'acheter notre terre, mais cela ne sera pas facile, car cette terre, pour nous, est sacrée.

« L'eau étincelante des ruisseaux et des fleuves n'est pas de l'eau seulement ; elle est le sang de nos ancêtres. Si nous vous vendons notre terre, vous devrez vous souvenir qu'elle est sacrée, et vous devrez l'enseigner à vos enfants, et leur apprendre que chaque reflet spectral de l'eau claire des lacs raconte le passé et les souvenirs de mon peuple. Le murmure de l'eau est la voix du père de mon père.

« Les fleuves sont nos frères ; ils étanchent notre soif. Les fleuves portent nos canoës et nourrissent nos enfants. Si nous vous vendons notre terre, vous devrez vous souvenir que les fleuves sont nos frères et les vôtres, et l'enseigner à vos enfants, et vous devrez dorénavant leur témoigner la bonté que vous auriez pour un frère.

« L'homme rouge a toujours reculé devant l'homme blanc, comme la brume des montagnes s'enfuit devant le soleil levant. Mais les cendres de nos pères sont sacrées. Leurs tombes sont une terre sainte ; ainsi, ces collines, ces arbres, ce coin de terre sont sacrés à nos yeux. Nous savons que l'homme blanc ne comprend pas nos pensées. Pour lui, un lopin de terre en vaut un autre, car il est l'étranger qui vient de nuit piller la terre selon ses besoins. Le sol n'est pas son frère, mais son ennemi, et quand il l'a conquis, il poursuit sa route. Il laisse derrière lui les tombes de ses pères et ne s'en soucie pas.

« Vous devez enseigner à vos enfants que la terre, sous leurs pieds, est faite des cendres de nos grands-parents. Afin qu'ils la respectent, dites à vos enfants que la terre est riche de la vie de notre peuple. Apprenez à vos enfants ce que nous apprenons à nos enfants, que la terre est notre mère. Tout ce qui arrive à la terre arrive aux fils de la terre. Lorsque les hommes crachent sur la terre, ils crachent sur eux-mêmes.

« Nous le savons : la terre n'appartient pas à l'homme, c'est l'homme qui appartient à la terre. Nous le savons : toutes choses sont liées comme le sang qui unit une même famille. Toutes choses sont liées.

« Tout ce qui arrive à la terre arrive aux fils de la terre. L'homme n'a pas tissé la toile de la vie, il n'est qu'un fil de tissu. Tout ce qu'il fait à la toile, il le fait à lui-même.

« Mais nous allons considérer votre offre d'aller dans la réserve que vous destinez à mon peuple. Nous vivrons à l'écart et en paix. Qu'importe où nous passerons le reste de nos jours. Nos enfants ont vu leurs pères humiliés dans la défaite. Nos guerriers ont connu la honte ; après la défaite, ils coulent des jours oisifs et souillent leur corps de nourritures douces et de boissons fortes. Qu'importe où nous passerons le reste de nos jours ? Ils ne sont plus nombreux. Encore quelques heures, quelques hivers, et il ne restera plus aucun des enfants des grandes tribus qui vivaient autrefois sur cette terre, ou qui errent encore dans les bois, par petits groupes ; aucun ne sera là pour pleurer sur les tombes d'un peuple autrefois aussi puissant, aussi plein d'espérance que le vôtre. Mais pourquoi pleurer sur la fin de mon peuple ? Les tribus sont faites d'hommes, pas davantage. Les hommes viennent et s'en vont, comme les vagues de la mer.

« Même l'homme blanc, dont le Dieu marche avec lui et lui parle comme un ami avec son ami, ne peut échapper à la destinée commune. Peut-être sommes-nous frères malgré tout ; nous verrons. Mais nous savons une chose que l'homme blanc découvrira peut-être un jour : notre Dieu est le même Dieu. Vous avez beau penser aujourd'hui que vous le possédez comme vous aimeriez posséder notre terre, vous ne le pouvez pas. Il est le Dieu des hommes, et sa compassion est la même pour l'homme rouge et pour l'homme blanc.

« La terre est précieuse à ses yeux, et qui porte atteinte à la terre couvre son créateur de mépris. Les blancs passeront, eux aussi, et peut-être avant les autres tribus. Continuez à souiller votre lit, et une belle nuit, vous étoufferez dans vos propres déchets.

« Mais dans votre perte, vous brillerez de feux éclatants, allumés par la puissance du Dieu qui vous a amenés dans ce pays, et qui, dans un dessein connu de lui, vous a donné pouvoir sur cette terre et sur l'homme rouge. Cette destinée est pour nous un mystère ; nous ne comprenons pas, lorsque tous les buffles sont massacrés, les chevaux sauvages domptés, lorsque les recoins secrets des forêts sont lourds de l'odeur d'hommes nombreux, l'aspect des collines mûres pour la moisson est abîmé par les câbles parlants.

« Où est le fourré ? Disparu. Où est l'aigle ? Il n'est plus. Qu'est-ce que dire adieu au poney agile et à la chasse ? C'est finir de vivre et se mettre à survivre.

« Ainsi donc, nous allons considérer votre offre d'acheter notre terre. Et si nous acceptons, ce sera pour être bien sûrs de recevoir la réserve que vous nous avez promise. Là, peut-être, nous pourrons finir les brèves journées qui nous restent à vivre selon nos désirs. Et lorsque le dernier homme rouge aura disparu de cette terre, et que son souvenir ne sera plus que l'ombre d'un nuage glissant sur la prairie, ces rives et ces forêts abriteront encore les esprits de mon peuple. Car ils aiment cette terre comme le nouveau-né aime le battement du cœur de sa mère. Ainsi, si nous vous vendons notre terre, aimez-la comme nous l'avons aimée. Prenez soin d'elle comme nous en avons pris soin.

« Gardez en mémoire le souvenir de ce pays, tel qu'il est au moment où vous le prenez. Et de toute votre force, de toute votre pensée, de tout votre cœur, préservez-le pour vos enfants, et aimez-le comme Dieu vous aime tous.

« Nous savons une chose : notre Dieu est le même Dieu. Il aime cette terre. L'homme blanc lui-même ne peut pas échapper à la destinée commune. PEUT-ÊTRE SOMMES-NOUS FRÈRES. Nous verrons. »

J.-M.G. LE CLÉZIO

Romancier. Derniers ouvrages parus : *La Ronde et autres faits divers*, Gallimard, 1990 ; *Sirandanes, petit lexique de la langue créole et des oiseaux*, Seghers, 1990 ; *Onitsha*, Gallimard, 1991.

Buffalo Bull's Back Fat, chef de la tribu des Pieds-Noirs
peint par Georges Catlin, 1832

PHILIPPE JACQUIN

DE L'AMÉRIQUE INDIENNE À L'AMÉRIQUE BLANCHE

DANS TOUTE L'AMÉRIQUE, LES INDIENS AVAIENT AFFINÉ DES SYSTÈMES COM-
PLEXES DE SUBSISTANCE SATISFAISANT NON SEULEMENT LEURS BESOINS MAIS
S'ACCORDANT AVEC LEURS CONCEPTIONS RELIGIEUSES ET LEUR UNIVERS MEN-
TAL. LA COLONISATION N'A PAS ÉTÉ QU'UNE CONQUÊTE MILITAIRE. EN APPORTANT
DE NOUVELLES VALEURS, EN BOULEVERSANT LE MILIEU NATUREL, EN PROPOSANT
UNE AUTRE TECHNOLOGIE, ELLE A CONDUIT L'INDIEN À PORTER UN REGARD DIF-
FÉRENT SUR SON ENVIRONNEMENT ET À SE PENSER AUTREMENT.

Porté par son rêve et par les vents, Christophe Colomb arrive en octobre 1492 dans l'une des îles des Bahamas. Les voyages suivants le conduisent des Antilles à frôler les côtes américaines. Dans son sillage, les Espagnols occupent Saint-Domingue et Cuba. Ces grandes îles, saignées de leur population et de leur or, deviennent, à l'entrée du XVIᵉ siècle, à la fois les bases de départ et les véritables relais de l'assaut hispanique vers les Empires aztèque et inca. Sur les terres chaudes de l'Amérique, l'avance des Espagnols ouvre un chemin de sang et de pleurs. Alors que l'Amérique méridionale subit les outrages de la Conquête, dans l'hémisphère Nord les explorateurs européens tâtonnent.

Avant que l'audacieux Génois fasse entrer l'Amérique dans l'Histoire européenne, les intrépides Vikings avaient foulé la terre mystérieuse du Vinland. Au cours du Moyen Âge, les sagas nordiques chantent les exploits d'Erik le Rouge ou de Thorhall le Chasseur dans les mers glaciales et les brumes d'un autre monde. L'archéologie atteste l'existence de sites vikings sur la côte est du Labrador autour de l'an 1000. La tradition orale et la mémoire collective des marins de l'Atlantique nord n'ont cessé de colporter les récits des Islandais et des Norvégiens. La découverte des vastes bancs de Terre-Neuve au XVᵉ siècle prouve que la route des « terres brumeuses de l'Ouest » continue à être fréquentée par les navigateurs. La manne halieutique attire les pêcheurs de la façade atlantique, l'Europe catholique, avec sa centaine de jours de carême, constitue un excellent marché pour

LE CHEMIN DES LARMES

la morue américaine. La présence des baleines conduit également les Basques à se lancer dans une chasse effrénée et à installer des campements à terre pour le dépeçage des animaux. Les Indiens de la côte est de l'Amérique du Nord entrent en contact avec l'Europe par les rencontres épisodiques avec les pêcheurs sur les plages où ils préparent et font sécher la morue. Le fer, les tissus, l'alcool s'échangent contre la peau de loutre ; dans le « monde d'hommes » de la pêche, les Indiennes exercent une fascination. Les Indiens rythment leurs échanges au gré des saisons de pêche, ils attendent au printemps le retour des « Hommes Barbus ».

Pendant tout le XVIe siècle, un mouvement pendulaire régit les voyages dans l'Atlantique nord. Les flottes de pêche gagnent Terre-Neuve, pilotes et capitaines connaissent les vents, les courants, et apprennent des informations des Indiens. Les explorateurs puisent dans ce vivier des routiers de la mer. L'aventure de Colomb a aiguisé la curiosité et l'appétit des princes et des marchands, la présence de l'or va les affoler. En 1497, John Cabot, puis son fils Sébastien, en 1508-1509, longent la côte américaine pour le compte des marchands de Bristol. Au service du Portugal, Gaspar Corte-Real explore en 1501 la façade est du Labrador. Toujours en quête d'or, les Espagnols s'attaquent à la Floride. Après la tentative de Juan Ponce de León en 1513, les Espagnols renouvellent leurs efforts en Floride, notamment avec l'expédition de l'un des fidèles de Cortés, Hernando de Soto. Persuadé que la richesse et la gloire l'attendent à l'intérieur du continent, le capitaine se lance avec cinq cents hommes dans une véritable anabase à travers tout le sud-est de l'Amérique du Nord (1539-1543). De Soto traverse le Mississippi, après sa disparition la troupe échoue dans l'Arkansas actuel. Les Espagnols n'osent affronter les Grandes Plaines et se résignent à gagner le golfe du Mexique pour rejoindre ensuite Cuba.

Au moment où les Espagnols s'installent en Floride, d'autres s'avancent, à partir de l'Empire aztèque, vers l'extrême nord, aujourd'hui le sud-ouest des États-Unis. La chute de la puissance aztèque, la fortune des Conquérants et les récits les plus invraisemblables ne cessent d'enflammer les imaginations. Dans « le nord inconnu » résident les Sept Cités de l'Or, certains n'hésitent pas à y placer la fontaine de Jouvence et la terre des Amazones. Nourri du légendaire gréco-latin, aveuglé par les stupéfiants succès de Cortés, Juan Rodriguez de Coronado marche vers le nord (1540-1542). Il pénètre dans le Texas, baptise un fleuve Colorado, mais ne rencontre que des Indiens abrités dans des forteresses de pierre ou des villages inaccessibles sur de hauts plateaux. Surpris de trouver des villages dans ces régions semi-désertiques, les Espagnols surnomment leurs habitants les Pueblos. Quant aux bandes nomades, les Espagnols empruntent aux Pueblos le nom par lequel ils désignent ces pillards : *Apachú*, ennemi. Au cours de cette expédition, des chevaux s'échappent du camp espagnol et redeviennent sauvages : le mustang est né, il sera le compagnon indispensable de l'Indien des Plaines. Dans ces mêmes années, les Espagnols débarquent en Californie, plus tard, en 1602-1603 ; ils occupent la baie de Monterrey où viennent se ravitailler les navires en route pour Manille. California s'imprime sur les cartes dès la fin du XVIᵉ siècle, la croyance populaire situe cette île merveilleuse proche du paradis terrestre. L'Amérique entrait déjà dans la légende. Ainsi, de la Floride à la Californie, se dessine une Amérique hispanique, elle perdurera jusqu'à la pénétration américaine au XIXᵉ siècle.

Dans les étendues arides de l'Ouest, les Indiens voient émerger de la poussière ocre « des esprits en marche », les Espagnols casqués et cuirassés, centaures inquiétants d'un autre monde. Sur la côte est, « les hommes dans un grand canot de bois » naissent de l'Océan, messagers des ancêtres ou esprits des eaux ? Stupeur et curiosité devant ces êtres sur des « îles flottantes », possesseurs d'étranges objets dont ils ignorent la signification. En 1535, Jacques Cartier, sur le Saint-Laurent, distribue des couteaux et des perles de verre, suscite l'enthousiasme des Indiens qui lui présentent même leurs malades, espérant une guérison miraculeuse. Partout, les Indiens offrent l'hospitalité, aident les explorateurs, tentent de les renseigner, leur proposent d'échanger des fourrures contre les merveilles qu'ils possèdent. Au cours du XVIᵉ siècle les contacts se multiplient sur les rivages de l'Atlantique. En s'aventurant dans le Saint-Laurent, Jacques Cartier entraîne les Français « au pays des neiges ». L'Anglais Walter Raleigh entreprend une reconnaissance au sud de la baie de Chesapeake, il baptise cette région du surnom de sa souveraine Elisabeth la Vierge, la Virginie. Toutefois, la colonisation commence seulement à l'entrée du XVIIᵉ siècle avec les efforts de Samuel Champlain, le fondateur de Québec, l'établissement des Anglais à Jamestown en Virginie, l'arrivée des Puritains en 1620 dans ce qui sera la Nouvelle-Angleterre, la construction des forts hollandais sur la rivière Hudson à Albany et à son embouchure sur l'île de Manhattan (1626). Enfin, quelques années plus tard, se crée une Nouvelle-Suède dans le territoire des Delawares (1638). Ainsi, dès les origines de la colonisation, le destin de l'Amérique atlantique est ancré à l'Europe protestante du Nord-Ouest ; seuls demeurent deux appendices catholiques, le Canada français et la Floride hispanique.

Des contacts épisodiques des pêcheurs et explorateurs au

XVIe siècle s'élabore une représentation de l'Indien nourrie de la mythologie médiévale et de la culture chrétienne : l'Indien apparaît comme un « homme des bois », « sans foy ny loy », un sauvage. Aveuglés par leur sentiment de supériorité, les Européens ne distinguent pas toute la complexité des communautés indiennes, un préjugé qui durera jusqu'au XXe siècle. Alors que les Européens sont en train de se délivrer de l'emprise de l'imaginaire religieux, les Indiens vivent dans un monde où le naturel et le surnaturel interfèrent en permanence. Dans leur conception de l'environnement, les Indiens intègrent à leur univers culturel les plantes et les animaux et se conçoivent eux-mêmes comme une partie de la nature. Les Esprits se manifestent dans les forces naturelles, les Indiens demeurent attentifs aux signes et aux rêves dans lesquels ils voient un véritable dialogue avec le divin et le non-humain.

La praxis des Indiens se modèle sur la connaissance pratique du milieu, mais ils agissent également par des relations spirituelles. Les rapports entre le chasseur et le gibier s'apparentent à une relation sociale, elle se traduit par un profond respect pour l'animal, s'exprime en termes d'amitié, ainsi l'ours surnommé « grand-père » auquel on demande l'autorisation de le tuer. Le chasseur se purifie, offre du tabac à sa victime, respecte les tabous à l'encontre des espèces, l'Indien ne sacrifie pas l'animal qui personnifie son clan et se trouve par là même être son ancêtre mythique. Des peuples chasseurs du Nord, tels que les Cri et les Ojibwas, vénèrent un « maître des animaux », véritable boss de l'espèce : il la contrôle et veille au rituel de la chasse. Toute transgression entraînerait la fuite du gibier, l'intervention d'un esprit malfaisant ou la maladie. Le gibier participe d'une dualité, naturelle et culturelle, et toute rupture de la relation conduit à un dérèglement grave. Des chasseurs, mais également des agriculteurs, les Cherokee, les Creek du Sud-Est, élaborent leur doctrine médicale à partir de cette dualité. Les maladies sont envoyées par le gibier mécontent du traitement du chasseur. Heureusement, les Indiens possèdent des plantes alliées, elles leur permettent de lutter efficacement ; en cas de résistance on s'adresse au spécialiste du dialogue avec les esprits, le chaman. Ce dernier, baptisé à tort sorcier par les Blancs, fait office de médecin, de psychiatre et de prêtre. Il est capable d'interpréter les rêves du patient, de voyager dans l'audelà (pour certains grands chamans), d'interroger les esprits ou tout simplement d'extraire du corps du patient l'objet maléfique introduit par l'animal ou par un magicien. De même que la chasse, l'agriculture s'intègre dans un schéma symbolique.

La présence de l'agriculture sous des formes extrêmement

diversifiées est attestée dans toute l'Amérique du Nord, sauf dans les régions subarctiques. « Les trois sœurs », selon l'expression des Hurons — le maïs, le haricot et la courge —, sont cultivées à travers le continent. Les hommes défrichent par écobuage, les femmes entretiennent ensuite les champs et s'occupent des récoltes. Elles les surveillent, chassent les prédateurs, engraissent la terre avec des restes de poissons ou du végétal. Les récoltes sont conservées pour les mauvais jours, mais entrent aussi dans un commerce actif entre tribus. Les chasseurs des neiges échangent leurs fourrures contre du maïs, les producteurs de cuivre reçoivent des perles de coquillages. Un immense réseau commercial couvre les régions, des objets acquièrent de la valeur en s'éloignant de leur contrée d'origine. Des peuples valorisent leur artisanat, les filets des Hurons sont appréciés, de même que la poterie des Hopi ou les boîtes en écorce de bouleau des Ojibwas. Les produits agricoles semblent avoir tenu une place importante dans les échanges en raison de la fragilité de l'agriculture face aux intempéries et aux différences écologiques suivant les régions.

Les Indiens tentent de manipuler rituellement le cycle saisonnier par un cérémonial complexe. La majorité des agriculteurs établissent un lien étroit entre le cycle naturel et la vie de l'homme. Le monde est perçu en termes d'opposition, le ciel et la terre, l'hiver et l'été, le froid et le chaud, l'homme et la femme, l'univers du bas et du haut. Le devoir des Indiens est de maintenir l'équilibre en conservant chaque chose à sa place. L'harmonie de l'homme avec les esprits assure la continuité du monde. Les pratiques religieuses, les rituels jouent un rôle essentiel en facilitant les mouvements des cycles naturels. Les cérémonies, les prières, les danses, les sacrifices font pousser le maïs tout autant qu'ils aident à la prospérité du bison ou du caribou. Les Indiens interviennent dans leur environnement pour le contrôler.

La pression sur l'environnement dépendait de la densité de la population indienne. James Mooney et Alfred Kroeber, dans les années 1928-1931, attribuent à l'Amérique du Nord environ un million d'Indiens en 1492. Depuis, la controverse sur le mode de calcul et les chiffres s'est amplifiée, elle a pris une dimension idéologique avec la proposition de fortes densités et d'une population, selon Henry Dobyns, avoisinant les neuf millions d'Indiens, voire beaucoup plus. Les partisans de chiffres élevés reprochent à leurs adversaires qui défendent un faible peuplement du continent de minimiser l'ampleur du génocide et par là même de couvrir toutes les exactions dont ont été l'objet les Indiens. Aujourd'hui, la majorité des historiens s'accordent à reconnaître que la population indienne approchait les sept à huit

AIRES CULTURELLES INDIENNES

ARCTIQUE

SUBARCTIQUE

GRAND LAC
DE L'OURS

GRAND LAC
DES ESCLAVES

LAC ATHABASCA

ARCTIQUE

CÔTE
NORD-OUEST

SUBARCTIQUE

LAC WINNIPEG

PLATEAU

LAC SUPÉRIEUR

GRANDES
PLAINES

LAC
HURON

NORD-EST

LAC
ONTARIO

Sierra Nevada

Colorado

Mississipi

Missouri

LAC
MICHIGAN

LAC
ÉRIÉ

GRAND BASSIN

Arkansas

Ohio

Apalaches

CALIFORNIE

Rio Grande

Red

Tennessee

SUD-EST

SUD-OUEST

MÉSO-AMERIQUE

AIRE CARAÏBES

Montagnes rocheuses

Fraser

millions d'individus avec de grandes variétés dans la répartition. L'environnement et l'organisation sociale contribuaient à une faible densité dans les milieux naturels rigoureux, les déserts froids et chauds, alors que l'Est atlantique et la façade septentrionale du Pacifique concentraient des populations nombreuses. Dans ces régions, les formes d'organisation politique étaient les plus élaborées en raison de l'importance des communautés.

L'Amérique du Nord indienne connaît toutes les structures traditionnelles de pouvoir, de la bande à la tribu en passant par la chefferie et même la théocratie chez les Natchez de la vallée du Mississippi. L'individu n'existe qu'en tant que membre d'un clan ou d'un groupe, l'Indien se définit toujours par rapport à un ancêtre mythique et ne s'épanouit que dans l'attachement à sa communauté. L'égalité de fait des individus est remise en cause par une quête permanente du prestige ; ainsi naissent des chefs dont l'autorité repose sur le courage, la générosité et le consensus fragile des autres. Sur la côte nord-ouest, les Kwakiutl, les Tlingit, les Tsimshian, les Chinook sont fascinés par le rang et la richesse, ils vivent dans une société hiérarchisée, pratiquent le commerce des esclaves. Grâce à son talent et à son travail, l'individu gravit les échelons de la société et peut même accéder par la richesse au pouvoir suprême.

Maintenir son rang est une exigence permanente, le potlatch, par la distribution et la destruction de biens accumulés depuis des années, offre l'occasion à un puissant de démontrer sa générosité et sa richesse. Dans les communautés nombreuses, les clans fusionnent en une même tribu dirigée par un chef de paix et un chef de guerre, parfois plusieurs, une dualité nécessaire pour maintenir l'équilibre social entre des jeunes guerriers avides de gloire et le reste du groupe moins enclin à la violence. Dans les sociétés agricoles, le déclin relatif de la chasse a réactivé la guerre comme source de prestige. L'état endémique de conflit entre les grandes tribus agricoles de l'Est, à la fin de l'époque préhistorique, explique peut-être la formation de confédérations.

La dispersion de certains groupes, l'élargissement des alliances aux XIVe et XVe siècles aboutissent à la consolidation de liens étroits entre des tribus. La ligue des Iroquois, la confédération de Powathan, la confédération creek apparaissent avant la pression des Européens. Les Indiens proposent une origine légendaire à certaines confédérations : le sage Deganawida, aidé du valeureux Hiawatha, racontent les Iroquois, aurait fondé leur ligue. L'explication dénote une maîtrise de la conceptualisation, une maîtrise perceptible dans la structure politique de la confédération. À la genèse de la ligue se trouvent cinq tribus : seneca, cayuga, onondaga, oneida et mohawk, solidement établies au sud du lac Ontario. La confédération se compose d'un conseil de cinquante sachems, élus et surveillés par les femmes. Le conseil se réunit chaque année et régit la politique extérieure, chaque tribu gère ses affaires internes. La tribu conserve son entité distincte et n'est pas obligée, si son conseil en décide, de suivre les obligations de la ligue, toutefois aucun conflit n'oppose ses membres. La confédération creek, dans le Sud-Est, fonctionne à partir du *talwa*, un groupement de villages. Une centaine de talwa constituent la confédération, ils tiennent un conseil en mai où viennent cinq cents officiels pour délibérer des affaires. Les chefs de paix règlent les relations publiques, les chefs de guerre la politique extérieure, mais là encore les talwa conservent une autonomie. Ainsi, certains commerceront avec les Français, d'autres avec les Anglais, leurs alliés traditionnels.

La puissance de ces confédérations est considérable, elles peuvent réunir des milliers de guerriers, 6 000 chez les Creeks, elles contrôlent les peuples voisins lorsqu'elles ne les détruisent pas. Les Iroquois surveillent les Delawares et s'opposent à la confédération des Hurons, elle-même redoutable. Les confédérations joueront habilement dans la géopolitique coloniale tout en essayant de contenir les visées des Européens, d'accroître leur pouvoir sur d'autres peuples indiens et de dominer la circulation des marchandises européennes. Les impératifs commerciaux se mêlent aux ambitions politiques.

À la différence des civilisations du Sud, les sociétés d'Amérique du Nord ignorent l'État, aucun empire ne s'est imposé. L'absence de structure étatique et la diversité des formes politiques ne permettent pas aux Européens de dominer de puissantes entités en brisant le pouvoir central. La Conquête s'apparente à une lutte de Sisyphe, toute progression oblige à vaincre les Indiens et le milieu naturel. Le combat contre la nature en Amérique du Nord prend une dimension particulière ; les Européens, puis les Américains, construisent leur identité américaine dans cet effort incessant contre la *wilderness*, lieu mythique de la rencontre entre la civilisation et la sauvagerie. Frontière, affirmera Frederick Turner à la fin du XIXᵉ siècle, où s'est véritablement élaborée la démocratie américaine. La puissance de la nature américaine ne cessera d'ensemencer l'imaginaire des artistes qui la regardent vierge de toute empreinte humaine, les Indiens étant considérés comme des écologistes tout juste capables de jouir des fruits d'une Terre Mère.

Conscients de leur rôle de gestionnaire, les Indiens n'en interviennent pas moins dans la transformation des paysages et l'aménagement de niches écologiques afin d'attirer des espèces convoitées. Dans ce modelage du milieu naturel, le feu est l'instrument privilégié. Les économies indiennes demeurent d'une grande plasticité, elles se protègent des fluctuations du milieu naturel en intégrant une variété de sources alimentaires dans le cycle saisonnier et en pratiquant la division du travail. L'observation des plantes, la familiarité avec les animaux, la fréquentation attentive de l'environnement apportent non seulement des connaissances écologiques mais permettent de puiser dans le vivier naturel tout en maintenant son fonctionnement harmonieux. Dans la quête des sources de subsistance, les communautés maintiennent une stricte division du travail, protégée par des rituels et des tabous, les hommes se tournent vers la chasse et la pêche, les femmes se consacrent à la cueillette et à l'agriculture. L'examen des aires écologiques révèle une adaptation remarquable à l'environnement, fruit d'un long savoir-faire et de l'expérience des générations.

Pour faciliter l'étude des cultures indiennes, l'Amérique du Nord a été divisée en plusieurs aires écologiques, familles linguistiques et modes de vie divers s'y côtoient. Lors du contact avec les Blancs, deux cents langues existent, le nom tribal identifie souvent la langue, les Crow parlent crow. Toutefois, quelques langues fonctionnent comme un véritable koiné, l'algonquin couvre une partie du Nord-Est, le muskogee enveloppe le Sud-Est, de même que le chinook le Nord-Ouest. Décontenancés par l'extrême variété des langues, les Européens appliquent leur schéma culturel et désignent du terme « nation » une langue associée à une culture. Au regard de l'Indien, le terme n'a aucune signification sociopolitique, ni géographique. L'occupation d'un territoire n'implique pas sa possession, les Indiens en ont l'usufruit et le partagent éventuellement avec des étrangers à condition que les rapports demeurent cordiaux. Les aires écologiques ne sont pas structurées en territoires, les communautés aménagent le milieu tout en prenant soin de maintenir une grande mobilité, source indispensable pour éviter l'épuisement du sol et des espèces.

À l'extrême nord du continent, non loin « des mangeurs de viande crue », les Esquimaux, comme les surnomment leurs voisins indiens des régions subarctiques, les bandes de chasseurs nomades — Cri, Chippewas, Dogrib, Carrier — résistent à un environnement redoutable où toute agriculture est impossible. Au contraire, dans le Nord-Est, Hurons et Iroquois peuvent associer la culture du maïs avec la chasse et la pêche, ces deux activités permettent d'attendre la récolte de l'automne. Les villages fortifiés de longues maisons communes sont entourés de champs, la rotation des cultures et la recherche de bois de chauffage entraînent une déforestation propice à la repousse de futaies.

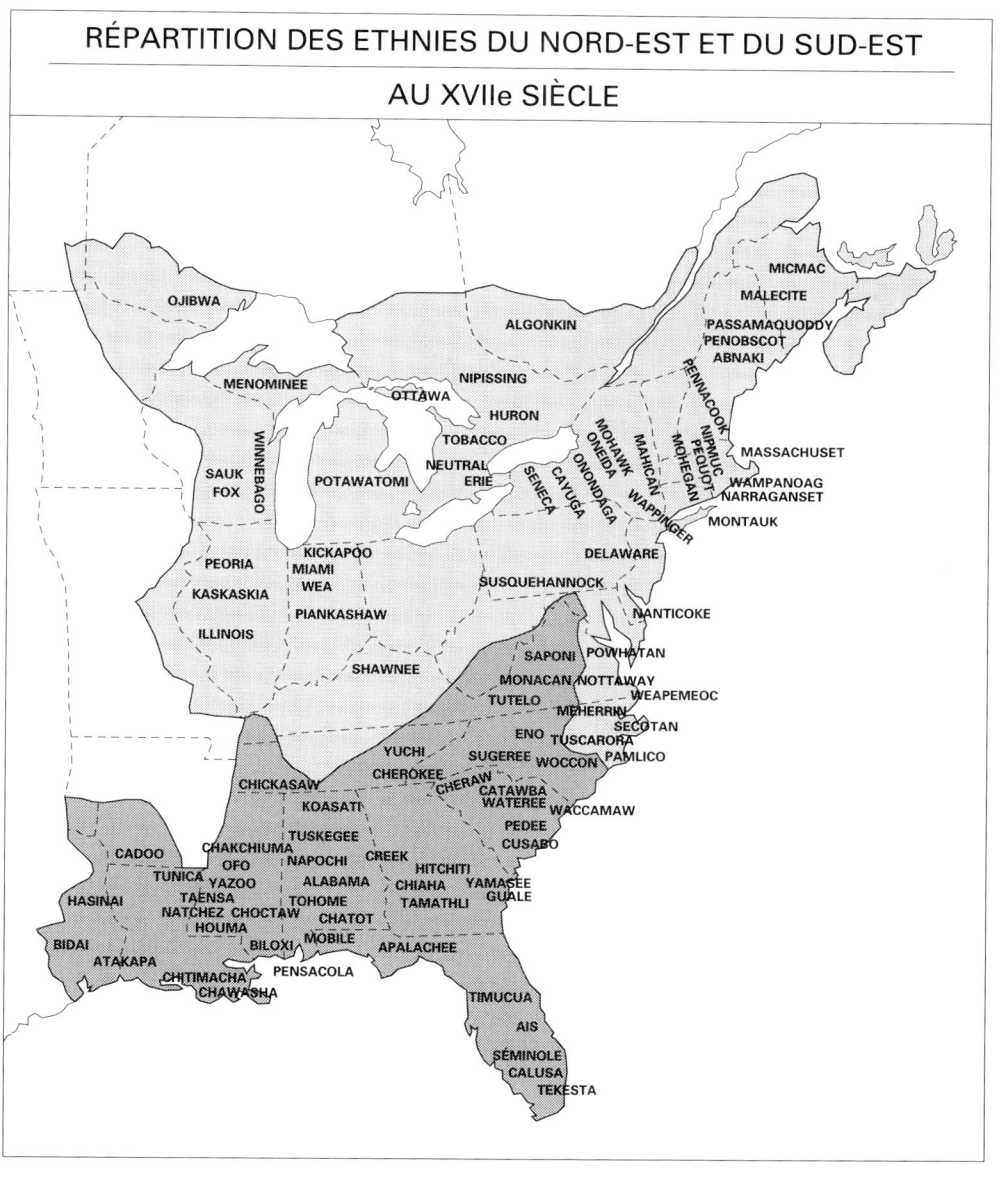

RÉPARTITION DES ETHNIES DU NORD-EST ET DU SUD-EST
AU XVIIe SIÈCLE

Les clairières, avec leurs jeunes arbres, attirent lièvres, dindons, daims, coqs de bruyère, un paysage que l'on retrouve dans le Sud-Est. Ici, les Creek, les Choctaw, les Cherokee alignent leurs champs sur les terrasses des principales rivières et dégagent de nombreuses clairières favorables aux daims et aux bisons. A l'ouest du Mississippi, l'agriculture est réduite au Sud-Ouest, et bien que les groupes nomades des Grandes Plaines connaissent l'horticulture, ils sont tournés vers la traque du gros gibier. Ils aménagent des pâtures en brûlant d'immenses étendues, leur prédation sur les bisons demeure limitée ; ce n'est qu'avec l'introduction du cheval à partir du XVIIIe siècle que se produit une « révolution culturelle » dans les plaines.

La fascination du nouveau mode de vie centré sur le cheval et la chasse au bison entraîne une véritable attraction sur les tribus voisines. Les grandes tribus — Dakotas, Cheyennes, Arapahoes, Pawnees, Osages — investissent tardivement les Grandes Plaines, poussées par les conflits et les épidémies qui dévastent l'Est. L'aridité prédomine dans le Grand Bassin et le Sud-Ouest, elle limite les usages de la terre et oblige les Indiens à une grande ingéniosité agricole. Zuni et Hopi, les Pueblos des Espagnols, compensent la sécheresse en choisissant des champs capables de conserver l'humidité de l'hiver, de capter les eaux courantes des plateaux. Païute, Papago, Shoshone survivent dans le désert grâce à la mobilité et à la prédation d'une extrême variété d'espèces animales et végétales. La Californie est partagée entre des communautés de chasseurs-cueilleurs dont certains, tels les Luiseños, pratiquent l'horticulture. Enfin, sur les côtes boisées du Nord-Ouest se concentrent des populations de pêcheurs de saumon et de chasseurs de cétacés. Chaque printemps, Salish, Kwakiutl, Haïda et Chinook attendent le « Dieu Saumon », ils ne négligent pas la chasse et la cueillette malgré une technique habile de conservation du poisson et de son huile.

Une première menace jette le trouble dans la société indienne, elle se manifeste dès le XVIe siècle par la propagation d'épidémies. Non immunisés contre la variole, la grippe, les oreillons, le rhume de cerveau, les Indiens subissent « l'invasion silencieuse », un drame magique qui décime souvent les tribus bien avant la pénétration des Blancs dans le continent. L'assaut microbien s'insinue partout, l'ennemi invisible balaie les communautés côtières. Au cours du XVIIe siècle, le typhus, la diphtérie, la malaria, « les pestes » viennent seconder les autres maladies. La peste bubonique touche les tribus de la Nouvelle-Angleterre entre 1616 et 1619. La conjonction de la variole et de la rougeole sème la terreur dans les années 1634-1640 parmi les Hurons et la confédération de Powathan en Virginie. L'exten-

LES ÉPIDÉMIES : XVIIe-XIXe SIÈCLES

TUBERCULOSE
1790

TYPHUS
1902

TUBERCULOSE
1891-1901

GRIPPE
1830

VARIOLE
1782-83

VARIOLE
1869-70

VARIOLE 1784, 1838

FIÈVRE
TYPHOÏDE
1746

ROUGEOLE
1847

VARIOLE
1837

VARIOLE
1630

VARIOLE 1660

VARIOLE, ETC.
1830-33

VARIOLE 1616-20

VARIOLE
1633-35

CHOLÉRA
1849-60

VARIOLE 1837-1870

VARIOLE
1615-22

VARIOLE
1738

VARIOLE
ET ROUGEOLE
1780-1800

CHOLÉRA
1831-38

VARIOLE 1797

VARIOLE
1516

VARIOLE
1520

sion du commerce de la fourrure pendant tout le siècle intensifie les épidémies et irrigue d'un flot de contagion la région des Grands Lacs. À partir de 1738, la variole devient endémique dans les Appalaches, elle frappe les Choctaw, les Cherokee et les Catawba de Caroline. A la fin du siècle, elle s'attaque aux peuples du Haut Mississippi et remonte le Missouri dans les années 1836-1837. L'établissement des Franciscains à San Diego en 1769 entraîne la contamination de la Californie. Des communautés indiennes échappent aux épidémies sans que l'on en sache les raisons ; par contre aucune n'est à l'abri de l'information, de la rumeur, de la fascination dont sont l'objet les biens apportés par les Européens.

Avec les pêcheurs, les Indiens échangent des fourrures, le seul produit susceptible de leur offrir du fer ou de l'alcool. En Amérique du Nord, le commerce de la fourrure se développe dès le XVIIᵉ siècle dans tout le Nord-Est, il devance le front de colonisation, pénètre l'Ouest, s'aventure sur le Pacifique avant qu'un arpent de terre y soit labouré. Ce commerce emprunte le réseau d'échanges construit par les Indiens, les nouveaux produits sont intégrés au rituel des relations diplomatiques, sociales et familiales. L'impact des objets manufacturés varie suivant la puissance symbolique que les Indiens leur attribuent. Avec de la fourrure, un bien commun sur le continent, les Indiens obtiennent des merveilles et entrent alors dans un nouveau système économique, le marché.

L'intrusion des relations de marché élimine un facteur primordial de tout rapport dans la société indienne, la réciprocité. L'économie indienne reposait sur le don, la générosité, le partage rituel, des valeurs partagées dans le commerce où s'entremêlent les relations politiques et familiales. Les Européens, de leur côté, cherchent à développer la productivité de l'Indien, à susciter la convoitise avec des nouveautés, à l'aliéner par le crédit et l'alcool. Le système de crédit accordé au chasseur l'enferme dans un circuit de dépendance et le conduit à la surchasse. Cette dernière, en éliminant l'animal, prive l'Indien d'aliments carnés, de la peau et de la fourrure indispensables à son mode de vie. L'Indien se trouve alors contraint de solliciter le marché européen afin d'obtenir nourriture et vêtements. Enfin, le système induit une compétition entre les individus en quête de territoires de chasse, les Indiens oublient la réciprocité et se livrent à la violence entre tribus.

« Les guerres de la fourrure », au cours du XVIIᵉ siècle, bouleversent tout le Nord-Est. La fourrure devient la principale marchandise exportée de la façade atlantique vers les Grands Lacs, une lutte s'engage pour le contrôle des réseaux entre la confédération des Hurons et celle des Iroquois. Loin d'être naïfs, les

Indiens se sont informés de la valeur que les Européens accordent aux marchandises et la situation d'intermédiaire est plus que profitable, les Iroquois proposent une hache en fer à un chasseur des Grands Lacs contre une dizaine de peaux, alors qu'eux-mêmes ne l'ont payée qu'une seule peau aux Hollandais. Si les Indiens exigent des prix élevés, ce n'est pas pour accumuler des marchandises mais pour satisfaire leurs besoins à moindre effort. La recherche du monopole du commerce et l'épuisement du milieu naturel entraînent les Indiens dans des guerres intertribales qui, dès la seconde moitié du XVIIᵉ siècle, sont attisées par la rivalité franco-anglaise dont ils ne perçoivent pas toujours la finalité. « Les guerres de la fourrure » amènent leur lot de destruction de villages, de cultures, elles poussent des tribus à fuir vers l'Ouest ou d'autres à rechercher la protection, en se convertissant à la religion chrétienne, des Européens.

Une autre source de difficulté naît pour les Indiens avec l'expansion de la colonisation. Les Européens la conçoivent comme une occupation d'un territoire et sa mise en valeur agricole, en cela les faveurs des Français pour le commerce de la fourrure diffèrent des préoccupations des Anglais. La doctrine de la découverte, inconnue des Indiens, justifie la possession de la terre et les Indiens sont relégués au statut de sujets. La politique des colonisateurs est la conséquence de l'utilisation de la terre, les Indiens apparaissent incapables de mettre en valeur le sol, ils ne sont que des « sauvages indolents », donc les Européens ont le droit de s'emparer et de cultiver ces « terres en friche ». L'introduction de l'agriculture conduit à un bouleversement écologique, les plantes nouvelles chassent des espèces autochtones, la déforestation prend une ampleur jamais atteinte. Les colons perturbent la chaîne écologique en éliminant le gros gibier, une menace éventuelle pour les champs, en détruisant les prédateurs susceptibles d'attaquer le bétail. En semi-liberté, le bétail, notamment les cochons, détruit les futaies ; de même que les colons entreprennent l'extermination du gibier, le pigeon migrateur et le dindon disparaissent pratiquement dès le XVIIIᵉ siècle.

« L'appétit de terre » des émigrants, dont le flot ne cesse de se déverser sur le pays, inquiète les Indiens. L'hospitalité, l'entente cordiale des premiers contacts s'amenuisent avec le fracas des arbres abattus et les exactions, malgré les traités signés qui font des Indiens « de vrais sujets du roi d'Angleterre ». La protection royale est bien loin face à la détermination des colons ; l'agressivité des Virginiens conduit en 1622 la confédération de Powathan à se soulever. La guerre dure neuf ans, le pays indien est ravagé et les Indiens se soumettent définitivement en 1646. En Nouvelle-Angleterre, les Puritains connaissent les mêmes difficultés lors de la guerre des Pequot (1636) suivie, en 1675, par la révolte des Wampanoag menée par le « Roi Philip », le chef Pometacom. Vaincus, les Indiens fuient vers l'ouest mais les colons n'hésitent pas à déporter des alliés. Les Delawares ne cesseront, pendant un siècle, d'être déplacés ici et là. « Les tribus civilisées » des Appalaches, membres de la confédération creek — Cherokee, Creek, Chickasaw, Choctaw — doivent abandonner en 1832 leur territoire riche en or sous la pression du président Jackson. Ces Indiens, qualifiés de civilisés, avaient résisté aux colons en devenant eux-mêmes des agriculteurs et en les aidant dans leurs luttes contre les Français et les Anglais.

Les Iroquois et les Hurons, comme les membres de la confédération creek du Sud-Est, forment des entités politiques redoutables pour les Européens ; par conséquent ils sont obligés de transiger. D'ailleurs, les Iroquois en sont le meilleur exemple, ces confédérations mènent une politique personnelle. Les Iroquois s'engagent par « la chaîne d'amitié » aux côtés des Hollandais, puis acceptent leurs successeurs, les Anglais, sans toutefois se couper complètement des Français. En réalité, les Iroquois visent à contrôler le commerce et à tirer parti des deux camps. Devant l'animosité des Français, poussés par les Hurons, les Iroquois se mettent sous la protection « du grand duc d'Y ork, le frère du Grand Sachem ». A partir de 1687 la guerre contre les Français les épuise, la Grande Paix de 1701 les fait entrer dans une neutralité active.

Jusqu'à la guerre de Sept Ans, qui verra la fin de l'Empire français d'Amérique (1763), les Iroquois conservent des rapports amicaux avec les deux puissances européennes. Politique habile dont l'objectif est d'éviter la pénétration de leur territoire par des colons quels qu'ils soient. En prenant parti pour les Britanniques dans la Guerre de Sept Ans, les Iroquois espèrent sauver leur indépendance, elle ne sera menacée que par une autre indépendance, celle des colons américains. Pendant la Révolution de 1776, la ligue des Iroquois perd son unité, les Seneca et les Cayuga rejoignent les Anglais ; les Oneida et les Tuscarora, entrés dans la ligue en 1715, restent neutres ; quant aux Onondaga et aux Mohawk, ils se partagent dans les deux camps. Sous l'influence du chef Joseph Brant, les Mohawk s'allient aux Anglais, la ligue se désagrège. Après la naissance des États-Unis, une partie des Mohawk migrent vers le Canada, d'autres Iroquois fuient vers l'ouest. Une nouvelle nation est née, elle entend bien mettre à la raison les nations indiennes.

La détermination des Américains à chasser les Indiens vers l'ouest se manifeste par une nouvelle politique indienne. En juillet 1787, l'Ordonnance du Nord-Ouest reconnaît les traités et la souveraineté des tribus, mais les États-Unis n'ont de cesse de violer ces principes en s'emparant des terres indiennes. Les Américains inaugurent une autre forme de politique, le gouvernement signe un traité avec une tribu, lui offre des terres à l'ouest dont il garantit les droits « tant que l'herbe poussera et la rivière coulera ». L'ouest étant, ici, entendu comme la frontière, c'est-à-dire la zone non colonisée. En fait, sur la frontière, les incursions des colons continuent en territoire indien. Les restes des tribus installées autour des Grands Lacs et dans la vallée de l'Ohio s'organisent pour résister. Les Indiens sont battus en août 1794 à Fallen Timbers, les vaincus doivent se résigner à vivre dans des réserves sous l'influence des missionnaires et de l'administration. Les tentatives d'unité indienne inquiètent Washington, les Américains ont en mémoire la révolte de Pontiac de l'été 1763. Le chef ottawa avait fédéré une dizaine de tribus contre les Anglais, sa défaite n'avait pas empêché George III d'interdire l'Ouest aux colons pendant des années. Les Américains sont également soucieux du renouveau religieux qui touche les Indiens désemparés par la défaite et l'éviction brutale de leur territoire.

Les Indiens subissent l'influence des missionnaires méthodistes, baptistes et l'enseignement des quakers, ils réinterprètent des aspects du dogme chrétien et l'assimilent à leur univers religieux. De ce syncrétisme, un Seneca âgé, Ganeodiyo, surnommé par la suite Handsome Lake, propose une nouvelle voie aux Indiens. Vers 1800, Handsome Lake reçoit la visite d'êtres surnaturels, ils lui inspirent le souffle du renouveau. L'élu prêche ce qu'il entend en rêve dans la communauté iroquoise de l'État de New York, sa réputation gagne le Canada voisin et s'étend dans tout l'Est. Son enseignement, le *Kaiwiyoh* en iroquois, s'apparente à une régénération morale plus qu'à un dogme religieux. Il conserve des rituels indiens, surtout pour le deuil, affirme qu'il y a un ciel comme celui des chrétiens, il insiste particulièrement sur les valeurs morales. Handsome Lake s'élève contre l'alcoolisme et la sorcellerie, défend l'hospitalité et la famille, il souhaite que les enfants aillent à l'école, mais une école dirigée par des Indiens. Les Indiens doivent se faire agriculteurs, conserver leurs terres et leur manière de vivre. « L'Indien civilisé » risque d'opposer sa détermination aux Américains, le messianisme, bien que pacifique, de Handsome Lake, réalise l'unité des Seneca et d'autres groupes indiens au moment où un messianisme plus radical embrase la région des Grands Lacs. Depuis la défaite de Pontiac en 1763, les Grands Lacs demeurent une aire de regroupement des tribus dissociées par la Conquête. La défaite de Fallen Timbers ne met pas fin à l'agitation dans une région convoitée et infiltrée par les colons américains. Les groupes épars d'Indiens sont traversés de mouvements messianiques. Ainsi, à l'époque de Pontiac, un prophète delaware, dont le nom a été perdu, prêche un retour aux anciennes valeurs, le rejet de toute l'influence européenne et l'unité des Indiens. La tradition du prophète se perpétue, ensemence l'esprit de révolte et de résistance. Deux frères shawnee reprennent la pensée du prophète, d'ailleurs l'un d'eux se fait appeler du même nom, l'autre est un chef de guerre, Tecumseh. Il développe l'idée que les tribus doivent s'unir et ne peuvent signer un traité séparément. En 1805, le prophète reçoit la « révélation », tout l'apport des Blancs doit être éliminé, d'ailleurs une catastrophe se prépare, elle verra la disparition des Américains. Ces derniers profitent, en 1811, de l'absence du prophète parti en Floride persuader les Seminoles de rejoindre le mouvement d'opposition, pour détruire les villages shawnee ou négocier, malgré l'interdiction de Tecumseh, la vente des terres. L'année suivante, un conflit éclate entre les États-Unis et le Canada britannique, connu sous le nom de Guerre de 1812, Tecumseh prend l'offensive en espérant une aide logistique des Anglais. Embarrassés, les Anglais ne soutiennent pas réellement les Indiens, en 1813 Tecumseh trouve la mort dans un combat. Avec lui disparaît l'espoir d'une unité des tribus de l'Est, celles qui ne veulent pas se soumettre à l'ordre américain fuient au-delà du Mississippi. L'Ouest sera le sanctuaire de la résistance indienne pendant un demi-siècle.

La conquête de l'Ouest fut brutale et rapide en raison de la découverte de l'or en Californie, au Colorado, dans les Black Hills. Les gisements d'or attirent une horde d'aventuriers, les terres libres une foule de spéculateurs. Les Américains inventent le *Manifest Destiny* pour justifier toutes les exactions à venir. Les États-Unis sont désignés par Dieu et le destin pour dominer tout le continent. Les provinces espagnoles du Sud-Ouest sont soumises, les tribus indiennes contraintes de traiter et d'offrir des parcelles de terre contre la promesse gouvernementale d'une protection. « Il fut un temps où j'ai cru que je resterais le seul ami de l'homme blanc, mais, depuis qu'ils sont venus nous prendre nos terres, nos chevaux et tout, il m'est difficile de croire en l'homme blanc », affirme un chef cheyenne en 1858. Les traités violés, les massacres, les mensonges et le mépris déclenchent une série de conflits avec les peuples de l'ouest du continent. Aucune région n'est épargnée, aujourd'hui encore la carte des réserves indiennes atteste la résistance indienne, elle ne cessera, du moins militairement, qu'à l'extrême fin du siècle. À la naissance du XXe siècle, l'Amérique n'est plus une terre indienne.

PHILIPPE JACQUIN

BIBLIOGRAPHIE

Cette introduction repose sur d'innombrables travaux américains dont nous signalons, ici, les plus récents et les plus représentatifs.

EN ÉCOLOGIE :

WILLIAM CRONON, *Changes in the Land. Indians, Colonists and the Ecology of New England*, New York, 1983.
ALFRED CROSBY, *Virgin Soil Epidemics as a Factor in the Aboriginal Depopulation of America*, William and Mary Quaterly, 33, 2, 289-293.
CALVIN MARTIN, *Keepers of the Game. Indian-Animal Relationships and the Fur Trade*, University of California Press, 1978.
RICHARD WHITHE, *The Roots of Dependency. Subsistence, Environment and Social Change among the Choctaws, Pawnees and Navajos*, University of Nebraska Press, 1983.

LA POPULATION INDIENNE :

WILLIAM M. DENEVAN EDIT, *The Native Population of the Americas in 1492*.
HENRY F. DOBYNS, *Their Number become Thinned. Native Populations Dynamics in Eastern North America*, University of Tennessee Press, 1983.

AU SUJET DE L'AGRICULTURE :

R. DOUGLAS HURT, *Indian Agriculture in America. Prehistory to the Present*, University Press of Kansas, 1987.

LE SUD-OUEST HISPANIQUE :

EDWARD H. SPICER, *Cycles of Conquest. The Impact of Spain, Mexico and the United States on the Indians of the Southwest 1533-1960*, University of Arizona Press, 1962.

FRANÇAIS ET INDIENS DANS LA PÉRIODE COLONIALE :

DENYS DELÂGE, *le Pays renversé, les Européens dans le nord-est de l'Amérique*, Montréal, 1985.
PHILIPPE JACQUIN, *les Indiens blancs, Français et Indiens en Amérique du Nord*, Paris, 1987.
CORNELIUS I. JAENEN, *Friend and Foe : Aspects of French Indian Cultural Contacts in the Sixteenth and Seventeenth Centuries*, Columbia University Press, 1976.
BRUCE G. TRIGGER, *The Children of Aataentsic. A History of the Huron People to 1660*, 2 v., MacGil-Queen's Press, 1976.
BRUCE G. TRIGGER, *les Indiens, la fourrure et les Blancs*, Paris, 1990.

ANGLO-SAXONS ET INDIENS DANS LA PÉRIODE COLONIALE :

JAMES AXTELL, *The European and the Indian : Essays in the Ethnohistory of Colonial North America*, Oxford University Press, 1981.
COLIN G. CALLOWAY, *Crown and Calumet. British-Indian Relations*, 1783-1815.
WILBUR R. JACOBS, *Dispossessing the American Indians : Indians and White on the Colonial Frontier*, New York, 1972.
FRANCIS JENNINGS, *The Invasion of America*, New York, 1975.
KAREN O. KUPPERMAN, *Settling with the Indians. The Meeting of English and Indian Cultures in America, 1580-1640*.
JAMES H. MERREL, *The Indian's New World. Catawbas and their Neighbours from European Contact through the Era of Removal*, The University of Carolina Press, 1989.
TIMOTHY SILVER, *A new Face on the Countryside. Indians, Colonists and Slaves in South Atlantic forests, 1500-1800*, Cambridge University Press, 1990.
MARGARET CONNELL SZASZ, *Indian Education in the American Colonies, 1607-1783*, University of New Mexico Press, 1988.
WILCOMB E. WASHBURN, *The Indian in America*, New York, 1975.

*USA-Californie : Indiens de Californie ; planche gravée de « Navigatium atque
itinerantium bibliotheca »*

Chaman mandan, 1869

Les troupes américaines attaquent un village au XIX⁰ siècle

Pionniers attaqués par des Indiens au XIXe siècle

ROBERT M. UTLEY

LA GUERRE DES SIOUX DANS L'OUEST AMÉRICAIN

LES SIOUX CONSTITUAIENT LA PLUS PUISSANTE ET LA PLUS INDÉPENDANTE DES TRIBUS DES PLAINES DU NORD. ON DISTINGUAIT LES SIOUX — DAKOTA, NAKOTA ET LAKOTA — PAR LA LANGUE QU'ILS PARLAIENT. AU MILIEU DU XIXᵉ SIÈCLE, ILS DOMINAIENT LA PRAIRIE DU MINNESOTA ET DE L'EST DU DAKOTA, AINSI QUE LES PLAINES SANS ARBRES QUI S'ÉTENDENT A L'OUEST DU MISSOURI, JUSQU'AUX BIG HORN MOUNTAINS. EN 1850, IL DEVAIT Y AVOIR ENVIRON VINGT-CINQ MILLE SIOUX EN TOUT, DONT CINQ MILLE DAKOTA, CINQ MILLE NAKOTA ET QUINZE MILLE LAKOTA.

La guerre entre les Américains et les Sioux commença le 19 août 1854 et fut déclenchée par un jeune sous-lieutenant intrépide, frais émoulu de la West Point Military Academy. Envoyé à Fort Laramie, un avant-poste de la piste de l'Oregon sur la North Platte River, John L. Grattan cherchait une occasion de montrer aux Sioux comment les Américains savaient se battre. Il se vantait de pouvoir écraser la tribu entière avec une poignée de fantassins et un obusier.

Grattan sauta donc sur l'occasion lorsqu'un émigrant raconta qu'un Indien de l'un des camps situés le long de la Platte avait tué une vache qui s'était échappée. Ayant obtenu la permission du commandant de son poste d'aller arrêter le coupable, Grattan se mit en route avec trente soldats d'infanterie. Arrivé au village du chef sioux Brave Bear (Ours Brave), le lieutenant avança effrontément parmi les tipis, prépara deux pièces d'artillerie et réclama le coupable. Considérant que ce dernier ne se présentait pas suffisamment rapidement, Grattan ordonna à ses hommes d'ouvrir le feu. Brave Bear tomba sous la première rafale tandis que la mitraille d'un tir mal dirigé décapitait sans raison le haut des tipis.

Au grand étonnement de Grattan, les Sioux ne déguerpirent pas comme des lapins. Au contraire, les guerriers en colère prirent rapidement le dessus sur les fantassins, les mirent en déroute et poursuivirent à coups de feu les soldats qui s'enfuyaient dans la vallée. Un seul survivant parvint à rejoindre Fort Laramie où il mourut quelques jours plus tard de ses blessures.

Paradoxalement, le mode de vie des Sioux menacé par l'expansion blanche, le cheval et le fusil, était récent et issu de l'influence blanche. Ainsi, le cheval avait été introduit dans le Nouveau Monde par les Espagnols et s'était répandu de tribu en tribu au nord et à l'est du Nouveau-Mexique. Quant au fusil, il avait été introduit par les trappeurs et marchands français et s'était propagé à partir de la région des Grands Lacs.

Les Sioux connurent cette mutation culturelle au XVIIIᵉ siècle. À l'époque, ils étaient encore concentrés dans la partie supérieure du Mississippi, chassaient à pied les petits animaux avec des arcs et des flèches, pêchaient dans les cours d'eau et cultivaient le riz sauvage dans les marais. Vers le milieu du siècle, ils commencèrent à se procurer des chevaux par le biais du troc et du vol. Les Sioux avaient appris à leurs dépens que si l'arc et la flèche suffisaient pour chasser, le fusil était indispensable pour combattre les tribus qui possédaient des armes à feu et, dès les dernières décennies du siècle, les Sioux en possédaient à leur tour. Les conflits avec les tribus voisines sont à l'origine de la poussée vers l'ouest des Sioux et de leur domination des Plaines du Nord au milieu du XIXᵉ siècle.

L'INVASION

Le bison pourvoyait à une infinité de besoins : la fourrure pour se vêtir chaudement et pour le commerce, les peaux pour l'habillement et pour les tipis *(tepees)* ; l'estomac et les boyaux servaient à fabriquer des récipients pour la cuisine, le stockage et le transport, les os à façonner des outils ; enfin, la bouse séchée faisait office de combustible quand le bois manquait. Les Sioux chassaient également le cerf, l'élan, l'antilope, les oiseaux et les lapins mais c'était le bison qui gouvernait leur économie et, dans une large mesure, leur vie sociale, leur religion et leurs guerres.

La guerre régnait au cœur de la vie des Sioux. « La guerre est leur souffle de vie », observa l'historien Francis Parkman. « À l'encontre de la plupart des tribus voisines, ils nourrissent une haine et une rancune féroces, transmises de père en fils, entretenues par des agressions et des représailles constantes. » La guerre était le chemin qui menait à la richesse, au prestige, à la domination sociale.

En lutte constante contre les tribus voisines, les Sioux de 1850 n'avaient cependant pas été sérieusement menacés par les

Blancs. Au contraire, les négociants blancs de Fort Laramie et des autres postes étalés le long du Missouri supérieur fournissaient aux Sioux des produits manufacturés qui leur simplifiaient la vie ainsi que la poudre et les balles qui leur étaient devenues indispensables. Cependant, à la lisière orientale du territoire sioux, les colons avaient commencé à s'infiltrer dans la vallée du Minnesota et à implanter des fermes qui se développaient de façon menaçante. À la lisière méridionale de leur territoire, les Sioux voyaient des convois entiers d'émigrants à destination de l'Oregon et de la Californie qui brûlaient du bois, faisaient paître leurs bêtes et chassaient des animaux que les Indiens considéraient comme les leurs.

Pour le gouvernement américain, le meilleur moyen de régler ses relations avec les tribus indiennes restait la négociation. Mais les négociateurs blancs ne comprirent jamais la culture indienne et pensèrent donc à tort que les chefs qui signaient des traités pouvaient s'assurer l'assentiment de leur peuple. Par ailleurs, l'incompétence des interprètes et la tromperie délibérée des agents du gouvernement faisaient que les Indiens n'avaient pratiquement aucune chance de comprendre ce à quoi ils avaient donné leur accord. Les relations entre les deux peuples aux lisières orientale et méridionale du territoire indien furent à l'origine des traités.

Les premiers furent signés en 1851. À la lisière orientale du territoire sioux, les bois et les prairies qui entourent les sources du Mississippi, lieu de rencontre traditionnel des Indiens et des négociants, furent transformés en une région agricole prospère. Au cours des années 1850, la population blanche du territoire du Minnesota passa de six mille à presque deux cent mille habitants. Affaiblis, génération après génération, par les guerres incessantes avec les tribus voisines, les Sioux Santee acceptèrent cette invasion. Par le traité de 1851, ils vendirent leurs territoires de chasse pour la somme de trois millions de dollars, s'installèrent dans une étroite réserve le long du Minnesota supérieur, vivant en grande partie du paiement annuel en argent liquide stipulé par le traité. Un autre traité, signé en 1858, confina la réserve à un territoire encore plus exigu.

PAIX IMPOSÉE

À la demande du gouvernement, un grand nombre d'Indiens, représentant la plupart des tribus des Plaines du Nord, se rassemblèrent à Fort Laramie en septembre 1851. Si les Indiens comprirent les cadeaux que les agents du gouvernement leur distribuèrent, ils n'eurent en revanche qu'une idée très vague des complexités juridiques du traité. Celui-ci obligeait les tribus à ne se battre ni entre elles ni contre les Américains, à permettre aux États-Unis de construire des routes et d'établir des postes militaires sur leur territoire, à payer des indemnités pour tout dommage causé aux voyageurs blancs. Le traité déterminait par ailleurs une frontière pour le territoire de chaque tribu, et demandait à ce que chacune désigne un chef qui serait son représentant et interlocuteur auprès du gouvernement. En échange de quoi les tribus recevraient chaque année de la nourriture et des objets de première nécessité. Les chefs signèrent et les agents du gouvernement pensèrent qu'ils avaient ainsi acheté la sécurité des pistes.

Il n'en était rien. Presque toutes les clauses du traité violaient en effet des concepts profondément ancrés dans la culture indienne. Les guerres intertribales continuèrent tandis que les frictions entre les Indiens, les voyageurs blancs et les soldats en poste s'avivèrent. Tôt ou tard, un incident comme celui du massacre de Grattan en 1854 devait arriver et briser la stabilité précaire établie par le traité.

Un défi aux autorités américaines tel que celui du massacre de Grattan et de ses hommes ne pouvait pas rester impuni. Le gouvernement désigna le colonel William S. Harney pour organiser une expédition punitive à Fort Leavenworth au Kansas. En août 1855, Harney partit avec six cents dragons et fantassins, soutenus par l'artillerie, en direction de Fort Laramie.

On désigna comme limite la Platte River. Il fut décidé que les Indiens au nord de cette ligne étaient hostiles et que ceux au sud étaient pacifiques. Les Indiens qui avaient participé au massacre de Grattan s'étaient retirés loin vers le nord. Mais Little Thunder (Petit Tonnerre), qui se considérait comme pacifique, campait avec les siens le long de Blue Water Creek, un petit affluent de la Platte River.

Le matin du 3 septembre 1855, les troupes de Harney attaquèrent le village de Little Thunder, les dragons par le haut, l'infanterie par le bas. Abandonnant leurs biens, les Sioux battirent en retraite dans l'affolement général. Les dragons les poursuivirent et abattirent les fugitifs. « Cette poursuite fut une véritable hécatombe », rapporta le commandant des dragons.

Après l'attaque de Blue Water au cours de laquelle quatre-vingt-cinq Indiens trouvèrent la mort et soixante-dix femmes et enfants furent faits prisonniers, les Sioux appelèrent leur adversaire « le Boucher » et restèrent à bonne distance de ses tuniques bleues. Harney continua son avance, défiant les Indiens de se battre. En mars 1856, Harney appela les chefs teton à se rassembler. Ceux-ci signèrent humblement le traité qu'il plaça sous leurs yeux.

La paix imposée par Harney fut une paix troublée qui dura sept ans. Il s'établit un mode de relation entre les États-Unis et les Sioux Tetons qui devait durer jusqu'à la fin des hostilités entre les deux peuples. Une partie de chacune des tribus se rassembla avec les « chefs du gouvernement » le long du Missouri et proclama ses sentiments pacifiques envers les Blancs. Ils continuèrent à chasser le bison mais devinrent de plus en plus dépendants des dons et des rations de nourriture que leur distribuaient chaque année les agents du gouvernement. L'autre partie de ces tribus alla s'installer à l'ouest du Missouri, à bonne distance des Blancs, combattant les autres tribus et continuant à vivre comme autrefois, dans une complète indépendance vis-à-vis des États-Unis. Quelques familles et même des groupes entiers faisaient des allées et venues entre les deux mondes, tantôt profitant des rations alimentaires des Indiens « domestiqués », tantôt suivant les troupeaux avec les Indiens « sauvages ». Le souvenir de l'attaque de Harney contribuait à maintenir la paix.

Les hostilités furent à nouveau déclenchées non par les Sioux Tetons mais par les Sioux Santee dans le Minnesota où les tensions étaient plus vives. En effet, les immigrants allemands et scandinaves avaient encerclé leur réserve, les négociants détournaient régulièrement les fonds destinés aux Indiens, les missionnaires chrétiens cherchaient à convertir tout le monde.

La situation dégénéra le 17 août 1862. Ce jour-là, quatre jeunes Indiens étaient rentrés bredouilles de la chasse et l'un d'eux défia un autre de prouver son courage en tuant un Blanc. Cinq Blancs furent ainsi tués, ce qui catalysa la colère de la faction militante de la tribu des Santee. Leur chef, Little Crow (Petit Corbeau), décida à contrecœur de déclarer la guerre aux Blancs. Ce fut l'une des révoltes indiennes les plus sanglantes : en l'espace d'une semaine, huit cents Blancs furent massacrés.

Les Américains organisèrent une expédition dirigée par Henry H. Sibley, ancien marchand de fourrure, premier gouverneur du Minnesota et colonel réserviste de l'État. Pendant les deux dernières semaines de septembre 1862, Sibley remonta la vallée du Minnesota avec six cents soldats. Les Sioux, affaiblis par les dissensions de leurs chefs, se replièrent en se dispersant. À Wood Lake, le 23 septembre, les régiments de Sibley balayèrent sept cents guerriers. Trois jours plus tard, les Indiens libérèrent quatre cents prisonniers blancs et, au cours des semaines suivantes, deux mille Sioux se rendirent les uns après les autres. Leur rébellion avait échoué. Sibley constitua une commission militaire afin de juger les guerriers accusés de crime et de pillage. Trois cent trois furent condamnés à mort. Sceptique quant à l'équité de ces mesures, Abraham Lincoln examina personnellement les actes du procès et libéra tous les condamnés sauf trente-huit qui furent pendus en décembre 1862.

LES CHEFS DIRIGEAIENT PAR L'EXEMPLE

Bien que la révolte du Minnesota ait été réprimée, la guerre des Sioux ne faisait que commencer. Le foyer des hostilités se déplaça simplement vers l'ouest, au Dakota.

Des expéditions, formées de volontaires, furent organisées en 1863, 1864 et 1865. Elles étaient dirigées par Sibley, promu général de brigade après Wood Lake, et par un autre général, Alfred Sully.

Au cours des opérations de l'été 1863, Sully eut du mal, à cause du bas niveau des eaux qui le freinait, à faire remonter le Missouri à ses mille deux cents hommes depuis l'Iowa. Pendant ce temps-là, Sibley avait acheminé avec succès un peu moins de trois mille hommes depuis le Minnesota et remporté trois victoires sur les forces combinées des Santee et des Tetons. Fin juillet, un mois avant même que Sully n'atteigne le théâtre des opérations, Sibley était de retour dans le Minnesota. Il ne faut cependant pas oublier Sully qui réussit à s'emparer d'Inkpaduta, l'un des chefs de l'insurrection du Minnesota, et de son peuple fort de près de quatre mille personnes. Le 3 septembre 1863, au cours de la bataille de Whitestone Hill, Sully tua trois cents guerriers et captura deux cent cinquante femmes et enfants avant que les Indiens n'aient eu le temps de prendre la fuite.

L'été 1864, les deux généraux étaient de retour au Dakota. Sibley n'accomplit pas grand-chose mais Sully s'empara d'un important village de Teton que les Indiens abandonnèrent en toute hâte après leur défaite, au terme d'un sévère affrontement. Le lendemain, les soldats américains détruisirent les tipis et tout ce qu'ils contenaient.

La défaite sur un champ de bataille affectait beaucoup moins les Sioux que l'occupation militaire constante des troupes de Sibley et Sully.

Durant la campagne de 1865, ni Sibley ni Sully ne combattirent. Les combats furent en effet dirigés par un autre général, le très sûr de soi Patrick Edward Connor. En août et septembre 1865, Connor envoya trois mille hommes, répartis en trois colonnes, au cœur du territoire santee. L'offensive échoua. Les

suite p. 54

LES GUERRES INDIENN

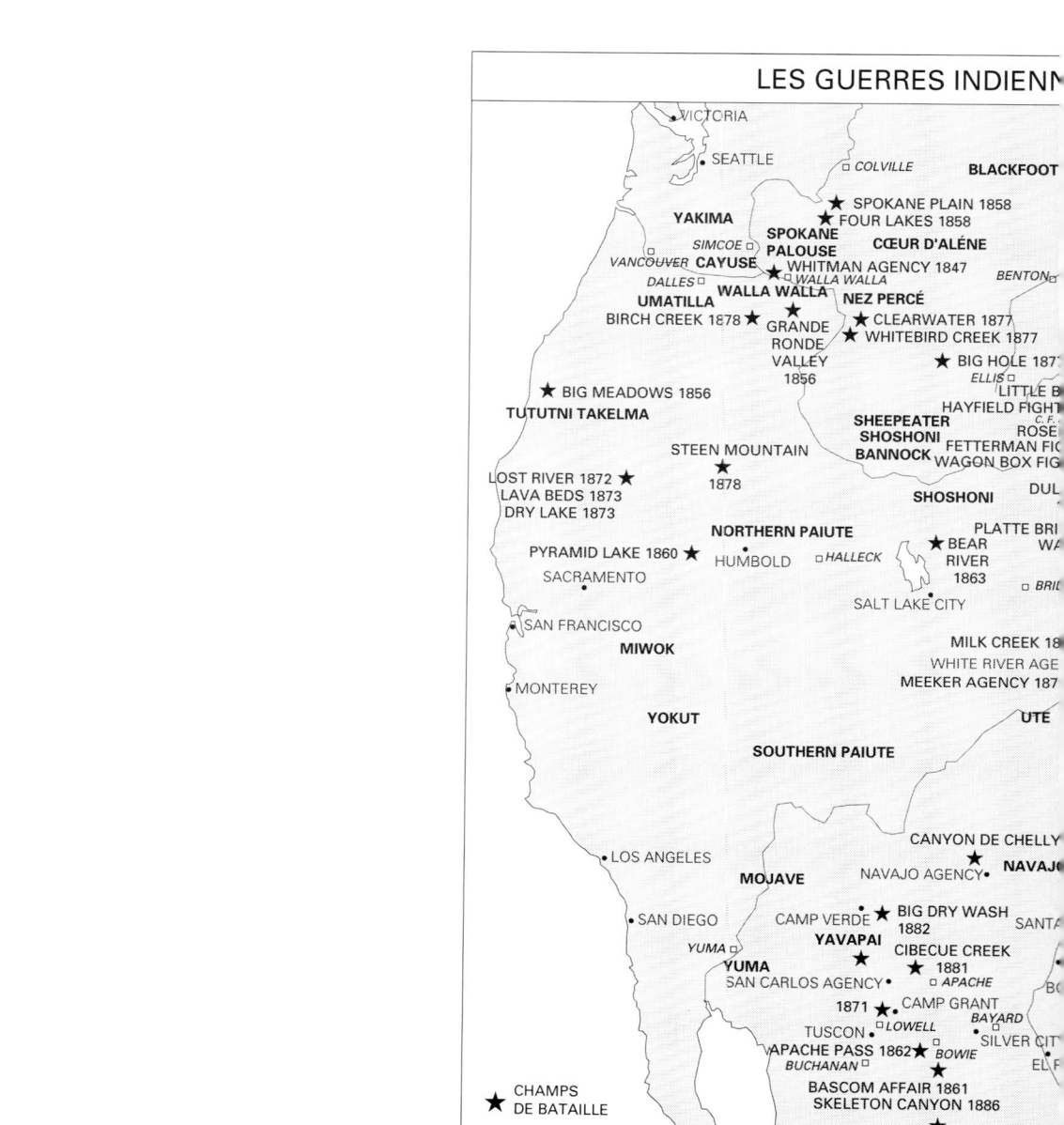

VICTORIA

SEATTLE

COLVILLE

BLACKFOOT

★ SPOKANE PLAIN 1858
★ FOUR LAKES 1858

YAKIMA

SPOKANE
PALOUSE

CŒUR D'ALÉNE

SIMCOE

VANCOUVER CAYUSE

★ WHITMAN AGENCY 1847
WALLA WALLA

BENTON

DALLES WALLA WALLA

UMATILLA NEZ PERCÉ

BIRCH CREEK 1878 ★
GRANDE
RONDE
VALLEY
1856

★ ★ CLEARWATER 1877
★ WHITEBIRD CREEK 1877

★ BIG HOLE 187
ELLIS
LITTLE B
HAYFIELD FIGHT

★ BIG MEADOWS 1856

TUTUTNI TAKELMA

C.F.

SHEEPEATER
SHOSHONI
BANNOCK

ROSE
FETTERMAN FIG
WAGON BOX FIG

STEEN MOUNTAIN
★
1878

SHOSHONI DUL

LOST RIVER 1872 ★
LAVA BEDS 1873
DRY LAKE 1873

NORTHERN PAIUTE

PLATTE BRI

PYRAMID LAKE 1860 ★
HUMBOLD
HALLECK

★ BEAR WA
RIVER
1863

BRIL

SACRAMENTO

SALT LAKE CITY

SAN FRANCISCO

MILK CREEK 18

MIWOK

WHITE RIVER AGE
MEEKER AGENCY 187

MONTEREY

YOKUT

UTE

SOUTHERN PAIUTE

CANYON DE CHELLY

LOS ANGELES

MOJAVE

NAVAJO AGENCY NAVAJ

SAN DIEGO

CAMP VERDE ★ BIG DRY WASH
1882

SANTA

YUMA

YAVAPAI

CIBECUE CREEK

YUMA
SAN CARLOS AGENCY

★ 1881
APACHE

B

1871 ★ CAMP GRANT
TUSCON LOWELL
BAYARD
SILVER CIT

APACHE PASS 1862 ★ BOWIE
BUCHANAN

EL F

★
BASCOM AFFAIR 1861
SKELETON CANYON 1886

★
CANYON DE LOS EMBUDOS 1886

TRES CASTILLOS 1880 ★

★ CHAMPS
DE BATAILLE

☐ FORTS

● VILLES
ET VILLAGES

TRIBUS

L'OUEST AU XIXe SIÈCLE

PAW 1877

LDER MOUNTAIN
1864 ★

SIOUX

BIG MOUND 1863
★

'L'S FORT   LINCOLN □

6 LAME DEER 1877   DEAD BUFFALO LAKE 1863
★   ★ POWDER RIVER   □ ABERCOMBRIE
                         STONEY LAKE 1863
★ WOLF 1876 ★ SLIM   WHITESTONE HILL 1863
MOUNTAIN 1877 BUTTES 1876   SANTEE SIOUX
PHIL KEARNY
                    CHEYENNE RIVER AGENCY   ★ WOOD LAKE 1862
□ RENO   PINE □ MEADE   □ SULLY   BIRCH ★
HEYENNE RIDGE SIOUX   COULEE   NEW ULM
ARAPAHO AGENCY WOUNDED   ROSEBUD   1862
                 ★ KNEE 1890 AGENCY
CREEK 1876 ★   RANDALL
RMAN   □ ROBINSON
AMIE □   ★ GRATTAM AFFAIR 1854

         PONCA

CHEYENNE   BLUE WATER 1855
  •   ★
              PAWNEE
MMIT SPRINGS ★ JULESBURG   ATKINSON
1869 ★   1865   □ • OMAHA
R •   □ KEARNY
  ARAPAHO   ★ MASSACRE CANYON 1873
BEECHER ★   ★ BEAVER CREEK 1868
ISLAND 1868
CANON CITY   □ WALLACE

          CHEYENNE   ABILENE LEAVENWORTH
'S OLD FORT □   □   □
         SAND CREEK 1864 LARNED • INDEPENDENCE
            □   WESTPORT •
         DODGE   ST LOUIS •
CROOKED CREEK 1859 ★   • WICHITA

         MEDECINE LODGE •
 KIOWA ANTELOPE HILLS 1858
A ADOBE   ★   OSAGE
SCOM WALLS 1864 ★
RQUE   1874 ★ WASHITA 1868
              □ RENO   □ GIBSON
ONDO PALO DURO ★ ★ SOLDIER SPRING
CY □ CANYON 1874 MAC 1868
MMER   CLELLAN   ★ RUSH SPRINGS
ANTON   CREEK 1872   1858
         COMANCHE

         RICHARDSON   CADDO
           □
           □ WORTH

DOVE CREEK 1865 ★ □ CONCHO

         CLARK   SAN ANTONIO   NEW ORLEANS •
           □   •
     KICKAPOO

tempêtes, la neige, des écarts de température énormes, le manque de ravitaillement et cette terre inhospitalière eurent raison des soldats. Près d'un millier de chevaux et de mules périrent, que les soldats mangèrent crus.

Cette désastreuse campagne avait coûté des millions, et Washington ordonna de réduire l'effectif des troupes dans la Plaine et de confiner les opérations militaires à la protection des routes. De plus, la guerre civile ayant pris fin, les régiments de volontaires demandèrent à être libérés. Les généraux durent donc se plier aux efforts de paix qui, à l'automne 1865, se concrétisèrent en traités avec les tribus des Plaines du Nord et du Sud.

L'arrêt des hostilités ne dura guère plus longtemps que les mois d'hiver. Sans les volontaires, l'armée régulière se prépara à continuer la guerre contre les Indiens. Les soldats vénéraient les chefs militaires : Ulysses S. Grant, qui allait bientôt devenir président des États-Unis, William Tecumseh Sherman, Philip H. Sheridan. Au pays indien, des noms comme George Crook, Nelson A. Miles, Ronald S. Mackenzie et George Armstrong Custer fascinèrent l'opinion publique dans les années d'après-guerre.

Chez les Sioux, les hommes les plus habiles et les plus influents commençaient aussi à se distinguer. Au cours des combats, aucun chef ne dirigeait les opérations car chaque Indien faisait sa propre guerre. Aucun chef, que ce soit politique ou guerrier, ne parlait au nom de son peuple ni ne le dirigeait. Les tribus indiennes représentaient en effet la forme la plus pure de la démocratie et les chefs ne dirigeaient que par l'exemple qu'ils donnaient et le charisme qu'ils avaient. Ainsi se distinguèrent les chefs teton Spotted Tail (Queue Tachetée), Red Cloud (Nuage Rouge), Crazy Horse (Cheval Fou) et Sitting Bull (Taureau Assis).

L'ARRIVÉE DE CUSTER

La campagne d'hostilités suivante se concentra sur la piste Bozeman qui reliait la route de Platte River aux mines d'or qui venaient d'être découvertes à l'ouest du Montana.

Les troupes américaines, qui avaient du mal à repousser les attaques indiennes contre leurs forts, ne purent défendre la piste. Celle-ci cessa d'être utilisée sauf par les gros convois militaires. Le colonel Henry B. Carrington commandait Fort Phil Kearny. Sans expérience de terrain, il était secondé par le capitaine William J. Fetterman qui, lui, à l'inverse, s'était beaucoup battu pendant la guerre civile. Il considérait les Sioux à peu près de la même façon que Grattan douze ans avant lui. À la tête de quatre-vingts hommes, Fetterman se vantait de pouvoir chevaucher au milieu de toute la nation sioux.

Les Sioux décidèrent d'utiliser l'une de leurs tactiques préférées contre Fort Phil Kearny : le leurre. L'opération fut confiée à Crazy Horse (Cheval Fou), un jeune guerrier excessivement doué. Le capitaine Fetterman et ses quatre-vingts hommes tombèrent dans le piège et furent tous massacrés par quinze cents à deux mille Indiens.

Des troupes fraîches furent envoyées dans les trois forts et des fusils à chargement par la culasse remplacèrent les vieux fusils à chargement par la bouche. Lorsque l'été revint, les Sioux préparèrent une autre offensive pour se débarrasser de ces forts tant haïs. Les nouveaux fusils se montrèrent efficaces, ce qui remonta le moral des troupes américaines. Ils ne réussirent cependant ni à vaincre Red Cloud ni à rouvrir la piste Bozeman.

Dans le traité de 1868, conclu à Fort Laramie, les Sioux remportèrent la victoire, en apparence du moins. Le gouvernement accepta d'abandonner la piste Bozeman et les forts qui la gardaient et de considérer que le territoire de Powder River était un « territoire indien non cédé ». Cependant, les autres dispositions du traité avaient des implications assez inquiétantes que les signataires comprenaient mal. Une réserve fut créée à l'est du territoire non cédé (tout l'actuel Dakota du Sud à l'ouest du Missouri). Le droit de chasse à l'extérieur de la réserve n'existait que « dans la mesure où les bisons s'y trouveraient en nombre suffisant pour justifier qu'on les chasse ». Qu'ils en aient eu conscience ou non, les Sioux venaient d'accepter d'être tôt ou tard confinés à une réserve.

Quelques Teton et leurs alliés, Cheyennes et Arapahoes, se rendirent aussitôt dans la réserve pour recevoir la pension du gouvernement et se soumettre au mode de vie que les Blancs voulaient leur imposer. Parmi les chefs qui se rendirent dans la réserve se trouvaient Red Cloud et Spotted Tail. D'autres groupes, méprisant la réserve et tous ses pièges, restèrent sur les territoires non cédés. Peu à peu, ces hommes en vinrent à considérer Sitting Bull comme un conseiller et Crazy Horse comme un chef guerrier. D'autres groupes passaient d'un univers à l'autre, profitant des rations de nourriture de la réserve en hiver et chevauchant avec les chasseurs en été. En cela, les Sioux continuèrent un mode de vie amorcé après le traité de 1851.

Les Indiens qui restaient en permanence sur les territoires non cédés ennuyaient beaucoup les agents du gouvernement. Bien que ne regroupant que trois mille Sioux et quatre cents Cheyennes, ils étaient une source de problèmes sans commune mesure avec leur nombre. En effet, ils ne restaient pas tranquillement sur leur territoire mais attaquaient les tribus qui avaient accepté l'aide gouvernementale ainsi que les Blancs installés dans l'ouest du Montana.

Les premières pressions directes sur les bandes de chasseurs, que les autorités gouvernementales qualifiaient désormais d'« hostiles », vinrent de la compagnie de chemins de fer du Pacifique nord (Northern Pacific Railroad) qui avait atteint le Missouri en 1873 et se dirigeait vers la vallée de Yellowstone. Bien que le traité de 1868 ait stipulé la possibilité de construire des voies ferrées, les guerriers de Sitting Bull, qui s'affrontèrent plusieurs fois aux tuniques bleues, indiquèrent clairement leurs sentiments quant à cette intrusion sur leur territoire.

L'expédition de Yellowstone de 1873 fit venir dans les Plaines du Nord un homme que la dernière guerre contre les Sioux devait immortaliser, George Armstrong Custer. Après cette expédition, au cours de laquelle sa cavalerie s'affronta à deux reprises aux guerriers sioux, Custer stationna à Fort Abraham Lincoln, un nouveau poste sur le Missouri, à Bismark, terminus de la voie ferrée du Pacifique nord.

La colère des Indiens contre la voie ferrée du Pacifique nord passa au second plan lorsque survint une seconde menace, celle des Black Hills qui n'étaient pas un territoire non cédé mais la grande réserve sioux. Le bruit courait qu'il y avait de l'or dans le Dakota et les citoyens américains faisaient pression sur le gouvernement pour pouvoir aller explorer ce que cachaient ces lointaines montagnes qu'étaient les Black Hills. Le général Phil Sheridan, qui commandait la division militaire où se trouvaient les Plaines du Nord, voulait lui aussi en savoir plus sur les Black Hills car il avait décidé d'établir un fort dans cette région afin de surveiller les Sioux. Il confia l'opération à Custer de Fort Lincoln.

Au cours de l'expédition des Black Hills, l'été 1874, Custer trouva un emplacement adéquat pour un fort mais, surtout, ses hommes trouvèrent de l'or. Le messager chargé des dépêches officielles ébruita la nouvelle. Les journaux titrèrent à la une : « De l'or dans les Black Hills ! »

Avant que l'année ne soit écoulée, les chercheurs d'or s'étaient précipités dans les montagnes et, dès le printemps 1875, les campements se mirent à pousser comme des champignons dans les vallées. En vain, l'armée essaya de repousser les chercheurs d'or. En vain, le gouvernement tenta de convaincre les Sioux de vendre cette partie de leur réserve. Les Indiens étaient certes sur les territoires non cédés, conformément au traité. Mais leurs agressions contre les tribus alliées des Américains et les quelques attaques qu'ils avaient perpétrées contre des colons et des

George A. Custer

voyageurs blancs fournirent au gouvernement un prétexte pour accuser les Indiens de n'avoir pas respecté le traité. Début décembre 1875, des messagers furent envoyés pour poser un ultimatum aux hommes de Sitting Bull : présentez-vous à une réserve gouvernementale avant le 31 janvier 1876, sinon vous serez considérés comme hostiles et susceptibles de subir des attaques militaires.

Comme les Indiens ne donnèrent aucun signe de vie, le général Sheridan tenta d'organiser deux rapides expéditions qui permettraient de mettre fin à la guerre avant le printemps. L'expédition qui devait être menée par Custer à l'ouest de Fort Lincoln fut sans cesse repoussée à cause de la neige qui empêchait l'approvisionnement.

Le général George Crook était chargé de l'autre expédition. Il était à la tête de neuf cents hommes qui, pendant trois semaines, luttèrent contre le vent, la neige et un froid glacial à la recherche des Indiens. Lorsque, enfin, les éclaireurs trouvèrent une piste, Crook chargea le colonel Joseph J. Reynolds et sa cavalerie de la suivre. À l'aube du 17 mars 1876, Reynolds attaqua un village de Sioux et de Cheyennes dans la vallée de Powder River. Pris de surprise, les Indiens s'enfuirent mais ne tardèrent pas à contre-attaquer avec une telle violence que les soldats américains battirent en retraite. Écœurés, à court de ravitaillement, le général et ses troupes épuisées rentrèrent à Fort Fetterman.

LA DÉFAITE DE CUSTER

L'attaque de Powder River avait alerté les Indiens chasseurs qui se regroupèrent et organisèrent leur défense. Parallèlement, l'exode printanier des Indiens sous contrôle gouvernemental, accru par la fièvre de la guerre et les tensions des Black Hills, vint grossir de plusieurs milliers de Sioux et de Cheyennes le camp de Sitting Bull et de Crazy Horse sur les territoires non cédés.

La campagne d'hiver de Sheridan se transforma en campagne d'été : à la mi-juin 1876, trois colonnes armées dirigées par le général Crook, le colonel John Gibbon et le général Alfred H. Terry, convergèrent en direction des Sioux dans la région de Powder et de Yellowstone.

Pendant ce temps, les Indiens s'étaient déplacés vers l'ouest et la vallée de Rosebud. Le 14 juin, les Sioux fêtèrent comme chaque année leur cérémonie sacrée de renouveau spirituel, la Danse du Soleil. Sitting Bull eut la vision que tout son peuple attendait. Il prédit une victoire triomphale pour les Sioux avec beaucoup de morts dans les rangs américains « qui tomberaient comme des mouches dans notre camp ». Cette vision prometteuse électrisa le peuple sioux.

En vérité, les soldats n'étaient pas loin. Les éclaireurs indiens signalèrent qu'une colonne bleue s'avançait par le sud. Plusieurs centaines de guerriers partirent à leur rencontre pour les combattre. Il s'agissait des soldats du général Crook. Parce que les attaquants quittèrent les premiers le champ de bataille, Crook cria victoire. À tort, car en réalité Crook rentra se ravitailler à la base à un moment critique de la campagne.

Ravis, les Indiens déplacèrent leur village dans la vallée d'un cours d'eau qu'ils appelaient Greasy Grass et les cartes d'état-major Little Big Horn. Dans la semaine qui suivit la bataille de Rosebud, les Indiens des réserves vinrent grossir le village qui doubla de taille et passa à sept mille habitants dont environ deux mille guerriers, répartis en cinq tribus sioux et une tribu cheyenne.

Le colonel Gibbon et le général Terry ignoraient la débâcle de Crook. Leurs éclaireurs signalèrent qu'une trace indienne remontait le Rosebud et les officiers en déduisirent qu'ils trouveraient le village à Little Big Horn. Selon le plan de Terry, Custer devait remonter le Rosebud avec sa cavalerie puis investir Little Big Horn dont la vallée serait par ailleurs bloquée par Terry et Gibbon. Si tout se passait normalement, Custer attaquerait l'ennemi par le sud tandis que Gibbon intercepterait les fugitifs éventuels par le nord. Gibbon serait prêt le 26 juin.

Le 22 juin, Custer passa en revue son régiment, six cents hommes. « Loin de nous l'idée que c'était la dernière fois que nous le voyions », raconta l'un d'eux.

Deux jours plus tard, le 24 juin, la piste indienne tournait à l'ouest en direction de Little Big Horn, comme prévu. Mais la piste révélait aussi des traces fraîches, celles des Indiens des réserves venus rejoindre leurs frères. Le village devait être juste de l'autre côté de la montagne, à moins d'un jour de marche. Custer prit alors une décision très controversée : suivre la piste, cacher son régiment pendant la journée du 25 juin pour laisser à Gibbon le temps d'atteindre sa position, puis attaquer.

Un concours de circonstances vint contrecarrer son projet. A l'aube, ses éclaireurs, postés au sommet d'une montagne, détectèrent le camp ennemi à vingt-cinq kilomètres à l'ouest. Ils découvrirent en même temps plusieurs groupes de Sioux dans les parages. Custer comprit aussitôt qu'il devait changer ses plans. À moins d'attaquer tout de suite, les Indiens s'éparpilleraient comme d'habitude et il n'y aurait plus personne à attaquer.

Ce jour-là, le 25 juin 1876, la chance légendaire de Custer l'abandonna. Ne connaissant ni le terrain ni l'emplacement exact du camp indien, il était obligé d'avancer à l'aveuglette et d'organiser son offensive au coup par coup. Lorsqu'il eut suffisamment d'informations pour agir en conséquence, il était trop tard.

Custer envoya le capitaine Benteem vers le sud. Prenant un chemin plus direct vers Little Big Horn, Custer débusqua un groupe d'environ quarante guerriers sioux. Au même moment, des nuages de poussière lui indiquèrent enfin l'emplacement exact du village indien. Il chargea le commandant Reno et trois compagnies supplémentaires d'attaquer le village et lui promit le renfort des cinq compagnies qui restaient sous ses ordres.

Reno prit presque les Indiens par surprise mais ne vit aucun signe des renforts que Custer lui avait promis. Avant d'atteindre les premiers tipis, qui appartenaient à Sitting Bull et aux Hunkpapa, Reno ordonna à ses troupes de mettre pied à terre. Un homme sur quatre emmena quatre chevaux à l'arrière. Les Sioux les encerclèrent par la gauche puis apparurent par l'arrière.

Au bout de quinze minutes, Reno décida de se replier dans la forêt, à sa droite, mais l'abondance de la végétation entrava sa maîtrise de la situation et la communication de ses ordres. Les Indiens se rassemblèrent de l'autre côté de la rivière pour attaquer par l'arrière.

Après une demi-heure, Reno jugea sa position intenable. Décidé à atteindre les hauteurs de l'autre côté de la rivière, il ordonna à ses hommes de se remettre en selle. Ils traversèrent la vallée au plus vite, attaqués par les Indiens sur leur flanc droit et à l'arrière. Arrivé au sommet, Reno, démoralisé, compta les pertes : quarante morts, trente blessés et dix-sept disparus.

Lorsque le capitaine Benteen arriva, suivi de ses mules de bât, les Indiens se replièrent. Des coups de feu tirés en aval indiquèrent que les combats reprenaient ailleurs. Les soldats se ressaisirent et, sans qu'il soit vraiment besoin de donner des ordres, se dirigèrent vers le théâtre des opérations. La fumée et la poussière gênaient la visibilité et les Indiens repoussèrent les compagnies vers les hauteurs d'où ils venaient.

Sans le savoir, les compagnies de Reno et de Benteen venaient d'assister aux derniers instants des troupes de Custer. La bataille avait duré environ une heure. Custer et plus de deux cents officiers et soldats avaient péri. Il n'y eut aucun survivant.

Sur leur colline, à six kilomètres au sud, Reno et les sept compagnies qui restaient repoussèrent les attaques indiennes jusqu'à la nuit durant laquelle ils s'entourèrent d'une ligne de défense.

À l'aube, un coup de feu ouvrit le second jour des hostilités. Pendant toute la journée, sous une chaleur écrasante, les Indiens tirèrent sur les tuniques bleues. À deux reprises, ils arrivèrent si près que les officiers ordonnèrent aux hommes de charger. Tous, mais surtout les blessés, étaient torturés par la soif. Sous le feu ennemi, un détachement descendit la pente escarpée jusqu'à la rivière pour s'approvisionner en eau. Dans l'après-midi, la fusillade cessa.

Les Sioux et les Cheyennes avaient arrêté le combat. Leurs éclaireurs les avaient avertis que d'autres soldats arrivaient par le nord et ils levèrent le camp, ne voulant pas exposer leurs familles à un autre combat contre les tuniques bleues.

Alors que le soleil descendait à l'horizon, le soir du 26 juin, les soldats en poste sur les hauteurs virent des feux s'allumer dans la vallée. Un épais mur de fumée s'élevait qui cachait le village indien. Vers sept heures du soir, les soldats stupéfaits virent un long défilé émerger du rideau de fumée : des cavaliers, des femmes et des enfants à pied, des travois, des chevaux et des chiens. La file indienne gravit lentement le flanc ouest de la vallée et se dirigea vers les Big Horn Mountains. En bas, dans la vallée, il ne restait plus que les débris éparpillés du camp indien.

Le lendemain matin, 27 juin, alors que la colonne du colonel Gibbon, le général Terry à l'avant-garde, parcourait le camp déserté, la raison de l'exode indien apparut clairement. L'éclaireur-chef de Gibbon avait déjà répondu à la question qui brûlait les lèvres de chacun. En aval, les éclaireurs indiens du colonel avaient trouvé éparpillés dans le ravin les corps mutilés des cinq compagnies de Custer. Au total, la moitié du septième régiment de cavalerie avait été tué ou blessé, deux cent dix morts y compris Custer. Quand Reno avait quitté la vallée et battu en retraite vers les hauteurs, cinquante-trois autres soldats avaient été tués et soixante blessés. Combien d'Indiens avaient payé la victoire de leur vie, on ne le saura jamais car la plupart des morts furent emportés par les survivants. Les estimations vont de trente à trois cents.

LE DERNIER CHEF À LÂCHER LE FUSIL

Le triomphe des Indiens leur apporta la défaite. En effet, l'Amérique était en colère et les renforts affluaient au pays des Sioux. Mis à part un modeste affrontement à Slim Buttes, non loin des Black Hills, les fugitifs évitèrent aisément l'armée. Mais les tuniques bleues qui étaient restées pendant l'hiver se montrèrent les adversaires les plus redoutables. Pendant le rude hiver 1876-1877, ces fantassins — que les Indiens appelaient « Marche-en-tas » — s'étaient installés dans un cantonnement rudimentaire au confluent de la Tongue River. À leur tête était un jeune officier, le colonel Nelson A. Miles, qui avait la même détermination et la même pugnacité que feu le général Custer. Les Indiens le surnommèrent « Peau d'Ours » après l'avoir vu emmitouflé dans sa tenue d'hiver. Au sud, le général Crook dirigeait une autre opération.

Crook marqua les premiers points. Le 25 novembre 1876, il envoya le colonel Ronald S. Mackenzie et sa cavalerie attaquer le village cheyenne de Dull Knife (Couteau Émoussé), comprenant cent quatre-vingt-trois foyers et situé dans un canyon des Big Horn Mountains. Au terme d'un rude affrontement, Mackenzie infligea aux Indiens une défaite terrible et plus de mille Cheyennes se retrouvèrent au cœur de l'hiver sans abri ni nourriture.

Mais une fois de plus, Crook abandonna le théâtre des opérations et laissa Miles continuer la campagne d'hiver. À la bataille de Wolf Mountain, le 8 janvier 1877, ce dernier s'affronta à Crazy Horse et à quelque six cents guerriers sioux et cheyennes. Les tirs d'artillerie et la charge des fantassins eurent raison des Indiens. « Nous avons montré aux assassins de Custer, écrivit Miles, que nous les frapperions sans répit tant qu'ils oseraient se montrer. »

La résistance indienne commença à s'effriter. En janvier 1877, Sitting Bull et les Hunkpapa partirent se réfugier sur le territoire de l'« Ancienne », la reine Victoria. Pendant ce temps-là, Crazy Horse et sa tribu oglala ainsi que les Cheyennes rescapés de l'attaque de Mackenzie perdaient courage car « Peau d'Ours » les harcelait sans cesse. Au printemps, les Cheyennes se rendirent au colonel Miles, à Yellowstone, mais par une ironie du sort qu'il n'oublia jamais, les émissaires de Crook persuadèrent les Sioux d'aller au sud se rendre à Crook. Tout au long du printemps 1877, de petits groupes se rallièrent silencieusement aux réserves de Red Cloud et de Spotted Tail. Puis, le 6 mai, Crazy Horse et ses principaux chefs, accompagnés d'un millier de personnes, se présentèrent devant Crook pour lui annoncer qu'ils renonçaient au sentier de la guerre.

Pour le gouvernement, Crazy Horse représentait un danger presque plus grand dans une réserve qu'à l'extérieur. C'était un homme qui n'avait jamais connu que la liberté de la Plaine. Dans la réserve il devint de plus en plus silencieux, taciturne, arrogant et despotique. Début septembre 1877, le général Crook finit par donner l'ordre de l'emprisonner. Il y eut une échauffourée. On ne sait pas si la blessure mortelle fut le fait de son propre couteau, de celui d'un autre Indien ou de la baïonnette du garde mais, cette nuit-là, le grand chef des Oglala s'éteignit. « C'est bien ainsi, déclara un autre chef sioux. Il voulait la mort et elle est venue à lui. »

Bien que les Sioux et les Cheyennes aient été écrasés, on ne pouvait pas considérer que la guerre fût vraiment finie tant que Sitting Bull était dans la nature. De plus, quelque deux mille Sioux qui avaient été sous la houlette de Crazy Horse s'étaient enfuis après sa mort et avaient doublé le nombre d'Indiens réfugiés auprès de Sitting Bull. Au Canada, les Sioux s'entendaient bien avec les policiers à tunique rouge de l'« Ancienne » mais il n'y avait pas assez de gibier pour que tous mangent à leur faim. Il était donc inévitable que les Indiens traversent la frontière pour aller chasser le bison dans le Montana. Et là, « Peau d'Ours » et ses soldats patrouillaient sans arrêt, prêts à tirer sur tout Indien repéré au sud de la frontière.

La faim affaiblit rapidement les troupes de Sitting Bull ; peu à peu, de petits groupes abandonnèrent la partie et retournèrent aux États-Unis. Le chef obstiné déclarait pour sa part : « Tant qu'il restera ici un seul écureuil à manger, je ne rentrerai pas. » Mais, le 19 juillet 1881, accompagné de moins de deux cents personnes réduites à un dénuement complet, il se présenta à Fort Buford, dans le territoire du Dakota. Il confia sa Winchester à son fils de huit ans et le chargea de la remettre au commandant du fort. « Je veux qu'on se souvienne que j'ai été le dernier chef de ma tribu à lâcher mon fusil, dit-il, et qu'aujourd'hui je vous l'ai donné. »

Bien qu'il ait rendu les armes, Sitting Bull ne s'était pas plié au mode de vie que le gouvernement voulait imposer aux Sioux dans ses réserves. Le gouvernement voulait en effet que tous les Indiens imitent les Blancs, deviennent des fermiers cultivant paisiblement la terre, habillés comme tout le monde, envoyant leurs enfants à l'école et adorant le Dieu des chrétiens. Sitting Bull résista farouchement contre les programmes de « civilisation » qui finirent néanmoins par s'infiltrer dans son peuple.

Dix ans de ces programmes laissèrent aux Sioux une empreinte de colère et d'amertume doublée d'un sentiment d'impuissance et de désespoir. Ce sentiment fut accru par plusieurs saisons de sécheresse qui anéantirent leurs cultures, par la disette allant jusqu'à la famine due à un rationnement de nourriture décrété par un Congrès soucieux d'économie, par des épidémies et enfin par les commissions gouvernementales qui cherchaient à leur confisquer des territoires supplémentaires. « Ils nous ont promis beaucoup de choses, raconta un vieux Sioux, beaucoup plus que je ne peux me rappeler, mais ils n'ont tenu qu'une seule promesse : ils nous ont promis de prendre nos terres et ils l'ont fait. »

Accablés de malheur, les Sioux reprirent espoir lorsqu'en 1890 survint une nouvelle religion venue de l'ouest qui promettait des solutions spirituelles aux détresses que la guerre ne pouvait plus résoudre. Ces nouveaux prêtres peignirent des fresques détaillées d'un monde nouveau peuplé uniquement d'Indiens, où le bison et les autres gibiers abonderaient à nouveau et où les générations d'Indiens disparus renaîtraient. Tous vivraient éternellement heureux dans un monde d'où les maux auraient disparu. En dansant la « Danse des Fantômes » et en appliquant les autres points de la doctrine, les Indiens pouvaient faire advenir l'ère nouvelle.

Bien que fondée sur la paix, cette doctrine eut l'effet d'un cri de guerre sur les Sioux. Les adeptes indiens de la nouvelle religion, Short Bull (Taureau Trapu) et Kicking Bear (Ours en colère) prophétisèrent que l'on pourrait hâter le jour de la délivrance en ne laissant pas aux dieux seuls le soin de faire disparaître les Blancs. L'administration des réserves et les colons du Nebraska et du Dakota prirent peur.

Le 20 novembre 1890, la cavalerie pénétra dans les réserves de Pine Ridge et de Rosebud, galvanisant les Sioux et les repoussant vers un plateau appelé Stronghold. À la tête des troupes était Nelson A. Miles, qui avait été promu général de division, le même « Peau d'Ours » qui avait battu les Sioux treize ans auparavant.

À l'aube du 15 décembre, quarante-trois « poitrines de fer », les policiers indiens, entourèrent la hutte de Sitting Bull pendant que les officiers y pénétraient et procédaient à son arrestation. Provoqué par ses hommes qui s'étaient rassemblés autour de lui, le vieil homme poussa un cri de défi, déclenchant une fusillade. Tandis que leurs camarades s'effondraient sous les balles, les policiers tirèrent à bout portant dans la tête et la poitrine du vieux chef. Ironie du sort, celui qui avait été l'artisan de la coalition indienne et avait massacré Custer et ses hommes, était tué par les siens.

REDDITION COMPLÈTE

Au sud, les efforts étaient concentrés pour faire descendre les danseurs de Stronghold et empêcher d'autres de s'y rendre. Big Foot (Grand Pied) et sa troupe de Miniconjou avaient décidé de se rendre à Pine Ridge pour essayer de négocier la paix. Mais l'armée pensa qu'il voulait se rendre à Stronghold et envoya des patrouilles pour lui couper la route. Une patrouille les trouva et les escorta jusqu'au camp de Wounded Knee Creek.

Personne ne s'attendait à un combat, mais celui-ci eut lieu. Pratiquement les deux tiers de la troupe de Big Foot furent tués, au moins cent cinquante morts et cinquante blessés. Les pertes s'élevaient à vingt-cinq morts et trente-neuf blessés dans l'armée américaine.

La bataille de Wounded Knee anéantit les efforts de paix de l'armée mais le général Miles exploita habilement la confusion et les dissensions parmi les chefs sioux. En alliant la force et la diplomatie dans de justes proportions, il transforma l'incident de Wounded Knee en une reddition indienne complète, le 15 janvier 1891.

Six jours plus tard, une grande revue militaire marquait la fin de la campagne de la Danse des Fantômes et des guerres indiennes de l'Ouest.

Alors que, depuis le sommet des collines, les Sioux regardaient stoïquement la scène et que le vent d'hiver faisait battre les tuniques colorées des soldats, les régiments défilèrent les uns après les autres devant le général Miles.

Ce n'est pourtant pas cette grande parade militaire de Pine Ridge qui symbolisa la fin de la frontière indienne mais une scène poignante qui s'était déroulée à Fort Yates, près de la réserve de Standing Rock, le 17 décembre 1890, quinze jours avant Wounded Knee. Pendant que dans le cimetière de la réserve, une compagnie d'infanterie tirait une salve d'honneur au-dessus des tombes des policiers indiens tombés au combat et que retentissait la sonnerie aux morts, à Fort Yates, un détachement de prisonniers militaires, sans cérémonie, jetait des pelletées de terre sur une tombe fraîche dans laquelle se trouvait un cercueil de bois brut. Il contenait, enveloppée dans une toile grossière, la dépouille de Sitting Bull.

Traduction de l'américain par Manuela Dumay.

―――――――――――― *ROBERT M. UTLEY* ――――――――――――

Spécialiste des guerres indiennes de l'Ouest au XIXe siècle.
Distingué en 1988 par le prix Western History Association
pour l'ensemble de son œuvre. A été universitaire et directeur
du National Park. Ouvrage le plus célèbre : *Frontier Regulars :*
The United-States Army and the Indian, 1848-1865, New York,
1967.

D.F. BARRY

Sitting Bull

DANIÈLE VAZEILLES, SERGE PARQUET ET PRISCILLE TOURAILLE

SITTING BULL
GUERRIER ET MYSTIQUE

QU'ON ÉVOQUE LES PEUPLES AMÉRINDIENS ET TOUT DE SUITE LE NOM DE SIT-
TING BULL VIENT AUX LÈVRES ; COMME SI DANS NOTRE IMAGINAIRE NOURRI DE
WESTERNS, LE CHEF SIOUX INCARNAIT À LUI SEUL L'ALPHA ET L'OMÉGA DE LA
RÉSISTANCE INDIENNE A LA CONQUÊTE DE L'OUEST. DE SON VIVANT DÉJÀ, LA
FIGURE DE SITTING BULL ÉTAIT LÉGENDAIRE...

Cet homme aux traits durs, à
l'expression emplie de sagacité perçante, tel qu'il apparaît sur
les clichés de l'époque, a porté à bout de bras la destinée de
son peuple ; pour lequel il ne désirait qu'une chose, une vie libre.
Guerrier, il le fut jusqu'au tréfonds de l'être. Et pourtant, il n'y
eut pas plus ardent défenseur de la paix que lui. Sa vie entière
se passa à essayer de trouver un terrain d'entente avec les
Blancs et le gouvernement américain. Rares sont les chefs
indiens qui déployèrent une semblable volonté de paix. Mais
quand il dut livrer bataille, il le fit avec une rage féroce.

La légende qui le poursuit fait de lui un « homme-médecine »
(medicine man), un sage, un « saint homme » peu enclin aux choses de la guerre. C'est en grande partie faux. Les témoignages
laissent penser en effet que Sitting Bull avait un don de prophétie avéré, mais il fut aussi et surtout un homme de guerre,
meneur de combats. C'est ainsi qu'il se distingua parmi les siens,
et qu'il réussit, au milieu du XIXᵉ siècle, à être l'unificateur de
plusieurs tribus des Plaines. Comme tout leader indien, il tenait
entre ses mains les deux pôles qu'on pourrait croire opposés de
la conscience indienne : d'un côté, une spiritualité orientée vers
la paix et l'entente avec tout ce qui vit, et de l'autre, une éducation guerrière extraordinairement poussée, et certainement
rarement égalée. Sitting Bull fut un de ceux qui parvinrent peut-
être le mieux à gérer cette apparente incompatibilité. L'enver-
gure du personnage n'en est que plus marquante à une époque
où, côté « blanc », tous ceux qui participèrent de près ou de loin

à la « politique indienne » du gouvernement américain ne furent que de médiocres figures, dont le principal souci était la carrière personnelle et l'obtention des faveurs gouvernementales, en espérant, pour certains, qu'elles finiraient bien par les hisser en haut de la hiérarchie sociale et politique, voire, ainsi que l'escomptait le général Custer, au rang de président des États-Unis. Custer paya de sa vie l'aveuglement que lui valut son extravagante ambition. Quelques années plus tard, ce fut au tour de Sitting Bull, dont l'autorité, devenue plus que gênante pour ses ennemis de tous bords, Blancs et Indiens, fut à l'origine de son assassinat, il y a tout juste cent ans, en cette année 1890 marquée par tant de violences et de troubles, et dont le massacre de Wounded Knee fut, en quelque sorte, la sanglante apothéose.

JEUNESSE D'UN SIOUX NOMADE

Sitting Bull naquit en mars 1831, près de l'actuelle petite ville de Bullhead, dans l'État du Dakota du Sud, pays des grandes plaines herbeuses et des troupeaux de bisons. Sa tribu est celle des Sioux Hunkpapa, guerriers redoutables. Jeune garçon, il ne portait pas encore le nom de Sitting Bull car, selon la coutume indienne, le nom d'adulte n'était décerné que plus tard, après avoir accompli un exploit particulièrement marquant aux yeux des siens. Il était surnommé Slow, « Lent », à cause de l'attitude réfléchie dont il faisait toujours preuve avant de se décider. Toute son enfance se passa à cheval, à regarder défiler les paysages, l'horizon à perte de vue, d'abord serré contre sa mère et puis très vite à califourchon derrière elle. Avant dix ans, il chevauche son propre poney. La légende veut que par la suite il ait eu les jambes arquées, comme moulées aux formes du cheval !

« Lent » connut la vie des nomades, l'ivresse des grandes étendues, de la chasse aux bisons, du vol de l'aigle, cette liberté qu'il chérira toute sa vie. Chaque soir, il s'endormait en écoutant les innombrables histoires d'Iktomi, le farceur, toutes ces légendes où les animaux parlent aux humains et leur donnent de bons conseils, les récits héroïques de son peuple, la bravoure des guerriers et, bien sûr, la couardise des ennemis. En lui montait déjà le désir ardent de se distinguer, d'accomplir des exploits prestigieux, qui, dans la société sioux, transforment un être masculin en homme. Il admirait, enviait les guerriers. Pour lui la guerre n'était pas seulement dans les récits, il fut vraiment élevé au milieu d'elle. Les blessures, les larmes, les danses de guerre et les rituels célébrant les victoires firent partie de sa vie quotidienne.

À l'âge de quatorze ans, il allait trouver l'occasion de prouver son ardeur au combat et son courage. Ce jour-là, il se joignit d'office aux guerriers sans y avoir été invité et, son audace payant, participa à la première bataille de sa vie, armé de son seul « bâton à coup », destiné à toucher l'ennemi pour « compter les coups », obtenant ainsi une distinction honorifique plus grande que si on l'avait tué. « Lent » parviendra à renverser son adversaire crow mieux armé que lui, le premier « coup » d'une longue série... À l'issue de la bataille, remportée par les Sioux, « Lent » fut acclamé par les siens et gagna le nom qu'il portera désormais jusqu'à sa mort : *Tatanka Iyotake* ou « Bison mâle qui se roule dans la poussière », traduit par *Sitting Bull* en anglais, « Bison Assis ». Son père avait reçu ce nom au cours d'une vision, et il le transmit à son fils en témoignage de son admiration et de son amour. Or ce nom avait une charge symbolique très forte pour les Sioux, qui, il ne faut pas l'oublier, étaient de grands chasseurs de ces imposants ruminants, dont ils tiraient pratiquement toute leur subsistance.

Dans les Plaines, cet énorme herbivore était connu comme étant une créature têtue, une force de la nature, n'ayant peur de rien, ne tournant jamais le dos, n'abandonnant jamais, quel que soit l'obstacle, mais allant toujours de l'avant, malgré le danger et le mauvais temps.

> « C'étaient ces capacités guerrières qui parlaient aux Sioux Teton. Le courage était la vertu la plus nécessaire de leurs vies aventureuses, et le courage absolument sans faille des bisons ébranlait leur imagination avec une force fantastique. » ·
> Vestal 1956 : 19

On comprend pourquoi le bison était un peu comme un modèle à imiter.

LEADER DE SON PEUPLE

Sitting Bull s'inspirera toute sa vie du bison mâle, comme ses ancêtres avant lui. Pendant la première partie de sa vie, il fera montre d'endurance, de courage et de force, les qualités du bison, qui établiront sa renommée, notamment comme leader de la Société guerrière des « Cœurs Courageux » *(Brave Hearts)*, connus pour être les hommes les plus valeureux dans chaque tribu. Et, de bataille en distinction, il devint par la suite l'homme le plus en vue pour traiter avec les Blancs, à un moment où l'absence d'une figure marquante faisait cruellement défaut. Sitting Bull était connu comme une forte personnalité capable de galvaniser les hommes et d'œuvrer pour une certaine cohésion intertribale.

Le choix des Sioux fut quasi unanime. En 1851, Sitting Bull fut reconnu officiellement comme un des grands leaders de son peuple, à cause de sa bravoure mais aussi de sa générosité ; on disait que depuis son enfance il avait toujours été compatissant et attentif à tous, on rappelait toutes les fois où il avait adopté des ennemis captifs... À partir de ce moment-là, Sitting Bull se donna pour tâche de conduire son peuple et de le protéger : lourde responsabilité qu'il mènera jusqu'au bout et dont jamais il ne se départira. Sa chefferie allait surtout prendre son sens dans l'énergie qu'il mit à défendre les droits de son peuple face à l'implantation croissante des Blancs et à leurs revendications intenables. Jusqu'ici, il n'avait fait que vivre une existence normale de guerrier, bien que les raids menés contre d'autres tribus traditionnellement ennemies, et qui concernaient presque exclusivement les territoires de chasse, ne fussent pas sans relations avec l'avancée des colons blancs en terre indienne et le rétrécissement de l'espace qui en résultait.

En mai 1868, un missionnaire jésuite, le père de Smet, connu pour ses affinités avec les Indiens, était envoyé sous couvert du ministère de l'Intérieur pour essayer de négocier la paix, car depuis quelques années l'armée américaine ne faisait qu'essuyer des échecs lui causant des pertes dommageables.

Les exigences des Indiens étaient les suivantes : qu'on supprime les routes qui coupaient leurs territoires de chasse, qu'on brûle les forts militaires implantés un peu partout, qu'on arrête les bateaux à vapeur sur le Missouri et qu'on expulse tous les Blancs à l'exception de ceux qui venaient pour commercer.

Cependant, ce qu'expliqua Sitting Bull au père de Smet montre bien qu'il n'y avait encore jamais eu d'animosité envers les Blancs, et que ce n'était pas son désir de leur faire la guerre, tant que son peuple serait libre d'aller et de venir comme il l'entendait :

> « J'espère que la paix sera faite, et quoi que fassent les autres, je m'engage à rester durablement ami avec les Blancs. »

À l'issue de cette chaleureuse rencontre fut signé le traité de Fort Laramie, le 2 juillet 1868. Il garantissait aux Indiens l'intégrité de leur territoire à l'ouest du Missouri et stipulait :

> « aucun Blanc ne serait autorisé à s'établir ou à occuper une portion de ce territoire, ou même traverser ce territoire sans le consentement tacite des Indiens ».

Après la signature de ce traité, qui fut à première vue une

victoire pour les Sioux, les Plaines redevinrent calmes pendant quelque temps. Mais l'armée n'avait pas digéré la perte de ses forts ; s'ensuivit une rivalité entre celle-ci et le ministère des Affaires indiennes, qui remit très vite en cause l'état de paix décrété. Face à cette situation mouvante, Sitting Bull et Crazy Horse, un des chefs des Sioux Oglala, se mirent d'accord pour riposter à la première attaque qui, ils le comprirent, n'allait pas tarder.

En 1874, le général Custer, qui commandait le VIIe régiment de cavalerie, annonça qu'il avait trouvé de l'or dans les Collines Noires (Black Hills), montagnes sacrées des Indiens des Plaines et considérées comme territoire indien par le traité de Fort Laramie. La ruée vers l'or commença sans que l'armée puisse l'empêcher, en supposant qu'elle ait voulu le faire. Tout le travail du ministère des Affaires indiennes pendant trente ans s'effondrait ainsi avec l'arrivée de Custer. Une commission fut envoyée : on proposa aux Indiens d'acheter les Black Hills. Mais la voix de Sitting Bull s'éleva alors :

> « Nous ne voulons pas d'hommes blancs ici. Les Black Hills m'appartiennent. Si les Blancs essayent de s'en emparer, je combattrai. »

Cette fois-ci, il n'y eut pas de compromis et la commission repartit bredouille pour Washington. Mais les chercheurs d'or ne s'en allèrent pas pour autant. Selon eux, ces montagnes étaient trop riches pour du sang indien, et de toute façon ils pensaient que cela aboutirait à la décision de déporter les Sioux dans des territoires assignés, c'est-à-dire des réserves, comme d'ailleurs cela avait été prévu dans le traité de Laramie à l'insu des Indiens.

Devant cette extraordinaire prétention, la patience légendaire de Sitting Bull s'écroula et la colère s'empara de son cœur, à tel point, diront ses proches, qu'elle fit de lui un autre homme. Il exhorta les guerriers :

> « Nous sommes un îlot d'Indiens dans un lac de Blancs. Nous devons faire face ou ils nous liquideront les uns après les autres. Ces soldats sont venus pour nous tirer dessus, ils veulent la guerre. Eh bien, ils l'auront ! »

À l'appel du chef hunkpapa, la plupart des tribus des Plaines décidèrent de se joindre à lui et le prirent comme principal organisateur. Ses guerriers disaient de lui :

> « Il sait nous guider ; nous avons toujours envie de combattre quand il nous en presse. La chance est de son côté, et il est brave. Il n'envoie jamais un autre homme où il ne va pas lui-même. »

Il savait insuffler à ses hommes l'envie de combattre et, dans ses veines, brûlait le feu implacable de la guerre :

« Écoutez, jeunes hommes. N'épargnez personne. Qui que vous rencontrez, tuez-le, et prenez son cheval. Ne laissez vivre personne ! Ne sauvez rien ! »

Et très certainement, il avait les meilleurs guerriers et cavaliers qui aient existé, la plupart des généraux américains le diront. Mais bien peu, à ce moment-là, réalisèrent la force que représentait la petite armée de Sitting Bull. Pas si petite pourtant ; il était à la tête de « l'armée » la plus importante jamais rassemblée jusqu'à ce jour dans les Plaines. Sa première tâche fut de veiller à ce que tout le monde dans cet immense camp, de deux mille à trois mille âmes, ait de quoi se nourrir, ce qui demandait une grande capacité d'organisation. Mais une « armée » indienne n'est pas une armée comme les autres, et l'événement qui eut lieu avant l'affrontement avec les « soldats bleus » des États-Unis va nous le rappeler.

LE DERNIER À BAISSER LES ARMES

Au début de juin 1876, alors que tout les campements étaient rassemblés dans la vallée de la Rosebud, on célébra une Danse du Soleil, la grande cérémonie religieuse annuelle de nombreux Indiens des Plaines. En cette période de guerre contre les Blancs, Sitting Bull décida de prier pour son peuple et d'endurer les souffrances de la faim et de l'autotorture, déjà vécues par lui, comme en témoignaient les nombreuses cicatrices de son dos et de sa poitrine. Cependant cette fois-ci, le rituel et la prière qu'il se proposait d'accomplir appelaient un don encore plus grand de lui-même : avant de se faire percer la poitrine, il se fit prélever cent petits morceaux de chair sur les bras ; ainsi meurtri dans son corps et relié à l'Arbre sacré, il dansa pendant deux jours sous le soleil, jusqu'à ce que ses forces l'abandonnent et qu'il s'effondre sans connaissance. Il n'avait pas dansé en vain : après être revenu à lui, il raconta aux siens la vision de victoire qu'il avait eue pendant qu'il dansait : des soldats bleus arrivant dans le camp, la tête en bas, renversés sur leurs montures. Les Indiens apprirent ainsi que l'armée allait les attaquer, mais qu'elle perdrait la bataille. Cette prophétie — car c'est ainsi qu'elle fut comprise — frappa tous les esprits. Personne n'ignorait que Sitting Bull était un grand visionnaire et que ses prophéties s'étaient toujours réalisées dans le passé.

Avant la bataille prophétisée, c'est-à-dire entre le 15 et le 24 juin 1876, il y eut un premier combat, connu sous le nom de bataille de Rosebud ; les troupes du général Crook durent battre en retraite, et celui-ci, déprimé, abandonna pour toujours le désir de poursuivre les Indiens. Bientôt d'autres troupes arrivèrent en renfort. Entre-temps, les Sioux quittèrent la vallée de la Rosebud pour la vallée de Little Big Horn, au Montana, où ils espéraient trouver du gibier.

La veille, le général Custer, à quelques kilomètres de là, ne pensait qu'à lui-même, qu'à la gloire qui serait la sienne s'il battait Sitting Bull, si bien qu'il ne prêta même pas attention aux propos de ses éclaireurs indiens qui lui rapportaient que le chef sioux avait plus de guerriers qu'il n'en pourrait battre avec son armée.

Sitting Bull, de son côté, priait pour son peuple au sommet de la colline, les mains levées vers le ciel sombre, pleurant et implorant le Grand Esprit :

> « Wakan Tanka, aie pitié de moi... Sauve mon peuple, je t'en supplie. Nous désirons VIVRE. Garde-nous de tous les malheurs et calamités. »

Il n'avait pas de doutes sur la victoire des siens, mais s'affligeait simplement pour ceux qui allaient mourir au combat et priait pour eux. On a dit que Sitting Bull avait usé de charmes magiques pendant la bataille de Little Big Horn, et que de ce fait il n'y avait pas pris part lui-même. Mais les Sioux n'ont aucun rituel qui permette à un homme d'assurer la victoire à son camp dans une bataille, tout juste un guerrier est-il capable de le faire pour sa propre personne. Et d'ailleurs, même s'il avait eu ce pouvoir, Sitting Bull ne l'aurait pas utilisé, car il avait déjà reçu l'assurance divine de la victoire. Comme l'écrivirent ses biographes, tout cela n'est que pur mensonge, fait pour discréditer le chef hunkpapa après sa reddition. L'opinion qui veut que Sitting Bull ait été un « saint homme » (chaman) et non un chef de guerre parce qu'il n'a pas participé à la bataille, est également fausse. Il n'a pas combattu parce que le jeûne et les blessures qu'il s'était infligés à la Danse du Soleil l'avaient grandement affaibli. Quand les troupes, Custer en tête, déboulèrent au-dessus de l'immense campement, Sitting Bull était là, présent où il fallait, pour un homme de son âge et de sa condition, encourageant les guerriers, se souciant avant tout de voir les femmes et les enfants mis en sécurité. En fait, la bataille se déroula comme Sitting Bull l'avait rêvée : la quasi-totalité des soldats fut exterminée, et Custer avec...

Mais par la suite, plus de répit possible, et une seule évidence à l'horizon : fuir. Custer venait d'être éliminé, mais d'autres troupes, toujours plus nombreuses, allaient être envoyées pour soumettre les Sioux de gré ou de force.

Les Sioux ayant combattu aux côtés de ceux qu'ils appelaient les Tuniques Rouges pendant la guerre d'Indépendance, Sitting Bull proposa à ses partisans de se réfugier au Canada, Crazy Horse préférant rester sur sa terre natale. On sait que le chef oglala fut tué peu de temps après par un soldat alors que des policiers indiens lui tenaient les bras.

En mai 1877, Sitting Bull et sa bande rejoignirent le Canada, où les Sioux retrouvèrent une vie de famille normale. Cependant, le Canada n'entendait pas garder ces réfugiés trop longtemps. « On » pressa le gouvernement américain de les reprendre au plus vite. En 1878, celui-ci chargea une commission d'interroger Sitting Bull sur ses intentions. C'était quelques mois après que le chef Joseph des Nez-Percé se soit fait rattraper près de la frontière canado-américaine par les troupes du général Miles, alors qu'il tentait le même exode que Sitting Bull. Un massacre avait eu lieu et une centaine de Nez-Percé, rescapés, avaient rejoint le camp des Sioux. On comprend que ceux-ci n'avaient pas du tout envie de rencontrer la commission. En échange de leur reddition, le pardon leur serait accordé et ils bénéficieraient du même traitement que ceux qui s'étaient rendus dans les réserves : distributions de nourriture, de vêtements et de bétail. Se rendre, cela voulait dire remettre les armes, ainsi que les chevaux, au gouvernement américain. L'assistanat, voilà ce qui attendait les fiers guerriers.

L'indignation de Sitting Bull et des siens était à son comble. Maintenant que son peuple avait retrouvé une vie à peu près décente, il ne pouvait être question de retomber dans les mains des Américains menteurs et fourbes qui auraient vite fait de les massacrer. Sitting Bull ne comprenait pas que cette commission n'était que la première étape d'un harcèlement qui allait vite devenir invivable. Les propres amis de Sitting Bull le prièrent de se rendre. Petit à petit son camp se désagrégea, nombreux étant ceux qui décidèrent de repartir chez eux. Sitting Bull, en désespoir de cause, tenta d'obtenir une réserve au Canada. Mais elle lui fut refusée. Et Sitting Bull dut se remémorer toutes les trahisons, tous les massacres sur la terre de ses ancêtres...

La famine eut raison de son courage et de sa force : les troupeaux de bisons avaient été détournés par des feux de plaines et plus personne n'acceptait de lui fournir des vivres. Il dut bien se rendre à l'évidence que presque tout le monde l'avait laissé tomber. La mort dans l'âme, il décida de rejoindre ceux des siens qui s'étaient déjà rendus, abandonnant leurs précieux chevaux, leurs armes, tout ce qui faisait leur prestance guerrière. Les journaux américains se firent l'écho de sa reddition et prêtèrent à Sitting Bull ces paroles :

« Notez que je suis le dernier homme de mon peuple à baisser les armes. »

Un de ses neveux qui l'avait accompagné jusqu'au bout, affirma qu'il n'en fut rien, et que, solitaire comme il était, fatigué, il n'avait pas eu le cœur à tenir de tels propos, son seul souci étant de savoir ce qu'il allait pouvoir obtenir des Américains pour son peuple. Le gouvernement décida de l'envoyer dans la réserve de Standing Rock (Dakota du Nord).

LA DANSE DES FANTÔMES

McLaughlin, l'agent de la réserve de Standing Rock, pensa que Sitting Bull avait désormais perdu son autorité de chef, ce en quoi il se trompait. À l'image des bisons, Sitting Bull entendait poursuivre sa mission jusqu'au bout. Cependant, voyant que les Blancs, contrairement à ce qu'il avait pensé de prime abord, n'avaient pas pour but immédiat de le détruire, mais semblaient maintenant vouloir réellement coopérer, il se montra conciliant. Il déploya beaucoup de bonne volonté pour montrer aux agents du gouvernement qu'il était prêt à adopter pour ses enfants le mode de vie des Blancs, si on lui en donnait les moyens, c'est-à-dire s'il avait le nécessaire pour les nourrir et les vêtir. Quand on sait que beaucoup d'entre eux mouraient déjà de faim, on comprend que Sitting Bull ait voulu, par cette attitude, que d'aucuns lui reprochent peut-être comme étant son abdication finale, essayer de sauver la situation.

Par ailleurs, certains ne lui avaient pas pardonné sa franchise et la façon dont il avait évincé les représentants de la commission venus le trouver au Canada. De plus, on finit par comprendre que, tant que Sitting Bull serait présent, on ne pourrait pas impunément bafouer les droits de son peuple, le diviser pour mieux l'assujettir, car son refus de se rendre en avait fait une figure célèbre dans toute l'Amérique du Nord et il avait ainsi un large public de sympathisants.

La popularité de Sitting Bull fut d'ailleurs utilisée et accrue grâce au colonel William Cody, *alias* Buffalo Bill, qui trouva là l'occasion rêvée de se faire valoir en montant un spectacle de cirque qui retraçait l'épopée de l'Ouest. Il réussit à engager Sitting Bull dans son *Wild West Show*, ce qui arrangeait bien le major McLaughlin qui espérait ainsi voir la popularité et l'influence du vieux chef diminuées. L'agent indien faisait tout ce qu'il pouvait pour éloigner Sitting Bull de la réserve. Par ailleurs, il suscitait des chefs rivaux dans le propre camp de Sitting Bull ; organisait une police indienne, réussissant à convaincre un des chefs de faire signer par une majorité et de manière souveraine, un traité, une sorte de contre-Laramie, où les Sioux s'engageaient à céder de nouvelles terres. McLaughlin s'efforçait de détruire la cohésion des Sioux de Standing Rock pour mieux assimiler les Indiens, les transformer en fermiers. Et il y arrivait assez bien, au désespoir de Sitting Bull et de ses partisans condamnés à un assistanat intolérable.

À la même époque apparut dans le Nevada un mouvement messianique appelé *Ghost Dance, wanagi wacipi* en Sioux, « Danse des Esprits-Fantômes ». Il avait pour but la communication entre les vivants et les morts, par l'intermédiaire de la danse et d'une transe hypnotique. D'après l'anthropologue américain James Mooney, qui a pu interviewer les prophètes, *Wowoka*, le prophète païute qui en avait eu la révélation à la suite de son père Tavibo, promettait la résurrection des Indiens morts, le retour des bisons et du mode de vie traditionnel et la disparition des mauvais Blancs qui seraient détruits par la volonté du Maître de la Vie.

Dans l'Ouest, les propriétaires fonciers et les journaux locaux firent courir les bruits qu'une nouvelle rébellion des Sioux était en germe, véhiculée par les prophètes et adeptes de la *Ghost Dance*, et qu'il fallait arrêter ces fomentateurs de désordre. Croyait-on les Indiens assez fous pour tenter un tel suicide, alors qu'ils n'avaient quasiment plus d'armes, qu'ils étaient mal nourris et qu'un hiver très rude s'annonçait ? Il s'agissait plutôt d'un faux prétexte pour s'emparer des terres indiennes.

Des adeptes de la Danse étaient venus s'installer dans le campement de Sitting Bull, mais de nombreuses sources convergent pour assurer qu'il n'y adhéra sans doute pas lui-même. (Précisons que, d'après J. Mooney, à peu près la moitié des Sioux des réserves se laissèrent convaincre par cet espoir messianique.) Cependant, on sait maintenant que l'idée de l'arrestation du chef était antérieure à l'apparition de la *Ghost Dance*. Mais, sa popularité étant telle, son arrestation aurait créé un état de crise, voire un soulèvement, il fallait donc un alibi sérieux. On fit donc savoir que Sitting Bull était un fervent adepte et qu'il y avait de nombreuses cérémonies dans son camp.

McLaughlin décida de faire arrêter Sitting Bull par la police indienne, le plus discrètement possible, plutôt que par l'armée. Le vieux chef aurait été prévenu de l'ordre d'arrestation dont il était l'objet, mais il attendit sereinement. Et, le 15 décembre 1890, une vingtaine de policiers indiens pénétrèrent dans le camp, un peu avant le lever du soleil.

LA MORT DE SITTING BULL

En 1890, dans les hautes plaines de l'Ouest, l'armée était présente partout : deux mille cavaliers, et beaucoup d'infanterie « pour parer à toute chose », car les journalistes, notamment ceux présents à l'agence de Pine Ridge, méconnaissant autant la psychologie indienne que la réalité des faits, ne cessaient de présenter la Danse des Fantômes, dans des articles destinés à leurs lecteurs de l'Est, comme une cérémonie guerrière. Après tout, il n'y avait que quatorze ans que l'armée avait subi la cuisante défaite de Little Big Horn, et une bonne revanche n'aurait pas été pour déplaire.

Cependant, quelques voix clairvoyantes essayèrent de se faire entendre. Le colonel McGillicudy fit remarquer au général Brooke :

> « Si les adventistes du septième jour montent sur le toit de leurs maisons, revêtus de leur ''robe d'ascension'', pour rencontrer le Sauveur lors de sa seconde apparition sur terre, l'armée américaine ne sera pas mise sur pied de guerre pour les en empêcher ! Pourquoi les Indiens ne bénéficieraient-ils pas du même privilège ?... »

Le chef oglala Little Wound répondit au général Brooke lui demandant s'il était un *Ghost dancer* :

> « Mon ami, je suis trop vieux pour danser. Je ne sais si l'histoire de Wowoka est vraie, mais c'est la même histoire que les missionnaires blancs nous ont racontée : que le Messie va revenir... Si cela arrive, il est bon que nous en profitions. Sinon, l'affaire tombera d'elle-même !... »

Cependant, le vendredi 12 décembre 1890, McLaughlin, l'agent de la réserve de Standing Rock, que les Indiens appelaient White Hair, était informé par le colonel Drum, commandant de Fort Yates, qu'un télégramme donnant ordre d'arrêter Sitting Bull était arrivé au QG de Saint Paul. Il réussit à persuader le colonel de laisser la police indienne effectuer l'arrestation, pour éviter que l'armée ne se mêlat trop de ce qu'il considérait comme son domaine réservé, ont dit certains, ou pour éviter un conflit plus général selon d'autres spécialistes.

Le capitaine de la police indienne Bull Head reçut l'ordre d'arrêter Sitting Bull dans la nuit du 14 décembre 1890. Par sécurité, son adjoint, le sergent-chef Shave Head avait reçu une copie de cet ordre. De son côté, le colonel Drum ordonna aux « Troops F and G » du 8e régiment de cavalerie de se mettre en marche vers le sud, sous le commandement du capitaine E.G. Fechet, afin d'empêcher toute interférence des Indiens amis de Sitting Bull. Par précaution, McLaughlin éloigna le neveu du vieux chef, le célèbre et brave One Bull, car il savait que celui-ci se battrait jusqu'à la mort pour défendre son oncle ; et par ailleurs, pour donner du « tonus » à sa police, il approvisionna avec quelques cruchons de mauvais whisky...

Pendant ce temps, les Hunkpapa dansaient leur dernière Danse des Fantômes, dans leur camp de Grand River, non loin du village de Bull Head. Quoique la « médecine » ne fût pas très bonne, la cérémonie se poursuivit assez tard dans la nuit. Et, l'un des visiteurs était le sergent-chef Shave Head... Sitting Bull lui offrit l'hospitalité pour la nuit dans sa cabane en rondins, où logeaient aussi, en plus de lui-même et de sa femme Four Times, son fils Crow Foot, et son jeune fils adoptif John, sourd-muet de naissance. Tout près, l'épouse de One Bull dormait seule dans un tipi. Les quarante-trois membres du « commando » policier, arrivés à la cabane de Bull Head, passèrent la nuit à se « donner du courage » à l'aide du whisky. À la fin de la nuit, le capitaine murmura une prière en lakota, tout le monde se signa, puis la troupe s'ébranla vers l'est pour encercler le camp endormi du vieux chef.

Little Soldier frappa doucement à la porte, avec la crosse de son fusil, et Shave Head accomplit son travail en ouvrant la porte. Bull Head et une demi-douzaine d'hommes s'engouffrèrent et se dirigèrent vers la couche, y farfouillèrent pour en extirper rapidement la carabine, le revolver et même le vieux couteau du chef. Une lampe à pétrole fut allumée ; Weasel Bear se saisit du bras droit de Sitting Bull, Eagle Man du gauche, ils le firent lever. Bull Head, posant une main sur son épaule, lui dit : « Je te fais prisonnier. » « Nous sommes venus pour toi, frère », ajouta Shave Head et le sergent Red Tomahawk l'avertit : « Tu seras tué sur place si tu déclenches le combat », tout en le maintenant par-derrière.

« Très bien », répondit calmement Sitting Bull, sans apparemment vouloir résister. On l'aida à s'habiller, non sans mal ni bruit, si bien que des gens, tirés de leur sommeil par ce remue-ménage, commencèrent à se rassembler devant la cabane. « Circulez, n'approchez pas », leur enjoignit le policier Eagle Man. « Entourez-le », ordonna Shave Head. Mais la foule était maintenant de plus en plus menaçante. Des cris hostiles aux « Poitrines de métal » (surnom des policiers indiens, à cause de l'insigne en cuivre qui ornait leur veste) s'élevaient de tous côtés.

Et brusquement Sitting Bull se rebiffa : « Je n'irai pas, ne me touchez pas. » Les policiers tentèrent alors de ramener le calme : « Personne ne sera maltraité, nous sommes venus pour escorter Sitting Bull jusque chez White Hair qui veut lui parler », cria Bull Head, sans résultat. Catch The Bear apparut au coin de la cabane, Winchester en main, et s'adressa aux policiers :

« Libérez-le », leur ordonna-t-il tout en armant sa carabine. Cet homme était en « délicatesse » avec le policier Bull Head, qui l'avait offensé trois ans plus tôt. Sitting Bull, encouragé, reprit : « Je n'irai pas, faites de moi ce que vous voulez. En avant... Allez-y ! »

Ce fut le signal. Catch the Bear tira sur Bull Head qui, blessé à la jambe, fit feu sur le chef. La balle, qui pénétra entre la dixième et la onzième côte, fut mortelle ; Red Tomahawk en tira une autre dans le dos de son prisonnier, mortelle également. Pendant quelques minutes, une bataille générale et féroce s'engagea : quatre policiers et six Indiens morts, dont le fils de Sitting Bull, Crow Foot, âgé de dix-sept ans, entourèrent rapidement le cadavre de Sitting Bull ; Bull Head et Shave Head furent mortellement blessés. Au lever du soleil, les soldats bleus arrivèrent, mais ne purent rattraper les trois cent trente-six partisans du vieux chef, qui s'échappèrent vers le sud.

Lorsque One Bull, le neveu de Sitting Bull, revint à sa cabane, il constata que toutes les habitations du campement avaient été vandalisées : fenêtres cassées, poêles brisés, lits et couvertures déchiquetés, bétail massacré, chevaux disparus, trois cents poules abattues sans raison... Les « Poitrines de métal », dans leur ivresse, s'étaient acharnées, détruisant et pillant tous les biens familiaux de Sitting Bull et de ses proches. (Quelques objets furent cependant remis à McLaughlin, qui les exposa, trois ans plus tard, à l'exposition mondiale de Chicago.) D'épouvantables profanations furent commises, jusqu'à ce que l'armée s'interpose pour y mettre fin. On raconte que pendant le combat le cheval du vieux sage, un cheval de cirque offert par Buffalo Bill, commença à danser croyant sans doute qu'on rejouait le Wild West Show. Il s'assit au milieu des balles qui ne le touchèrent pas, à tel point que les policiers indiens furent effrayés à l'idée que l'esprit de Sitting Bull ait pu entrer dans l'animal.

McLaughlin ayant donné l'ordre de ramener le chef mort ou vif, son corps et ceux des policiers furent empilés dans le chariot, maintenant vide de son chargement de whisky. On sait que la plupart des policiers brûlèrent par la suite leur uniforme et prirent de nombreux bains de vapeur (*inipi*, un rituel de purification) pour essayer de se laver de cette abomination.

Les restes du chef furent très discrètement inhumés dans la chaux vive, le 17 décembre 1890, dans un coin isolé du cimetière de Fort Yates. Le charpentier de Fort Yates, qui fabriqua le cercueil, témoignera plus tard qu'en plus de sept blessures par balles, le corps avait été mutilé. Le révérend T.L. Riggs fit enterrer, tout aussi discrètement, les dépouilles des amis et parents du chef, dans une fosse commune, sur les lieux mêmes de la bataille, ce qui lui valut la reconnaissance émue des Hunkpapa. Par contre, les funérailles des policiers se déroulèrent solennellement, avec les honneurs militaires, au cimetière catholique de l'agence de Standing Rock.

De nos jours, on peut voir deux monuments se disputant l'honneur d'abriter la tombe de Sitting Bull : le premier, au bord du Missouri, en face de la ville de Mobridge (Dakota du Sud) ; le second à Fort Yates même, quelques kilomètres plus au nord. Mais aucun des deux ne recèle le moindre reste : seul le souvenir du grand chef demeure vivace dans la mémoire des Sioux des réserves de Standing Rock et de Cheyenne River.

« Un guerrier — Iki'cize
J'ai été — waon'kon
Maintenant — Wana
C'est fini — hena'la yelo'
La vie est dure. »
Chant de Sitting Bull.

BIBLIOGRAPHIE

MOONEY JAMES, *The Ghost Dance Religion and Wounded Knee*, New York, 1973, Dover Publications, Inc., 645-1136 (14 th Annual Report of the Bureau of Ethnology, Smithsonian Institution, 1892-1893).
VESTAL STANLEY, *Sitting Bull : Champion of the Sioux* (1923), Norman, University of Oklahoma Press, 1956.

DANIÈLE VAZEILLES

Professeur d'ethnologie, directeur du laboratoire des Sociétés pluriethniques et pluriculturelles, université de Montpellier ; auteur de *le Cercle et le Calumet*, Toulouse, 1977 ; *les Chamans, maîtres de l'univers*, Paris, 1990 ; *les Gardiens du calumet, chamans et visionnaires sioux*, à paraître prochainement.
Article écrit en collaboration avec Priscille Touraille, étudiante en ethnologie, université de Montpellier-III, et Serge Parquet, américaniste hors statut, Paris.

L'HISTOIRE OU LA MÉMOIRE

QUI FUT RESPONSABLE DU MASSACRE DE WOUNDED KNEE, UN BREF ÉVÉNEMENT QUI FIT ENTRE DEUX ET TROIS CENTS MORTS CHEZ LES INDIENS ET UNE TRENTAINE DANS L'ARMÉE DES ÉTATS-UNIS ? ALORS QUE LA SCÈNE FUT OBSERVÉE PAR NOMBRE DE TÉMOINS, DONT DES JOURNALISTES ; ALORS QU'ELLE EUT LIEU EN PLEIN JOUR, DANS UN ESPACE OUVERT AUX REGARDS ; ALORS QU'ELLE MIT EN PRÉSENCE PLUS DE CINQ CENTS SOLDATS DE L'ARMÉE AMÉRICAINE ET PLUSIEURS CENTAINES D'INDIENS, QU'IL Y EUT DES SURVIVANTS POUR TÉMOIGNER, L'ÉPISODE EST RELATÉ DE MANIÈRE CONTRADICTOIRE, VAGUE, INCOMPLÈTE. RÉOUVERTURE DU DOSSIER.

Le lundi 29 décembre 1890 à neuf heures et demie du matin, dans la crique de Wounded Knee au Dakota du Sud, un coup de feu « brisa soudain l'air glacé » et donna le coup d'envoi à l'événement que l'histoire retient diversement sous le nom de « bataille de Wounded Knee » ou de « massacre de Wounded Knee »[1].

Le décor était planté depuis la veille au soir : au centre de la vallée, à cent cinquante mètres du campement du 7e régiment de cavalerie (l'ancien régiment de Custer décimé par les Sioux en 1876 à la bataille de Little Big Horn), plus de quatre cents Sioux des bandes miniconjou et hunkpapa avaient été conduits depuis Porcupine Valley, à seize kilomètres, par l'armée qui les tenait maintenant sous bonne garde. Sur la butte qui surplombe la vallée, deux mitrailleuses Hotchkiss avaient été disposées, leurs canons pointés en direction du camp des Indiens, et deux autres, ainsi qu'un renfort de troupes, furent amenées durant la nuit. Cinq cents soldats, quarante éclaireurs indiens et leurs officiers se tenaient prêts à ramener à l'agence de Pine Ridge les Sioux considérés comme les plus dangereux, parce que,

---

1. Voir Michael A. Sievers, « The Historiography of Wounded Knee », *South Dakota History*, v. 6 (hiver 1975), pp. 33-54. L'affaire de Wounded Knee trouva un écho immédiat dans toute la presse des États-Unis. Dans le numéro du 15 janvier 1891 de *The Nation*, on trouve plusieurs lettres indignées de lecteurs. L'un d'entre eux écrit : « Pourquoi diable cette grande nation irait-elle faire la guerre contre une poignée de gens qui sont entièrement sous sa domination ? »

restés attachés à leurs traditions, ils refusaient les conditions qui leur étaient faites dans les réserves.

En quelques minutes, après le premier coup de feu, le paysage familier de la plaine du Dakota se transforma en un champ de fureur, de sang et de confusion. Les mitrailleuses crépitaient, les hommes tiraient et couraient en tous sens, ne s'arrêtant que pour de brefs corps à corps. Le ciel se ternit de l'épaisse fumée échappée des tipis incendiés. Partout, des corps gisaient pêle-mêle — Sioux couverts de la chemise blanche appelée « ghost shirt » par les Blancs, soldats revêtus de l'uniforme bleu, femmes, enfants, chevaux abattus en plein galop. Dans les buissons épars, des blessés tentaient de se camoufler, cependant que l'on entrevoyait, sur les sentiers et dans les ravines, des fuyards poursuivis par des soldats furieux.

L'affaire fut vivement menée. À onze heures, le calme revint. Puis l'armée dut encore affronter des Sioux venus en renfort, mais ceux-ci, après avoir fait quelques victimes, se mirent à l'abri dans les goulets et les soldats renoncèrent à les poursuivre. À la tombée du jour, l'armée ramassa ses morts et ses blessés et les ramena à l'agence de Pine Ridge.

Ce n'est que trois jours plus tard, lorsque le blizzard qui s'était abattu sur les Plaines au soir du 29 décembre se fut apaisé, que l'armée put envoyer un contingent qui, avec la police indienne et le médecin sioux Charles Eastman, nettoya la place. Ils eurent le plus grand mal à briser le sol durci pour creuser une fosse dans laquelle ils jetèrent les corps figés dans la position dans laquelle la mort les avait saisis et le froid les avait éternisés. A plusieurs centaines de mètres, et jusqu'à deux kilomètres du lieu de l'incident, des femmes et des enfants morts ou blessés furent retrouvés, témoignant que l'armée avait poursuivi l'œuvre de « destruction » ordonnée par le général Brooke jusque sur ceux que nous nommerions des « civils innocents ».

Tous ces faits sont bien connus. Les sources sont nombreuses : témoignages oraux, récits et enquêtes contribuent à établir leur véracité. La mémoire du massacre de Wounded Knee est en partie constitutive de l'identité des Sioux Lakota, et même d'autres tribus indiennes. En 1973, la révolte de Pine Ridge prendra pour référence symbolique le massacre de Wounded Knee de 1890.

Et pourtant, une demi-obscurité continue à entourer les faits. L'épisode baigne dans une ambiguïté qui reste à élucider. Il n'a pas atteint à ce jour son plein statut d'événement historique.

Aucun recoupement ne permet de faire le décompte exact des morts de chaque camp. Le responsable immédiat de l'échauffourée qui tourna à la tuerie reste à désigner. La nature même de l'événement — bataille entre combattants déterminés ou mas-

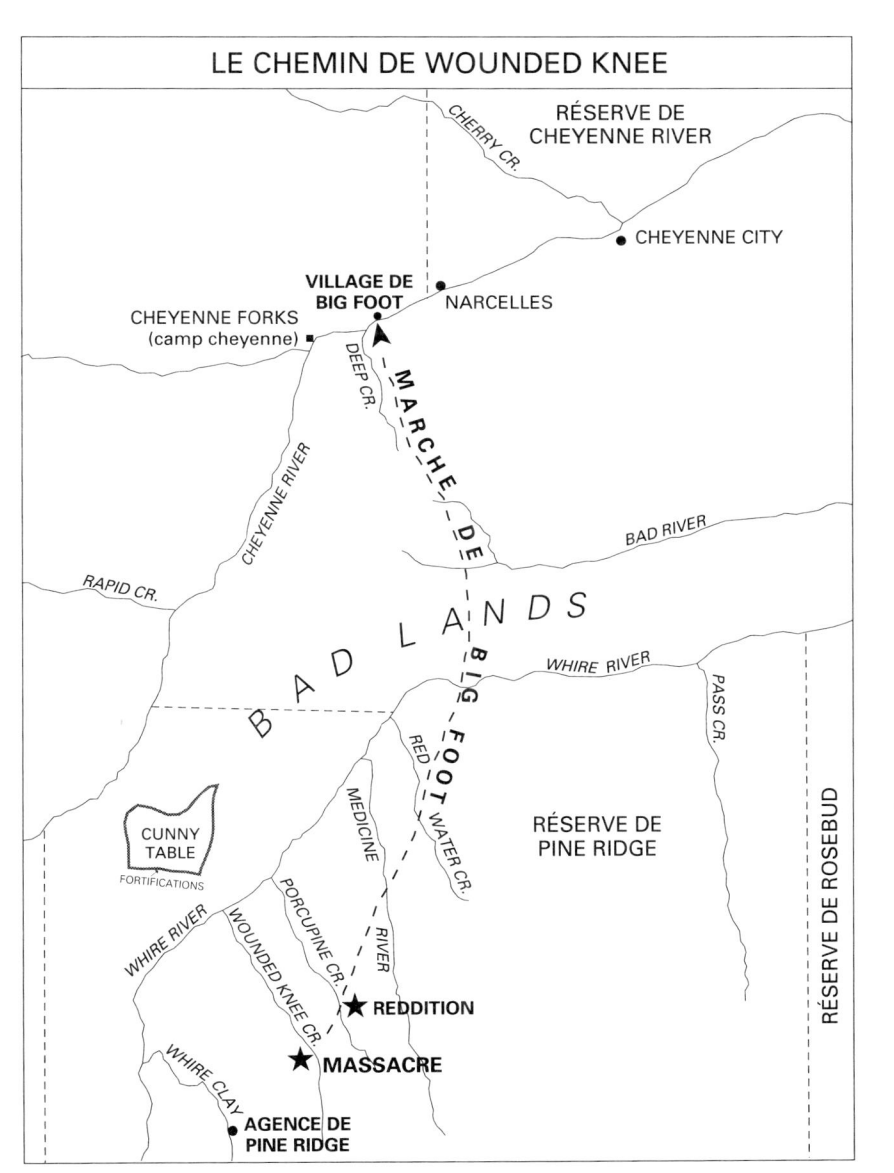

LE CHEMIN DE WOUNDED KNEE

RÉSERVE DE
CHEYENNE RIVER

CHERRY CR.

CHEYENNE CITY

**VILLAGE DE
BIG FOOT**

NARCELLES

CHEYENNE FORKS
(camp cheyenne)

DEEP CR.

MARCHE DE

CHEYENNE RIVER

BAD RIVER

RAPID CR.

BAD LANDS

WHIRE RIVER

BIG FOOT

PASS CR.

CUNNY
TABLE

FORTIFICATIONS

MEDICINE

RED WATER CR.

RÉSERVE DE
PINE RIDGE

RÉSERVE DE ROSEBUD

WHIRE RIVER

PORCUPINE CR.

RIVER

WOUNDED KNEE CR.

★ REDDITION

★ MASSACRE

WHIRE CLAY

AGENCE DE
PINE RIDGE

sacre d'une population sans défense — est incertain. Et cependant, les récits en sont innombrables, du simple reportage de presse au savant ouvrage d'historien et à l'analyse de l'anthropologue, en passant par l'épopée, l'élégie et le pamphlet militant. Wounded Knee est entré dans la légende américaine comme l'un de ces éléments du folklore que les historiens des mentalités ne savent exactement comment classer.

À l'origine de la panique qui s'empara des colons du Dakota et de certains agents du bureau des Affaires indiennes dans les réserves, la *Ghost Dance*, cette cérémonie votive répandue dans les Grandes Plaines entre 1887 et 1892, fut décrite par les autorités comme le véritable déclencheur de la crise qui aboutit à Wounded Knee.

Deux mois après les événements, le Bureau d'ethnologie américaine envoya l'anthropologue James Mooney au Dakota pour faire une enquête. Le rapport de Mooney, publié en 1892, fut considéré comme le plus fiable quant aux circonstances du massacre et aux causes qui l'ont provoqué[2]. Ce rapport est surtout la meilleure étude sur le mouvement messianique de la Ghost Danse qui précéda de peu Wounded Knee.

Cependant, Mooney n'assista pas lui-même aux cérémonies de la *Ghost Dance* en pays dakota, non plus qu'au massacre. Il se fonda sur les récits des Sioux qui avaient participé aux événements ou en avaient entendu parler et il proposa, pour ce mouvement controversé, une interprétation universaliste, le mettant en parallèle avec le « rêve éternel du paradis perdu », avec les « doctrines de l'avatar hindouiste, du messie des Hébreux et du millenium des chrétiens ».

Dans son principe général la *Ghost Dance* comporte l'idée que prochainement, toute la « race indienne sera réunie, morts et vivants ensemble, sur une terre régénérée et qu'elle connaîtra à nouveau le bonheur des origines, libérée à jamais de la mort, de la maladie, de la misère ». Quant aux modalités du rituel, au moment où se réalisera la prophétie, et aux événements précis qui précéderont l'avènement du millenium, chacune des tribus des Plaines les a interprétés selon sa propre culture.

Seuls, semble-t-il, les Sioux et les Cheyennes revêtaient, pour la cérémonie, les fameuses *ghost shirts* qui devaient les rendre invulnérables. En revanche, dans la plupart des tribus, la grande résurrection devait se produire à la même saison : le printemps, repoussé d'année en année pour être finalement fixé, chez les

---

2. « The Ghost Dance Religion and the Sioux Outbreak of 1890 », *Fourteenth Annual Report of the Bureau of American Ethnology, 1892-1893*, Washington, D.C., 1896, pp. 653-1110.

Sioux Lakota, au printemps de 1891, d'après les renseignements fournis par William Selwyn, le maître de poste et interprète de Pine Ridge.

Le rassemblement de la bande de Big Foot, les Miniconjou, et de quelque soixante-dix familiers de Sitting Bull qui venait d'être tué, faisait-il partie d'un vaste plan dont la *Ghost Dance* aurait été la part apparente ? Mooney ne prend pas parti dans ce débat, pourtant fondamental. Si les quelques chemises blanches parfois marquées de croissants, de croix et de cercles qui furent retrouvées çà et là sur des victimes à Wounded Knee peuvent faire penser que la *Ghost Dance* était en cours, aucun des récits ultérieurs ne vient corroborer ce fait qui nous amènerait à conclure, avec l'armée et les fermiers de la région, que la *Ghost Dance* constituait une sorte de complot préparatoire à une révolte généralisée des Indiens des Grandes Plaines.

Or, d'après les traces matérielles qui prouvent que des Indiens étaient bien revêtus de la fameuse chemise, et les récits d'événements trop précipités et mouvementés pour qu'une cérémonie compliquée et qui durait entre trois et cinq jours ait pu même être projetée à la fin décembre, les Indiens Lakota ne se couvrirent du signe d'invulnérabilité que lorsqu'ils sentirent la menace imminente.

RÉCITS DE SURVIVANTS

Plusieurs enquêtes ont été menées. Les premières ont suivi de peu l'événement, dans l'intention de déterminer le degré de responsabilité des officiers dans ce qui apparut comme le meurtre d'un grand nombre de personnes dont les deux tiers au moins étaient des femmes, des petits enfants ou des vieillards. L'un des officiers fut révoqué pour négligence par le commandant en chef, le général Miles. Cette enquête, cependant, pas plus que les suivantes, ne suffit à déterminer avec certitude les causes directes de l'incident.

Un demi-siècle plus tard, entre 1936 et 1938, le Congrès mena à son tour une enquête. L'Association des survivants de Wounded Knee, formée en 1933, réclamait une indemnité pour les victimes et leurs ayants droit. Le rapport de l'anthropologue servit de base scientifique, mais des gens qui avaient survécu au massacre furent aussi sollicités.

Wasu Maza (Dewey Beard) témoigne ainsi en 1936, par le truchement de l'interprète William Berger :

« J'étais membre de la bande qui fut exterminée ici. Nous cheminions dans cette direction quand, après avoir dépassé Porcupine Butte, nous rencontrâmes les soldats. Big Foot, qui était malade depuis quatre jours [le vieux chef avait une pneumonie], eut une hémorragie. Il sortit portant un drapeau de paix attaché à un bâton. Nous voyagions pacifiquement, sans aucune intention agressive (...).

« Dès que nous eûmes érigé notre camp, les gardes nous entourèrent et se mirent à marcher au pas de parade. Je remarquai aussi des feux près du magasin et je sus que les éclaireurs indiens étaient là.

« Le lendemain matin, le clairon sonna deux fois, puis les soldats montèrent sur leurs chevaux et nous entourèrent. Même alors je ne pensai à rien de mal car je croyais toujours que nous allions bientôt arriver à l'agence de Pine Ridge. On annonça que tous les hommes devaient se regrouper au centre du camp pour partir vers Pine Ridge ; ce qu'ils firent et je les suivis. Je regardai autour de moi et je vis que les hommes étaient assis sans crainte. On fit sortir Big Foot et on l'assit en avant du groupe, entouré des plus âgés. L'interprète dit alors que la veille nous avions promis de donner nos fusils et qu'ils allaient les prendre maintenant. Je ne me rappelle pas combien de soldats il y avait ; ils grimpèrent sur les chariots, défirent les bagages, prirent des haches et d'autres objets et les portèrent là où les fusils étaient déjà rassemblés.

« Quelques Indiens se trouvaient à l'est hors de vue ; ils avaient encore leurs fusils. Finalement, on les appela et on leur dit d'apporter leurs armes au centre et de les poser à terre. L'un d'entre eux (...) dit : "Hier il avait été entendu que nous rendrions nos armes seulement lorsque nous serions arrivés à l'agence de Pine Ridge, et maintenant vous nous demandez de vous les donner immédiatement." Et il leur montra son fusil et se dirigea vers l'endroit où ils étaient entassés. Un soldat s'avança vers lui venant de l'est et un autre de l'ouest ; mais même alors il était insouciant. Ils se saisirent de lui et le firent se tourner vers l'est. Lui était toujours sans inquiétude ; il ne pointait pas son fusil vers eux ; il avait l'intention de le déposer avec les autres. Mais ils se saisirent du fusil avant qu'il ne le dépose et tout de suite on entendit le son très fort d'un coup de fusil. Je ne pourrais dire si quelqu'un fut tué, mais ce premier coup fut suivi d'un grand fracas. Le drapeau blanc était toujours fiché en terre là où nous étions assis ; et cependant, ils tiraient sur nous. Tout de suite après avoir entendu le fracas, les gens commencèrent à s'effondrer.

« Je restai planté là et je vis un homme qui venait vers moi et je reconnus High Hawk. Il me dit que puisqu'ils avaient commencé ainsi, il fallait partir. Alors nous grimpâmes sur une petite colline. Les soldats qui nous suivaient tirèrent et High

Hawk fut touché et tomba. Comme je continuais, ils tirèrent sur moi aussi. J'étais seul désormais et je devais me sauver. Ils avaient tué ma femme et mon bébé. Je vis des hommes étendus morts tout autour de moi. Je les contournai et arrivai au ravin où je tombai à nouveau. J'avais déjà reçu un coup de fusil et j'avais été blessé. Je remontai l'autre pente du ravin et je vis que les soldats avançaient dans cette direction.

« Tout autour, je voyais des femmes et des enfants abattus. Les soldats se dirigeaient vers un escarpement au-dessus du ravin, là où des Indiens se cachaient ; je les rejoignis et nous essayâmes de traverser le ravin. Mais les soldats étaient aussi de l'autre côté. Alors nous restâmes sur cet escarpement et nous vîmes les soldats qui installaient un canon sur une butte et le pointaient vers nous. Et ils tirèrent sur nous et un homme fut touché ; son nom était Hawk Feather Shooter[3]. »

D'un récit à l'autre, la version du début du massacre diffère. Frank Zahn, un sang-mêlé dont le père était un soldat du régiment de Custer et la mère, Kezewin, l'une des filles du chef sioux Flying Cloud, commémore le cinquantenaire de « la page la plus sanglante de l'histoire américaine ». Le responsable du premier coup de feu, fut, d'après lui, un Indien déterminé à en découdre avec les soldats de la septième cavalerie :

« Il se dirigea vers les soldats et les Indiens qui se tenaient près du drapeau blanc. Les Indiens reconnurent Tokalalute (Red Fox). Tout en avançant, il chantait un chant de mort ; seuls ceux qui connaissaient la langue indienne en comprenaient le sens. Soudain, il leva son arme et dit : "Êtes-vous ceux qui nous demandent de livrer nos armes ? Quant à moi, je garde la mienne." Alors deux soldats s'approchèrent de lui. Il poussa deux cris de guerre. Dans la mêlée qui suivit, son fusil partit accidentellement. Le coup brisa l'air glacé et envoya son écho à travers la vallée de Wounded Knee (...). »

Évoquant le massacre qui s'ensuivit, les deux cent quatre-vingt-dix hommes, femmes et enfants déchirés par les balles et baignant dans le sang, Frank Zahn conclut en posant la question : « Ce carnage sanglant était-il destiné à venger la mort de Custer ? Certains disent que les soldats criaient : "Vengeance pour Custer." » Et, après avoir suggéré la volonté génocidaire des soldats du régiment, Zahn pose la question en termes plus généraux : « Peut-on donner le nom de "bataille" à ce massacre terrible et insensé ? Dans votre histoire américaine (Zahn parle

---

3. Cité par James McGregor, *The Wounded Knee Massacre from the Viewpoint of the Sioux*, Baltimore, 1940, pp. 103-107. Voir aussi les témoignages réunis par l'armée dans *U.S. Adjutant General's Office. Reports and Correspondance Relating to the Army Investigations of the Battle at Wounded Knee and the Sioux Campaign of 1890-1891*. Washington, D.C., Microfilm, National Archives.

ici en Indien), ce carnage effrayant porte le nom de "bataille de Wounded Knee". Le massacre collectif a eu lieu quatre jours seulement après cette fête (Noël) qui est généralement vouée à "la paix sur la terre et aux hommes de bonne volonté". C'est ainsi que le dernier chapitre de la Frontière a été écrit dans le sang[4]. »

QUI A TIRÉ LE PREMIER COUP DE FEU ?

D'après les premiers récits des Indiens que nous avons vus, ainsi que d'autres fournis par des civils ou par des éclaireurs qui accompagnaient l'armée, deux versions s'affrontent : la première, qui parle d'un accident, innocente complètement les Indiens. Une autre version présente un vieillard désespéré, aveugle aux réalités de la situation et décidé à mourir en combattant. D'autres versions encore élargissent le nombre des Lakota prêts à se battre à tous ceux qui, porteurs de la chemise blanche, pensaient le jour du millenium venu. Les Indiens ont tiré cinquante coups de feu, dira plus tard le major Whiteside, avant que l'armée ne réagisse.

Parmi les principaux protagonistes de l'affaire de Wounded Knee, des soldats et des officiers du septième régiment de cavalerie, cherchant à dégager leur responsabilité, insistèrent sur la menace que faisaient peser depuis longtemps les Indiens « hostiles » qui refusaient de rester cantonnés dans les réserves et dansaient la *Ghost Dance* « avec un zèle de fanatiques ». A Wounded Knee, expliqua le major L.S. McCormick dans un document de 1904, éclata l'insurrection que les Sioux attendaient depuis plus d'un an et qui se faisait plus menaçante depuis que, le 15 décembre 1890, le chaman hunkpapa, Sitting Bull, avait été tué lors de son arrestation à la réserve de Standing Rock. Alors, une centaine de personnes de son entourage s'étaient enfuies et avaient rejoint la bande de Big Foot pour, tous ensemble, retrouver les Indiens « hostiles » dans les Badlands, au nord du Dakota du Sud.

Cette errance de plusieurs centaines de personnes, pourtant, aux dires de nombreux témoins, totalement inoffensive puisqu'aucun incident notable n'est rapporté[5], ajoutée à la menace

---

4. Frank Zahn, *The Crimson Carnage of Wounded Knee ; an Astounding Story of Human Slaughter* (1940), 1967.
5. Merrill Mates, « The Enigma of Wounded Knee », *Plains Anthropologist*, v. 5, n° 9 (mai 1960), pp. 5-9, et Stanley Vestal, *Sitting Bull, Champion of the Sioux : A Biography*, Boston, 1932, p. 294 : « Aucun civil, ne fut tué, scalpé ou même molesté ; aucune déprédation ne fut commise. »

que semblait faire planer la cérémonie de la *Ghost Dance*, fut suffisante pour que le général Miles, qui commandait toutes les troupes de la région, ordonnât au 7e régiment de cavalerie de capturer Big Foot et sa bande.

Dans son récit, le commandant McCormick prend bien soin de noter les termes exacts des ordres du général Miles, et surtout ceux de son subordonné immédiat, le général Brooke. Le premier, écrit McCormick, « avait à plusieurs reprises averti Brooke du danger qu'il y avait à laisser Big Foot en liberté et de la nécessité de l'arrêter au plus vite ». Le second transmit l'ordre d'arrêter Big Foot au colonel Forsyth, ajoutant que, si Big Foot résistait, « il fallait le détruire ». Le colonel Forsyth aurait eu, d'après McCormick, la plus grande répugnance à en venir à cette extrémité. C'est pourquoi, après avoir obtenu la reddition de Big Foot et de sa bande, il remit au lendemain le « moment critique », qui consistait à désarmer les Indiens. En effet, explique McCormick, « la reddition sans condition ne faisait jamais de difficulté car les Indiens savaient qu'elle se terminait toujours par une distribution de vivres, bientôt suivie d'autres livraisons régulières, et aussi qu'elle se concluait par l'élargissement des prisonniers et leur pardon pour tous les crimes et les désordres qu'ils avaient pu commettre ». Il en allait autrement en ce qui concernait les armes. Et, montrant pour une fois quelque sympathie pour les Indiens, McCormick explique que « les Indiens tiennent à leur fusil plus que tout au monde ; on ne leur a jamais demandé de livrer toutes leurs armes car il est connu que cela ne peut conduire qu'à la violence ».

Pour McCormick, il ne fait aucun doute que la faute de toute l'affaire retombe sur le commandement suprême, les généraux Miles et surtout Brooke, qui n'ont pas respecté les usages dans les relations avec les Indiens et qui ont réclamé de leurs subordonnés une tâche impossible.

Mais naturellement, l'origine réelle de la violence qui s'est terminée dans le bain de sang de Wounded Knee, c'est, d'après les autorités militaires, chez les victimes elles-mêmes qu'il faut la chercher.

Les militaires sont à peu près unanimes sur ce point. Les « guerriers » sioux furent d'abord peu nombreux à déposer leurs fusils comme on leur disait de le faire. Ils commencèrent, explique McCormick, des va-et-vient entre le camp militaire et leur propre campement, se préparant apparemment à résister ou à fuir. D'ailleurs, ajoute McCormick, « les squaws avaient d'avance attelé les mules à leurs chariots et dès le premier coup de feu, elles démarrèrent ». Des conciliabules ont aussi eu lieu entre les « squaws » et les hommes qui revenaient près des chariots. En outre, raconte McCormick avec force détails, « lors de la fouille corporelle, on trouva des armes [il s'agit de couteaux, de hachettes, de piquets à tipis, d'alènes et d'épingles] cachées sous les jupes des squaws et des enfants ». L'un des journalistes présents sur les lieux a aussi parlé de fusils dissimulés dans les couvertures et de femmes assises sur les armes.

Il n'est donc pas étonnant, à lire les seuls comptes rendus des militaires, que tant de femmes et d'enfants aient été tués pendant l'échauffourée. Après tout, ils faisaient partie du complot et étaient donc en quelque sorte des combattants.

Enfin, ajoute le major McCormick, « il faut savoir que dans la première étape de la bataille, les Indiens ont tiré uniquement en direction de leur propre village dans lequel se trouvaient les femmes et les enfants [ils étaient en effet encerclés par les soldats qui les séparaient des femmes], alors qu'aucun soldat n'était placé de manière à pouvoir tirer dans cette direction, mais exactement dans la direction opposée ».

Il ressort du récit de McCormick que, d'une part, les femmes et les enfants (y compris les nourrissons) qui ont été tués ou blessés dans la « bataille » de Wounded Knee l'ont été en combattant, et d'autre part, qu'ils ont été touchés par leurs propres compatriotes et parents. Comme en outre, le rapport du général Miles de 1891, puis l'enquête du Congrès de 1936-1938, démontrent que la plupart des soldats américains qui ont été tués se trouvaient dans la ligne de tir des mitrailleuses qui étaient derrière eux, un historien facétieux ou « révisionniste » pourrait presque affirmer qu'il n'y eut jamais de massacre à Wounded Knee, et à peine une bataille, puisque chacun des tués le fut par son propre camp !

BATAILLE OU MASSACRE DÉLIBÉRÉ ?

Les deux interprétations sont contemporaines et irréductibles l'une à l'autre. Le correspondant du *Nebraska State Journal*, William Fitch Kelley, qui se trouva en plein milieu de ce qu'il nomme « une bataille perfide », est catégorique quant à la culpabilité univoque des Indiens : « On donna l'ordre à vingt Indiens d'aller chercher leurs armes. Lorsqu'ils revinrent, on vit qu'ils n'avaient apporté que deux fusils. Un détachement commença alors à fouiller leur village et trouva trente-huit fusils. Lorsque cela fut terminé, les Indiens, entourés par les pelotons K et B, commencèrent à avancer. Soudain, ils se baissèrent en avant pour reprendre leurs armes et commencèrent à tirer. Les soldats étaient en position très diffi-

Haut : Indiens Big Foot à Cheyenne River, 9 août 1890.
Presque tous sont morts à Wounded Knee
Bas : Medecine Man *tué lors de la bataille de Wounded Knee,*
1890

cile, dans la ligne de tir de leurs camarades. Les Indiens, hommes, femmes et enfants, coururent alors vers le sud, pour échapper au tir de la batterie. Bientôt, les cavaliers les poursuivirent, tirant des deux mains (...). Je doute qu'avant la nuit, il restât un seul guerrier ou une squaw de toute la bande de Big Foot pour s'expliquer sur cette trahison. Par leurs faits et gestes, les membres du 7e régiment de cavalerie se sont comportés une fois de plus en héros[6]. »

Pour les survivants, comme pour une partie des Blancs qui, sans avoir assisté directement à l'événement, ont écouté de nombreux témoignages, il est toutefois indéniable que l'affaire fut un simple massacre[7].

L'Association nationale de défense des Indiens a réuni, dès 1891, de nombreux témoignages, dont celui, indirect, de Louis Shandrau, un métis dont le frère avait participé aux événements comme interprète de l'armée et avait lui-même été blessé en s'enfuyant avec les femmes. Selon Louis Shandrau, il est impossible que les Indiens aient un instant pensé attaquer l'armée. « Les soldats qui entouraient les Indiens étaient armés de fusils à répétition. Ils avaient le doigt sur la détente et chacun visait un Indien de son arme chargée. Les Indiens ne pouvaient pas ne pas savoir qu'au moindre geste, ils seraient tués dans l'instant. Et c'est bien ce qui se passa. Dès le premier coup de feu, les soldats tirèrent sur le groupe d'Indiens et les tuèrent sur le coup. S'ils s'étaient arrêtés là, l'affaire aurait été terminée sans trop de dommages. Mais (...) les autres soldats se mirent aussi à tirer sur les Indiens qui avaient déjà été désarmés. Ceux-ci, naturellement, cherchèrent à se défendre et se saisirent des

---

6. William Fitch Kelley, *Pine Ridge 1890 ; an Eyewitness Account of the Events Surrounding the Fighting at Wounded Knee*, publié par Pierre Bovis, San Francisco, 1971, pp. 187-190. On trouve à peu près la même version dans E.D. Scott, « Wounded Knee : a Look at the Record », *Field Artillery Journal* 29, n° 1 (janvier-février 1939), p. 23 : « L'attaque des Sioux contre les soldats fut tout aussi perfide que celles de toutes les guerres indiennes du passé. » Pour Frank Fiske, *The Taming of the Sioux*, Bismarck, N.D., 1917, c'est un vieillard qui, criant « tuez les soldats », tira le premier coup de feu (pp. 172-173).
7. Rapporté par Daniel H. Bell, le 3 juin 1936, devant la commission du Congrès chargée d'enquêter en vue d'indemniser les victimes : *House Committee on Indian Affairs, Sioux Indians, Wounded Knee Massacre Hearings Before the Subcommittee... on House of Representatives 2535...* Washington, D.C., 1938. On retrouve cette interprétation chez un grand nombre d'historiens ; voir Stanley Vestal, *New Sources of Indian History, 1850-1891*, Norman, Okl., 1934, et Ralph Andrist, *The Long Death ; the Last Days of the Plain Indians*, New York et Londres, 1964. Cependant, George E. Hyde, dans *A Sioux Chronicle*, Norman, 1956, p. 299, écrit que « plusieurs adeptes fanatiques de la Ghost Dance attendaient avec impatience le bon moment pour attaquer les Blancs ». Voir aussi Robert Utley, *The Indian Frontier of the American West, 1846-1890*, Albuquerque, 1984, p. 133.

armes qui avaient été déposées à terre et de celles qu'ils trouvèrent sur les morts[8]. »

Faut-il parler de panique chez ces jeunes soldats qui venaient à peine d'être recrutés ? Ou d'une haine des Indiens héritée de leurs aînés dont une partie étaient des rescapés de l'humiliante défaite de Little Big Horn ? Cette seconde interprétation n'est pas acceptée par l'armée ; mais comment expliquer autrement l'acharnement avec lequel les jeunes cavaliers exterminèrent systématiquement les femmes et les enfants lakota alors qu'ils se trouvaient séparés par plusieurs centaines de mètres des hommes qui auraient pu se révéler dangereux ?

Les témoignages recueillis tout de suite après l'affaire par l'Association de défense des Indiens sont accablants. Le frère de Louis Shangrau, John, et Battice Granau, un autre interprète métis, racontent comment ils virent les femmes exécutées alors qu'elles brandissaient un chiffon blanc ; comment des enfants furent tués à plusieurs kilomètres du site de la « bataille » ; comment un groupe de jeunes filles, entre neuf et dix-neuf ans, furent retrouvées mortes, le visage caché sous une couverture pour ne pas voir, sans doute, les soldats qui les tuèrent à bout portant. « Tout ceci, écrivit le commissaire aux Affaires indiennes, T.J. Morgan, lors de la première enquête de mars 1891, constitue une charge très sérieuse contre l'armée[9]. »

En 1936, le secrétaire à la guerre refusera de retenir, contre le colonel Forsyth, les charges qui avaient été portées contre lui. Mais, tout de suite après l'événement, le général Miles, comme le colonel Forsyth lui-même, avaient corroboré une partie des dires des Indiens. Le soir même du 29 décembre 1890, un correspondant de l'Associated Press put envoyer, avec l'accord du général Miles, un télégramme à son agence qui concluait ainsi : « Les faits obligent à croire que la prétendue bataille de Wounded Knee fut un massacre délibéré[10]. »

S'il y eut volonté délibérée, c'est alors peut-être, comme le soutient une partie de la littérature de l'époque, que Wounded Knee ne fut qu'un épisode dans « la révolte des Sioux », une révolte prévue depuis plus ou moins longtemps selon les auteurs, mais certainement prête à éclater au moment où la *Ghost Dance* atteint la région du Dakota. Or, cette révolte latente reste fort difficile à prouver. La plupart des témoins, y compris les fer-

---

8. Récits de Two Strike, chef des Sioux Brûlés, de American Horse et de Louis Shandrau à T.A. Bland, le secrétaire de la National Indian Defense Association, dans T.A. Bland, *The Late Military Invasion of the Some of the Sioux*, Washington, D.C., 1891, pp. 8, 9, 23, 24.
9. *Ibid.*, p. 16. Bland dit aussi que tous les survivants qu'il a interrogés imputent le premier coup de feu à « un jeune fou ».
10. *Ibid.*, pp. 17-18.

miers voisins des réserves, qui auraient été les premiers touchés, reconnaissent que, malgré la tension observée dans les communautés lakota depuis plusieurs mois, malgré la fuite loin des agences des Indiens dits « hostiles », comme Sitting Bull, Crow Dog ou Big Foot, aucun colon blanc n'avait été tué ou molesté, aucun bien appartenant à des Blancs n'avait été détruit.

Le pasteur William Cleveland, qui avait été missionnaire chez les Sioux pendant dix-sept ans et qui venait de prendre sa retraite, fit une enquête à l'issue de laquelle il conclut qu'il n'y avait pas de volonté de guerre chez les Sioux, mais que certains d'entre eux, notamment Sitting Bull, étaient déterminés à quitter complètement les réserves au printemps 1891 pour se réfugier dans les Badlands, et à dénoncer tous les traités qui avaient été conclus et n'avaient pas été observés par le gouvernement des États-Unis[11]. Plutôt que de vouloir « briser » la paix, dit le révérend Cleveland, c'étaient les Indiens qui avaient été brisés, et cela de longue date, par les conditions auxquelles on les avait soumis.

L'ÉCHEVEAU DES CAUSES RÉELLES

Il n'existe aucune preuve irréfutable d'un complot des Blancs, pas plus que des Indiens, et qui aurait conduit directement à Wounded Knee. Ce n'est que par extrapolation que l'historien Paul I. Wellman peut affirmer que le 7e régiment de cavalerie « n'attendait que le premier coup de feu » et qu'il attendait « depuis quatorze ans le moment de laver le désastre de Custer dans le sang[12] ». Plus prudent, Merrill Mates spécule : « Il est probable que, dans cette sorte d'Armageddon de l'Homme Rouge, les pas des vieux fantômes — non seulement ceux de Custer, mais aussi ceux de Fetterman, Grattan, Little Thunder, Crazy Horse et Sitting Bull — résonnaient aux oreilles des combattants[13]. »

Le massacre de Wounded Knee fut sans doute un accident. Mais là ou ailleurs, à cette occasion ou une autre, il semble

11. Indian Rights Association, *Ninth Annual Report, 1891* : « An Independent Investigation of the Recent Disturbances on the Sioux », Washington, D.C., 1892, pp. 25-33.
12. Paul I. Wellman, *Death on the Prairie : The Thirty Years' Struggle for the Western Plains*, New York, 1934, p. 276.
13. Merrill Mates, *op. cit.*, p. 9. La thèse du désir de revanche du 7e régiment de cavalerie est avancée par de nombreux témoins sioux et reprise par plusieurs historiens : Dorothy M. Johnson, « Ghost Dance : Last Hope of the Sioux », *Montana, The Magazine of Western History*, 6, n° 3 (été 1956), Virginia Johnson, *The Unregimented General : A Biography of Nelson A. Miles*, Boston, 1962, et E.A. Brininstool, *Fighting Indian Warriors : True Tales of the Wild Frontiers*, Harrisburg, Pa, 1953.

que l'accident *devait* se produire. Un vieux contentieux avait préparé les recrues du 7ᵉ régiment de cavalerie à venger pour l'honneur de la nation celui que la légende déjà transformait en héros sacrifié. Un autre contentieux, plus ancien et plus profond, avait aussi préparé les Indiens Lakota, Hunkpapa de Sitting Bull, Miniconjou de Big Foot, Brûlés de Spotted Tail, Oglala de Crazy Horse à venger leurs morts et à imiter les hauts faits de leurs anciens héros.

On peut faire remonter les origines du massacre de Wounded Knee au traité de Fort Laramie de 1851 qui fut le premier pas d'une spoliation et d'une humiliation qui s'amplifièrent au cours du demi-siècle suivant, au point que seule la promesse d'un millenium pouvait apporter quelque réconfort. Il faut remonter pas à pas depuis le meurtre de Sitting Bull, le 15 décembre 1890 à Standing Rock par deux membres de la police indienne — un meurtre que l'agent de la réserve, James McLaughlin déplora malgré la haine et le mépris qu'il éprouvait personnellement pour celui que les Indiens révéraient et qui refusait de reconnaître la suprématie de l'agent ; il faut penser à l'état de sous-nutrition et de démoralisation des tribus lakota, confinées depuis 1889 dans un territoire réduit au cinquième de ce qu'il était avant Fort Laramie, et réparti entre cinq agences dirigées, à l'exception de Standing Rock, par des agents du Bureau des Affaires indiennes incompétents, inexpérimentés et corrompus ; il faut connaître la pauvreté des terres laissées aux Indiens dans ces réserves, pour la plupart, aux dires de tous les témoins, impropres à l'agriculture et même à l'élevage et dépourvues du gibier qui aurait pu compenser l'insuffisance des « rations » fournies par le gouvernement de plus en plus chichement, malgré les promesses dûment inscrites dans les traités successifs[14] — pour évaluer le degré de frustration des Lakota.

À tous ces maux s'était ajoutée, en 1889 et en 1890, une sécheresse qui avait flétri les récoltes, asséché les points d'eau, tué le bétail. De nombreux fermiers blancs, ruinés, se hâtèrent de quitter la région, mais les Indiens étaient cloués sur place. Il n'est pas un rapport, rédigé avant ou après Wounded Knee, qui n'insiste sur l'insuffisance de nourriture fournie aux Indiens par négligence ou mauvais vouloir, d'abord du gouvernement fédéral qui décida de diminuer l'attribution prévue, ensuite des agents des réserves qui tirèrent un profit personnel des biens qui arrivaient ou qui, simplement, les gérèrent de manière absurde.

---

14. La situation est décrite en détail aussi bien par les agents des réserves et leur supérieur, le commissaire aux Affaires indiennes, que par les deux plus importantes associations pro-indiennes. Voir notamment le rapport de Ralph H. Case au comité d'enquête du Congrès de 1936, *op. cit.*, p. 14 et les rapports du commissaire T.J. Morgan en 1890 et 1891, *Annual Reports*, 1890, 1891.

C'est le système des « dépouilles » qui est critiqué par les rapports sur les causes de Wounded Knee. Les agents du bureau des Affaires indiennes, nommés par le secrétaire d'État à l'Intérieur, dépendaient totalement des résultats des élections présidentielles. À chaque nouvelle élection, le personnel de l'administration était changé, de sorte que même les meilleurs des agents étaient constamment menacés de perdre leur emploi. La politique n'était d'ailleurs pas le seul aléa : des raisons personnelles pouvaient aussi jouer dans la carrière de ces personnages qui, par ailleurs, exerçaient une fonction cruciale pour la vie des Indiens des réserves. James McLaughlin se heurta sans cesse au responsable du Bureau des Affaires indiennes, au secrétaire du département de l'Intérieur et au secrétaire du département de la Guerre, sans parler de ses démêlés par télégrammes et par lettres presque quotidiennes avec les généraux Miles et Brooke[15].

Depuis le début de la *Ghost Dance*, en effet, le général Miles menaçait d'envoyer les troupes dans la région de Pine Ridge et de Standing Rock pour faire cesser « les troubles », alors que McLaughlin disait contrôler entièrement une situation qui ne présentait pas de danger immédiat. Finalement, le commandement militaire préféra se ranger à l'avis du « pleutre » agent Royer, de Pine Ridge, et aussi satisfaire la demande des colons qui faisaient pression sur la presse locale, laquelle d'ailleurs grossit l'affaire, pour envoyer, au milieu de décembre, près de la moitié de l'armée américaine en pays lakota[16].

C'est bien une « invasion militaire » que perçurent alors les Hunkpapa, les Miniconjou et les Oglala, et c'est pour fuir l'armée que certains d'entre eux quittèrent leurs villages près des agences pour se mettre à l'abri dans les Bad Lands.

---

15. Georges Kingsbury, *History of Dakota Territory*, 5 vol., Chicago, 1915, v. 1, pp. 805-830. Dans les *Papers* de McLaughlin, se trouve une lettre du secrétaire à l'Intérieur, John M. Noble, adressée au commissaire des Affaires indiennes, le 30 décembre 1890, dans laquelle Noble s'insurge contre « la prétention de McLaughlin à avoir arrêté Sitting Bull avec la seule aide de la police indienne. Ce fut l'œuvre exclusive de l'armée ». La correspondance de McLaughlin est truffée de lettres plus ou moins aigres entre les civils et les militaires, et entre le Bureau des Affaires indiennes et le ministre de l'Intérieur dont le Bureau dépend. Le rapport du secrétaire de la Guerre de 1891 énumère dix causes des « troubles » (la *Ghost Dance*) : chacune commence par « l'échec du gouvernement... », cité par Mooney, *op. cit.*, pp. 833 sq.
16. Le 29 novembre, James McLaughlin protestait auprès du commissaire aux Affaires indiennes T.J. Morgan parce que l'armée avait envoyé William Cody (Buffalo Bill) pour arrêter Sitting Bull. « Je déplore que les journaux diffusent partout des nouvelles qui sont très exagérées et, dans plus d'un cas, complètement fausses. Ils provoquent une panique inutile parmi les colons du voisinage et ils ont en outre tendance à susciter l'hostilité des Indiens et à leur faire refuser d'obéir aux ordres... »

LES HOMMES OU LA TERRE

«Il est infiniment (plus) impor-
tant qu'il [l'Indien] apprenne à protéger et à exploiter une petite
ferme, et s'il n'en a pas, à apprendre comment s'en procurer une,
que de se voir garanti le droit d'errer sur un vaste territoire
qu'il ne sait comment utiliser et dont la possession ne fait que
perpétuer une situation qui fait obstacle à tous les efforts pour
le civiliser (...)[17]. »

Telle était en 1889 la position de l'Association pour les droits
des Indiens, qui faisait partie avec d'autres, dont certains Indiens
acculturés eux-mêmes, de la Lake Mohonk Conference, une organisation qui se réunissait une fois par an dans l'État de New
York et qui exerçait une certaine influence au Congrès grâce à
des sénateurs ou représentants comme par exemple le sénateur
Dawes. C'est le sénateur Dawes, en effet, qui était l'auteur de
la proposition de loi adoptée en 1887, par laquelle les terres des
réserves détenues en commun par les tribus devaient être dis-
tribuées à raison de quatre-vingts hectares par famille à chaque Indien, de manière à « subvenir aux besoins de sa famille
et lui permettre de se débarrasser du résidu, qui de toute
manière constituait un mur qui le coupait de ses voisins civilisés (...). Il sera ainsi en contact permanent avec la civilisation
qu'il devra embrasser et absorber, ou bien périr[18] ».

Le traité, qui fut finalement signé par les trois quarts des
Sioux du Dakota, comme le voulait l'ancien traité de Fort Laramie de 1868, résultait d'un projet de loi examiné par le Congrès
en 1882, selon lequel la grande réserve sioux devait être réduite,
découpée et ouverte à la colonisation des Blancs. Pendant sept
ans, des commissions successives tentèrent de faire adopter le
traité aux Indiens Lakota, mais la loi elle-même fut adoptée en
1888 sans que les Sioux aient été consultés au préalable. Les
parties intéressées étaient « la compagnie de chemin de fer Chicago, Milwaukee et St Paul et d'autres associations et personnes privées ». Pendant les négociations finales avec les Sioux,
dans l'été de 1888, les journaux locaux rendirent compte jour-
nellement des progrès effectués dans l'abandon par les Indiens
de plus de la moitié de leur territoire[19].

Malgré la ferme opposition de l'Association nationale de
défense des Indiens, rivale de la précédente, qui démontra l'ini-

---

17. Indian Rights Association, *Seventh Annual Report* (1889), pp. 24-25.
18. *Ibid.*, p. 29.
19. T.A. Bland (Indian Defense Association), *A History of the Sioux Agreement*,
Washington, D.C., 1889.

quité de la présente loi et de ses précédents, cette dernière fut adoptée, et toutes les mesures prises pour que les Sioux l'acceptent. Il ne servit à rien de remontrer aux membres du Congrès que le prix offert aux Indiens pour leurs terres était honteusement inférieur à leur valeur réelle et que, d'ailleurs, l'indemnité due depuis 1876 pour la cession des Black Hills n'ayant jamais été versée, l'argent proposé en 1889 n'était que le paiement à terme pour des terres cédées depuis longtemps, les nouvelles terres étant donc acquises pour rien[20].

Depuis que, le 1er mai 1888, les habitants du territoire du Dakota avaient été informés par un télégramme que le président Cleveland venait de signer la loi qui découpait la grande réserve sioux et l'ouvrait à la colonisation, « une joie intense se répandit dans tout le Territoire, particulièrement dans les établissements installés le long du Missouri. Les habitants de ces districts organisèrent des fêtes officielles pour exprimer leur satisfaction ». L'objet réel de cette loi, poursuit l'historien George Kingsbury, qui écrit quelques années seulement après les événements, « était de diviser cette grande tribu de telle manière qu'elle ne puisse plus jamais s'unir et attaquer les Blancs[21] ».

Une activité fébrile suivit immédiatement la division de la réserve en cinq petites unités. D'une part, de nouveaux agents et des policiers furent installés dans les nouvelles agences du Bureau des Affaires indiennes, d'autre part, dans les communautés blanches du Territoire, on se prépara à l'acte fondamental qu'on réclamait depuis longtemps : l'*Omnibus Act,* qui créait de nouveaux États dans l'Ouest, et qui transforma le régime de semi-colonie du territoire du Dakota en celui de deux États de plein droit, le Dakota du Sud et le Dakota du Nord, inclus désormais dans l'ensemble des États-Unis. La civilisation avait bien progressé au Dakota, comme l'avaient ardemment souhaité les partisans de « l'ouverture » de la Grande Réserve sioux à la colonisation.

Ce moment était en fait attendu depuis 1876, lorsque les Sioux avaient cédé les Black Hills, porteuses d'or, au gouvernement fédéral. Alors, les mineurs et les fermiers qui vinrent s'y installer n'eurent de cesse que leur région soit directement reliée aux territoires américains de l'Est. Les grandes compagnies d'éleveurs, qui prospéraient dans les années 1870, voulaient étendre leurs pâturages et les compagnies de chemin de fer avaient déjà construit des lignes jusqu'à Pierre et Chamberlain, à l'est du

---

20. *Ibid.,* p. 12.
21. George Kingsbury, *History of Dakota Territory*, v. 3, p. 57.

Dakota, en attendant de pouvoir les prolonger jusqu'à Rapid City, ou au-delà[22].

En 1889, la propriété des Indiens Lakota était donc en grande partie passée aux mains du gouvernement fédéral, qui la mit immédiatement en vente. Le chemin de fer, premier bénéficiaire de la cession foncière, pouvait se livrer à la spéculation et aussi progresser vers l'ouest, porteur d'une civilisation que, semblait-il, il ne tenait qu'aux Indiens d'adopter pour susciter en eux-mêmes l'homme nouveau.

Certes, dans les quelques semaines qui suivirent Wounded Knee, tous les Indiens « hostiles », encerclés de plus en plus près par les troupes du général Miles, finirent par se rendre et, le 15 janvier 1891, « quatre mille Indiens, quelque sept mille chevaux, plus de cinq cents chariots, deux cent cinquante travois défilèrent sur deux colonnes à travers les Bad Lands pour rejoindre l'agence de Pine Ridge. Cette nuit-là, leur campement s'étendait sur six kilomètres des deux côtés de la rivière de White Clay[23] ».

Wounded Knee, loin d'être oublié ou relégué au rang de défaite honteuse par les survivants et leurs descendants, reste comme une marque au fer rouge dans leur propre histoire. Il est certes probable que, parmi les récits qui en restent, beaucoup portent la trace de l'exagération ; que certains faits aient été déformés par l'insuffisance inévitable de l'histoire orale, surtout lorsqu'elle est indirectement transmise. Contrairement à un traité ou à un projet de loi, contrairement, même, à certaines « guerres indiennes », où les officiers de l'armée américaine ont reçu des ordres clairs et ont conservé sans défaillance le contrôle de leurs troupes, Wounded Knee a des aspects lacunaires, des faits et des chiffres controversés, et l'historien ne dispose que d'un corpus incohérent, où les documents officiels traduisent le caractère partial des sources sur lesquelles ils sont fondés.

Le docteur Charles Eastman, qui les accompagna sur les lieux du massacre, raconte que les ouvriers du transport et les soldats prirent sur les cadavres de nombreux objets en souvenir avant de les enterrer. D'autre part, la confusion sur le nombre de tués parmi les Indiens s'accroît lorsque l'on fait entrer en scène ces ouvriers. Leur chef, Paddy Starr, se fit payer pour cent soixante-huit cadavres, alors que l'un de ses employés, William Peano, soutint qu'il avait compté vingt-quatre vieillards, six petits garçons, sept bébés dans les langes et cent deux hommes,

---

22. Robert F. Karolevitz, *Challenge. The South Dakota Story*, Sioux Falls, S.D., 1975, p. 192.
23. Forrest W. Seymour, *Sitanka. The Full Story of Wounded Knee*, West Hanover, Mass., 1981, p. 183.

femmes et jeunes gens au-dessus de dix ans, en tout cent quarante-six cadavres, auxquels il faut ajouter ceux qui furent retrouvés plusieurs semaines plus tard et ceux qui moururent de leurs blessures à l'hôpital de fortune installé par l'évêque Hare à l'agence de Pine Ridge[24].

L'imprécision sur le chiffre des morts ne posa un réel problème que lorsque les survivants réclamèrent une indemnité. Ce qui est le plus frappant, c'est l'anonymat dans lequel furent laissées la plupart des victimes enterrées dans la fosse commune de Wounded Knee. Ce qui devrait aussi troubler l'historien, c'est que Wounded Knee n'est nulle part traité comme un épisode de l'histoire américaine en général, mais comme le dernier incident des luttes sur la Frontière. Le surintendant au recensement venait, d'ailleurs, la même année, de proclamer close l'ère de la Frontière. Wounded Knee se trouve ainsi à la charnière d'une époque révolue où les Américains se sont perçus comme les représentants d'une civilisation agraire idéale, porteuse d'une mission civilisatrice, et celle de l'ère industrielle urbaine qui retentit déjà, dans le dernier tiers du XIXe siècle, des violents conflits sociaux engendrés par le capitalisme industriel.

Wounded Knee est ainsi entouré du halo du mythe aventureux de la Frontière, en même temps qu'il figure, pour la nation en crise de croissance, une sorte de rite expiatoire. C'est avec ce statut, peut-être, que Wounded Knee, objet de mémoire, doit entrer dans l'Histoire des États-Unis.

---

24. *Ibid.*, pp. 184-185.

——————— *ÉLISE MARIENSTRAS* ———————
Professeur, Université Paris VII.
Auteur, entre autres, de : *La Résistance indienne aux États-Unis*, Gallimard, coll. « Archives », 1980 ; *Nous, le peuple : les origines du nationalisme américain*, Gallimard, coll. « Bibliothèque des histoires », 1988.

DANIEL ROYOT

LA CULTURE
DE LA FRONTIÈRE

OBSERVATIONS CONTEMPORAINES DE LA CONQUÊTE DE L'OUEST À TRAVERS LES TÉMOIGNAGES LITTÉRAIRES DES ÉPOQUES SUCCESSIVES DE LA COLONISATION DE L'AMÉRIQUE DU NORD.

Nombreuses sont les études consacrées aux archétypes et stéréotypes indiens dans l'évocation de la Frontière, cette zone intermédiaire qui, de 1607 à 1890, sépara dans le temps et l'espace la civilisation de l'état sauvage *(wilderness)*. Histoire et fiction ont, au cours du XXᵉ siècle, multiplié les visions réfractées des mœurs, institutions et mythologies aborigènes depuis Montezuma jusqu'à Sitting Bull ou Géronimo. Peut-être est-il temps de nous rafraîchir la mémoire et, abandonnant quelques approches réductrices parfois commodes, de revenir aux observations contemporaines de la conquête de l'Ouest que nous livrent les témoignages littéraires de ces époques successives de la colonisation de l'Amérique du Nord. C'est en décomposant les figures superposées de ce palimpseste culturel que nous pouvons mieux discerner les images, explicites ou implicites, que les auteurs se donnent d'eux-mêmes au travers de leurs représentations de l'Indien.

Dès les grandes découvertes, la frénésie de la Conquête et les croyances des explorateurs du Nouveau Continent contribuent à créer l'image d'une humanité aux formes aberrantes. Selon Escobar de Onate, les Indiens de Californie ont des oreilles si grandes qu'elles traînent sur le sol. Certains possèdent des membres virils si longs qu'ils font trois fois le tour de leur taille pour mieux les ceindre. Au XVIᵉ siècle, les Indiens sont souvent placés dans les évaluations anthropologiques aux confins du règne animal et de la race humaine. Peter Martyr estime par exemple que les sauvages vivent dans l'âge de Chronos. Mais cet indigène qui évolue dans l'état de nature n'est jamais totalement idéalisé. Plus primitif que noble, il paraît rester tributaire des forces élémentaires. Aussi relève-t-il à la fois de l'Utopie et de l'Apocalypse.

En recherchant obstinément une voie navigable qui puisse le conduire des rives du Saint-Laurent en Floride au début du XVIIe siècle, Samuel de Champlain organise des marchés avec les Indiens dont il présente le comportement avec une rigueur quasi scientifique dans *Des Sauvages ou Voyages de Samuel Champlain faict en la France Nouvelle* (1604).

L'image de l'Indien que rapportent ensuite les colons de la Nouvelle-Angleterre participe d'une vision théologique que corrige, amplifie ou dénature l'expérience des plantations. À l'accueil qu'offre le Chef Massassoit aux colons débarqués du *Mayflower* à Plymouth, succède l'année suivante la cérémonie d'action de grâces qui voit l'harmonie prévaloir dans la convivialité du « Thanksgiving Dinner ». Plus au sud, dans la colonie de Virginie fondée après l'arrivée des colons à Jamestown, John Rolfe doit la vie à la princesse indienne Pocahontas qui, après l'avoir sauvé, deviendra son épouse. Mais aux images idylliques transmises par les voyageurs de retour dans la vieille Europe se substituent dès le milieu du XVIIe siècle des récits effroyables qui attestent la montée des antagonismes. Le saccage du milieu naturel, la destruction des forêts, véritables viviers des indigènes, les usurpations de territoires par des traités délictueux créent un climat qui suscite une méfiance accrue à l'égard des « reptiles cuivrés », selon le mot du missionnaire John Eliot. On ajoutera le raidissement en Nouvelle-Angleterre d'un puritanisme qui galvanise les plus doctrinaires face à la dislocation spirituelle des communautés. Eliot s'attache pourtant avec zèle à la conversion des Indiens au calvinisme. Mais il faut beaucoup d'acharnement pour communiquer aux aborigènes le postulat d'une dépravation innée de l'homme, la conviction des desseins insondables de Jehovah et du décret arbitraire de la Grâce. Aux songes prémonitoires des chamanes doit ainsi se substituer la prise de conscience d'un mal endémique et des aléas de la régénération. Jamais les pasteurs protestant n'atteindront la même efficacité que les pères jésuites, moins exigeants sur la durée et l'intensité des exercices spirituels.

Comment sans coup férir passer du Pow-wow à l'office du sabbat ? Bientôt, sous l'empire des ministres qui combattent les dissidences des sectes proliférantes par jérémiades et persécutions, le chamane est assimilé aux sorciers de la démonologie puritaine. Cotton Mather assure que ces prêtres païens tuent les gens par l'intermédiaire des esprits infernaux en leur infligeant mutilations ou paralysies. Une pensée magique héritée des croyances

médiévales habite aussi les puritains qui transposent en hallucinations la peur lancinante de la damnation. Pendant la guerre
du roi Philip qui sévit en Nouvelle-Angleterre vers 1670, un scalp
indien apparaît aux colons un soir d'éclipse de lune, au centre
de l'astre devenu invisible. Célébrations dionysiaques, pratiques
du chamanisme et ethnocentrisme farouche constituent généralement les attendus de condamnations prononcées sans équivo-
que à l'égard d'une race de Peaux-Rouges, vassale de Satan. Avec
Cotton Mather, cet implacable gardien de la foi, qui conduira
la colonie du Massachusetts aux affres de la chasse aux sorciè-
res de 1692, les manifestations du Démon travesti en Indien sont
rigoureusement répertoriées pour mettre en garde la population
blanche contre toute perversion au contact avec l'indigène.

Arrivé à Boston en 1631, peu après la fondation de la colonie
du Massachusetts, Roger Williams s'est pourtant inscrit en faux
contre l'intolérance prêchée par l'orthodoxie puritaine. Il exige
que l'Église soit plus nettement séparée de l'État, évitant ainsi
toute contamination du spirituel par le politique. Mis en dis-
grâce, il quittera la colonie du Massachusetts pour fonder le
Rhode Island et jeter les bases de la religion baptiste. Esprit
généreux et ouvert, mais attaché au calvinisme primordial, Williams se préoccupe du sort des Indiens. Ayant observé leur civi-
lité, il s'interroge sur la nature de leur langage sans toutefois
prétendre assimiler leur culture. Son livre *A Key into the Lan-
guage of America* (1643) vise à faciliter la tâche des missionnaires qui entreprendront de convertir les Indiens au christianisme.
Williams retient cependant que les Indiens ne sont pas davantage des hérétiques que les Blancs non régénérés par la foi. Si
l'image qu'il offre de l'Indien est certes anoblie aux yeux de ses
contemporains, il ne pourra éviter l'engagement des Narrangan-
sett du Rhode Island dans la guerre du roi Philip et la destruction des plantations de Warwick et Providence. Impitoyable sera
la répression qui s'abattra sur ces tribus de la Nouvelle-
Angleterre dont les quelques survivants dispersés seront relégués
dans de lointaines clairières.

L'INDIEN DES LUMIÈRES ET DU ROMANTISME

Si les récits, contes, mythes et
légendes des Amérindiens n'ont jamais vraiment pénétré la
culture des Blancs au cours des XVIIIe et XIXe siècles, la figure
du noble sauvage s'est néanmoins peu à peu imposée dans le
folklore et la littérature des conquérants. Primitivisme et pas-
toralisme imprègnent nombre d'œuvres littéraires où se substi-

Haut : La vie du général major William Henry Harrisson
Bas : Dans les plaine du Far-West, la confiance et la justice divine règnent

tuent aux représentations du chamanisme les évocations romantiques d'amants tragiques, de vierges sacrifiées aux guerriers, et de vengeances du Manitou. Le folklore de la Nouvelle-Angleterre abonde en sites qui rappellent des duels sanglants pour la main d'une belle squaw. À Bayard's Point dans le Maine subsiste le récit des amours du Français Pierre Gaudin, seul rescapé d'un naufrage, avec la fille du chef Penobscot Hahatan. Wonnecok, fils d'un autre chef de tribu et amoureux de la belle Indienne, requiert de son rival blanc l'épreuve d'une chasse à la panthère. Oubliant le duel qui les oppose, Gaudin meurt héroïquement en sauvant Wonnecok des griffes du fauve, mais revenu triomphant du combat avec la dépouille de la bête, le jeune Indien est poignardé au cœur par la fille du chef, inconsolable de la mort du Français. Transposant au monde indien les valeurs tragiques de nos traditions culturelles, les récits du folklore identifient le Grand Manitou au Destin qui sanctionne la transgression de l'éthique tribale. Aussi les amours illicites sont-elles condamnées selon des lois édictées par un Grand Esprit, proche par son pouvoir arbitraire du Jehovah de la tradition puritaine.

Dans la même veine, la légende de la caverne de Kennebunkport dans le Maine rappelle la triste histoire de Shoon-keek et Moon-keek, deux amants dont l'union était frappée d'un tabou et qui avaient ignoré le jugement défavorable proféré par le Manitou. C'est leur chute de la falaise qui scellera leur destin conformément au décret du Grand Esprit.

Au-delà de pareils vestiges que revitalise périodiquement le folklore régional, il demeure dans l'héritage culturel américain d'autres formes de témoignages légués par les « siècles de deshonneur ». Il s'agit par exemple des transcriptions en anglais des paroles prononcées par les chefs amérindiens au fil de l'Histoire. Dans la phraséologie indienne telle qu'elle est transposée dans les textes, c'est le laconisme et plus négativement l'entêtement, voire l'incohérence qui l'emportent. Stoïque, énigmatique et fourbe, l'Indien se conforme généralement au stéréotype populaire qui dément l'existence d'une subtile et éloquente rhétorique. Celle-ci transparaît pourtant dans les traités et conventions cosignés par les représentants du gouvernement américain et les chefs de tribus. C'est surtout l'image de la duplicité qui caractérise le style oratoire des Indiens dans la conscience des Blancs. Ainsi, le langage semble servir d'écran à la pensée pour des fins exclusivement stratégiques. Un exemple célèbre illustrera pareil mode de représentation. En octobre 1774, un traité est signé entre lord Dunmore et les Indiens à Chillicothe dans l'Ohio. Le chef indien Logan n'apparaît pas à la table des négociations, mais envoie un message qui depuis a fait l'objet d'innombrables analyses de la part des folkloristes et indianistes. Dans quelle mesure les paroles ainsi restituées par le message écrit correspondent-t-elles à la réalité du discours de Logan ? Les termes en sont relativement simples. Logan déclare :

> « Je prie l'homme blanc de me dire s'il est entré dans la hutte sans recevoir de nourriture. S'il est arrivé nu dans le froid sans être habillé. Au cours de cette longue guerre sanglante, Logan est resté inactif dans sa hutte, se faisant l'avocat de la paix. Tel était mon amour des Blancs que mes congénères me désignaient du doigt en disant que Logan était l'ami de l'homme blanc. J'aurais même pensé vivre parmi vous si le colonel Cressap ne s'était pas livré à des brutalités, de sang-froid et délibérément, tuant tous les parents de Logan, n'épargnant ni mes femmes ni mes enfants. Nulle goutte de mon sang ne coule dans les veines de la moindre créature vivante. C'est ce qui m'appelle à la vengeance. Je l'ai recherchée, j'ai beaucoup tué. J'ai assouvi ma vengeance. Pour mon pays, je me réjouis de la lumière radieuse de la paix. Mais n'imaginez pas que cette joie est née de ma peur. Logan n'a jamais éprouvé la peur. Il ne tournera pas les talons pour sauver sa vie. Qui pleurerait Logan ? Personne. »

Nombreux ont été les historiens qui, comme Austin Fife, ont assimilé le texte à un message de reddition. Les légendes se sont ensuite emparées de ce discours oratoire pour en faire un modèle. Plus sceptique, Thomas Jefferson ne considéra pas ce document comme l'expression *sui generis* de la culture indienne. Par la suite les exégètes se sont souvent ralliés aux interprétations négatives. Ainsi, dans un discours rédigé par un Blanc, Logan aurait perfidement fait admettre ses crimes au moyen d'une série de justifications morales. Le style oratoire y serait atypique bien qu'apparemment tributaire de l'éloquence romaine. À l'évidence, que ce soit une retranscription par un Blanc avec des altérations volontaires ou la reproduction *ne varietur* d'une déclaration verbale, le texte révèle en outre les limites de toute traduction ou communication transculturelle affectant les rapports linguistiques entre Indiens et Blancs. La variété démontrée dans l'expression du sujet à la première ou à la troisième personne suggère la très relative validité de ces documents, soumis à de multiples distorsions en passant de main en main.

LES ASSAUTS DES ROUGES

Ce sont sans doute les récits de captivité laissés par les colons et singulièrement ceux des femmes victimes d'enlèvement qui reflètent le plus fidèlement l'attitude des Blancs vis-à-vis des Indiens dans les phases les plus aiguës de la marche vers l'Ouest. Beaucoup de récits tel celui de Jemina Howe (New Hampshire, 1775) font état de la perfidie des attaques, les Indiens étant souvent préalablement connus de leur proie. Des raisons permanentes justifient dans ces narrations les captures de pionniers. Les scalps pris sur les victimes sont en effet adressés aux alliés, Anglais ou Français, comme témoignages de loyauté. Les captifs servent, selon les mêmes récits, à repeupler les tribus ou, c'est le cas le plus fréquent, sont échangés contre rançon. Au milieu d'un massacre tel chef de tribu décide parfois d'épargner les vies des femmes ou des enfants comme l'atteste Mary Jemison (Pennsylvanie, 1755), « la Seneca aux cheveux d'or ».

Dee Brown a relaté la captivité de Mathilda Lockhart, prisonnière des Comanches et libérée en 1840. Olive Oatman, prisonnière des Mohave près de la Gila River en 1851 subit comme elle le supplice du feu. Crucifiées à terre, ces femmes sont brûlées sur toutes les parties du corps. Si elles survivent, les prisonnières sont traitées en esclaves et astreintes à des corvées plus pénibles que celles des squaws, déjà soumises à de rudes tâches dans les camps indiens. Si elles doivent demeurer au milieu de la tribu elles sont fouettées puis allongées dans l'eau selon un rite d'initiation qui efface au moins spirituellement leur blancheur, signe de barbarie. Séparée de ses enfants, Jemina Howe sera autorisée à les revoir par intermittence sans que ces rencontres ne nuisent à son indianisation. Rares sont les témoignages qui relatent les sévices sexuels subis par les prisonnières. Est-ce par pudeur ? Mary Jemison explique que le viol est pour les Indiens un sacrilège puisqu'il brise le tabou de la parenté si les captives sont appelées à devenir membres du clan, une fois adoptées. Dans son récit, Caroline Harris, prisonnière des Comanches en 1835, raconte comment elle dut s'unir à un chef du village. Résister, pensa-t-elle, n'aurait servi qu'à l'exposer aux tortures nées de l'esprit inventif de ses ravisseurs, aussi fut-elle condamnée à la vie dans un *tepee* et traitée en domestique avant sa libération « providentielle » en 1837, quand un trappeur la racheta aux Comanches pour quatre cents dollars.

Obéissant aux lois du genre et progressivement codifiés, les récits de captivité sont présentés sous la forme de sermons, chacun commençant par un texte biblique. Les épisodes sont revécus à la lumière de principes moraux et transfigurés en paraboles. Il s'agit moins de susciter la terreur du lecteur que de traduire le combat du chrétien pour sauver son âme face aux assauts des « Rouges », suppôts du Malin. Chez les puritains, l'épreuve de la captivité est souvent vue comme l'instrument divin d'un châtiment. Si le décret de Jehovah plonge la prisonnière dans le désespoir, son calvaire se transmue aussi en ascèse. Ainsi, son âme renaît après ce passage provisoire en enfer. C'est bien le message que nous livre Mary Rowlandson dans son récit, après son enlèvement à Lancaster (Massachusetts) en 1676.

La publication de leurs expériences vécues marque bien la conscience qu'ont les auteurs d'une rédemption, la grâce de Dieu les ayant distingués par les humiliations qui préludent à la grâce.

Si l'âge des Lumières et l'avènement de la raison permettent enfin de dissocier l'Indien du monde de la démonologie, le romantisme qui s'élabore à la fin du XVIIIᵉ siècle ne saurait répandre sur la Frontière le sentiment que « la nature est là qui t'invite et qui t'aime ». Maintes preuves démentiraient ce constat de source européenne. Mais étroitement tributaire des Européens, la culture des pionniers américains se pénètre toutefois de l'idéal du bon sauvage. Comment en définitive concilier Rousseau et Montesquieu avec le messianisme qui incite à quadriller le sol américain coûte que coûte après la conquête de l'indépendance ?

Quand vers 1820, James Fenimore commence sa grande saga de Bas-de-Cuir qui verra Natty Bumppo parcourir le Nouveau Continent, depuis les forêts de la frontière canadienne jusqu'aux prairies du Middle West, il existe de nombreux écrits tant en Europe qu'aux États-Unis qui se nourrissent du débat entre primitivisme et antiprimitivisme. Confrontée aux réalités du mouvement vers l'Ouest, l'image du noble sauvage persiste dans l'intelligentsia de l'Est. Elle s'est antérieurement fondée sur l'humanitarisme de Benjamin Franklin qui dénonce dès la fin du XVIIIᵉ siècle les usurpations dont souffrent les originaires d'Amérique du Nord, peu à peu dépossédés de leurs terres. Crèvecœur, dans ses *Lettres* d'un fermier américain, loue l'hédonisme inné de l'Indien dont le mode de vie paisible défie selon lui toutes les philosophies élaborées par l'homme blanc. L'antiprimitivisme se déploie en revanche dans lettres, journaux et magazines pour relater les atrocités commises par ceux que l'écrivain Hugh Henry Brackenridge nomme « ces animaux vulgairement appelés indiens ». Incendies de ranchs, pillages, tortures et massacres s'ajoutent ainsi aux récits de captivité.

Sur cet arrière-plan, les Indiens de Cooper restent largement inféodés au modèle romantique et participent du manichéisme quasi instinctif de l'époque. Cooper recourt au folklore, à l'histoire et à l'invention littéraire pour proposer une image composite qui reflète les représentations extrêmes et antagonistes du « Peau-Rouge », à la fois survivant d'un fabuleux âge d'or et agent des forces du mal.

Le conflit qui domine les romans de Cooper est essentiellement intraracial. L'impact de cette fiction fut certes ambigu chez
les lecteurs du XIXᵉ siècle. Le gouverneur Cass vit en Cooper
l'épigone de missionnaires qui, idéalisant l'Indien, le priva de
son authenticité. Mark Twain remarqua perfidement que la barbarie se doublait d'incompétence fatale quand les Iroquois com-
mettaient l'imprudence de marcher sur une branche morte et
éveillaient ainsi l'attention de Natty Bumppo, prompt à riposter. À son tour, Francis Parkman s'effraya du réalisme des scè-
nes de massacre dont raffolait Cooper. Hobereau de l'État de
New York, celui-ci est le créateur d'une mythologie qui préfigure dès le début du XIXᵉ siècle un rapport de la fiction à l'Histoire, fondatrice de l'épopée de l'Ouest et corollairement du western. Le monde indien de *la Prairie* procède de l'identification
à l'état sauvage par l'animalité des natifs. Les Pawnees s'appellent Loups, suggérant l'existence d'une lycanthropie qui appartient aux légendes ancestrales, mais ils ressemblent aussi à des
centaures lorsqu'ils chevauchent leurs mustangs. Natty partage
l'esprit d'indépendance et la loyauté des Sioux du grand désert
américain. Il emprunte ainsi des traits au comportement indien
qui deviendront ataviques chez les héros de la Frontière. Jere-
miah Johnson, homme des montagnes et adversaire des Crows,
marquera plus tard ses victimes du signe de la vengeance en
les scalpant. C'est donc au mimétisme que l'homme de la Frontière doit sa survie en s'imposant les méthodes de combat des
Indiens.

LE DERNIER DES MOHICANS

Innombrables sont les noms
des tribus que cite Cooper dans ses romans : Mohicans, Mohawk,
Delawares, Hurons, Sioux, Pawnees et Wampanoag constituent
en réalité des indices géographiques qui déterminent approxi-
mativement le lieu de l'action. Au grand dam des anthropologues, c'est la seule dichotomie politique qui sépare les bons des
mauvais Indiens. Les guerres indiennes qui aboutiront au traité
de Paris en 1763 ont en effet divisé les peuples en alliés des
Français ou des Anglais. Pour Cooper, éthique et politique se
confondent ainsi de manière commode. Selon une lointaine typo-
logie du drame gothique revivifiée en Grande-Bretagne par Walter Scott, les félons, qui s'opposent naturellement aux alliés de
Natty Bumppo, se recrutent exclusivement dans les Six Nations
et parmi la confédération iroquoise, comme les Mingoe, les
Hurons et les Wyandotte. Ceux que l'historien Parkman appela

les Romains du Nouveau Monde étaient depuis des siècles la force dominante de l'Amérique entre la côte atlantique et le Mississippi.

Bien que Cooper ne mentionne pas les actes de cannibalisme qu'ont cités les explorateurs jusqu'au XVIe siècle, il ne manque pas de souligner que les Mingoe mangent la viande crue. Obstinément perfides et sanguinaires, ils s'affrontent aux Delawares et Mohicans, branches des Algonquins, qui s'identifient aux bons sauvages décrits par les philosophes des Lumières. C'est Chingachgook, le dernier des Mohicans que l'invasion des Blancs a submergés. Ultime survivant de cette lignée de primitifs dont l'imaginaire européen et ses avatars américains ont loué la bravoure et l'abnégation, il demeure pour Cooper le modèle idéal de l'homme blanc, et bénéficie de la compassion en raison du destin pathétique qui voue sa race à l'extinction. Pour communiquer au lecteur cette impression de déclin et de chute, Cooper s'est inspiré d'un récit du révérend John Heckwelder, missionnaire morave qui vécut parmi les Delawares de Pennsylvanie. Confiant dans les conclusions de cette narration, Cooper s'en tient à l'idée que les Iroquois sont parvenus à neutraliser les Delawares en les désignant comme médiateurs des conflits entre les Six Nations. Seule une élite des Delawares était naturellement appelée à remplir ce rôle de bons offices. La majorité du peuple se serait alors confinée dans des occupations paisibles et des tâches ancillaires, assumant le rôle normalement dévolu aux femmes de la tribu et renonçant ainsi à organiser leur défense. C'est ainsi que, désarmés, ils auraient été décimés par les attaques des tribus voisines, à la solde des Iroquois.

Pareille interprétation relève sans doute du folklore car, depuis le XVIIe siècle, les tribus du sud de New York, soumises par la force à la confédération iroquoise, adressaient annuellement leur tribut en *wampuns*. Cooper avait néanmoins besoin de la légende pour créer son atmosphère de mythe tragique. Tout au long des romans, les Delawares, prédestinés au génocide, manifestent sereinement leur noblesse au travers d'admirables victoires morales aux termes de combats pour une cause perdue.

C'est dans la même veine romantique qu'Henry Schoolcraft, ethnologue, folkloriste et poète, donne de l'Indien l'image idéalisée d'un penseur décadent, introspectif, cultivant son moi à défaut de lutter énergiquement pour la survie du groupe. Ses *Notes sur les Iroquois* (1848) et son histoire des tribus indiennes des États-Unis s'accompagnent de poésies lyriques dont une est consacrée à Hiawatha, personnage fabuleux qui fournira à Henry Longfellow le thème d'un chant héroïque, publié en 1855 sous le titre *le Chant de Hiawatha*. Ce didactisme moraliste, qui applique à l'Indien les critères philosophiques produits par la culture européenne *via* le Nouveau Monde, se traduit par la conviction que le guerrier indien est sauvage dans la vengeance, stoïcien dans la résistance. Il emprunte au renard sa sagacité et, patriote jusqu'au sacrifice, il est aussi passionné de nobles divertissements. Ardent chasseur mais nostalgique des valeurs ancestrales et imprégné de générosité humanitaire, il entretient avec dévotion le culte des morts. Pareille projection de l'idéal romantique sur les peuples amérindiens peut aujourd'hui apparaître et naïve et suspecte, tant elle sacrifie l'authenticité au pathétique et au spectaculaire. On comprendra mieux que la décennie qui suit l'accession à la présidence d'Andrew Jackson en 1828 ait été caractérisée par l'amplification du génocide et parallèlement la multiplication des représentations romantiques de l'Indien.

COMBAT INÉGAL

Le vote en 1830 de la loi imposant la déportation des Indiens dans le territoire qui deviendra l'Oklahoma soulève l'indignation des méthodistes et des quakers. Le républicain Henry Clay accuse Jackson de salir l'honneur de la nation. L'idée de déporter les Indiens dans le désert à l'ouest du Mississippi fut déjà émise par l'administration de Jefferson au moment de l'achat de la Louisiane à Napoléon en 1803. En 1829, la découverte de l'or en Georgie sur le territorie des Cherokee provoque l'invasion de prospecteurs blancs sur les terres d'une population indienne sédentaire vivant du produit de son agriculture. Les Cherokee se sont adaptés aux technologies et aux modes de vie des Américains au point de posséder eux-mêmes des esclaves noirs. La question reste alors posée : une nation indépendante a-t-elle le droit à l'existence à l'intérieur des frontières d'un État ? Jackson soutient la revendication territoriale de la Georgie qui entend expulser les Cherokee de leur enclave. Directeur de l'*Evening Post* de New York et ardent défenseur de la politique jacksonienne, William Cullen Bryant écrit en 1834 *The Prairies*, hymne en vers aux jardins du désert américain. Face à l'immensité génératrice d'extase romantique, le poète évoque la pureté édénique que nulle présence humaine ne vient souiller. Pareille vision panoramique lui permet en outre d'embrasser passé et présent. Contemplant les tertres bâtis par les antiques occupants des plaines de l'Illinois, il se remémore une lointaine civilisation qui avait transformé les étendues désertiques en champs fertiles avant que ne déferlent les hordes indiennes venues du détroit de Behring. L'Éden agrarien fut ainsi dévasté par les belliqueuses tribus nomades qui massacrèrent les paisibles fermiers. Mais ces conquérants, déchirés par des rivalités claniques, cèdent à leur tour la place aux Blancs. Pour Bryant, la terre appartient légitimement à celui qui la cultive, non à celui qui y vit en prédateur, à Jacob plus qu'à Ésaü.

Cette version de l'Histoire se trouva tragiquement démentie l'année suivante, quand Black Hawk conduisit un millier d'Indiens Sac et Fox dans l'Illinois afin d'y planter du maïs. Pourchassés par les troupes fédérales jusque dans le Wisconsin, ils y furent exterminés. Fasciné par le paysage solitaire qu'il décrit en termes élégiaques, Bryant postule que l'Indien est déjà symboliquement mort. Il le traite désormais comme une figure de légende appartenant à une époque révolue.

Dans un autre poème intitulé *le Guerrier exhumé* on peut lire sous la plume de Bryant :

> « Noble Race, mais ils ont disparu
> avec leurs forêts vastes et profondes
> Et nous avons construit nos demeures
> Sur ces champs où dormirent leurs générations. »

Bien qu'il soit conscient des conséquences tragiques du mouvement vers l'ouest sur la population indienne, Bryant opère une retraite poétique en suggérant cette mort métaphorique d'une race. Au moyen d'une élégie prématurée sur des peuples condamnés comme les Choctaw, les Seminoles, les Sac et les Fox, l'intrusion du pathétique occulte le dilemme moral. L'évocation poétique du destin tragique des Indiens se pare en effet d'alibis sentimentaux. La responsabilité morale se dissimule ainsi sous les images de la fatalité et stimule la culture du moi, mais refuse plus discrètement de s'assumer.

La politique de la terre brûlée pratiquée par Jackson et conjointement, l'engouement pour les romans de Cooper font croître dans l'opinion le goût des thèmes indiens. Le développement d'une littérature nationale affranchie de la tutelle britannique et la densité des drames historiques vécus sur la Frontière se manifestent aussi dans l'activité théâtrale. À New York, l'acteur et metteur en scène Edwin Forrest imagine ainsi un théâtre populaire qui, transfigurant l'Indien, donne au mouvement vers l'ouest sa coloration épique. *Metamora* de John Augustus Stone, fondé sur des épisodes de la guerre du roi Philip est donné au Park Theatre de New York en 1829. Edwin Forrest incarne le chef indien avec une fougue qui rappelle aux critiques le mouvement d'une cataracte. La mise en scène à grand spectacle dans la lignée du dramaturge Mordechaï Noah soulève l'émotion du spectateur au moment où Metamora découvre que son fils a été tué d'une balle tirée par un milicien et poignarde son épouse plutôt que de la laisser capturer par les colons. C'est autant le père affligé que le chef rebelle. Au-delà du stéréotype de la noblesse farouche, le personnage de Metamora se fond dans un milieu naturel qui lui confère des valeurs éthiques où se conjuguent la vision du Grand Manitou et celle plus romantique d'un panthéisme régénérateur. Si la morale de Metamora relève de l'instinct naturel, sa loyauté, son courage et sa franchise le rapprochent de la culture judéo-chrétienne selon les paroles de Walter, le Blanc qui le combat. Stone lui confère aussi la ferveur patriotique que la propagande jacksonienne revitalise face aux périls séparatistes en un temps où le Nord s'oppose aux planteurs esclavagistes. Vaillance et abnégation caractérisent le chef indien qui, sachant son peuple condamné à terme, lutte pour l'image que la postérité conservera de lui et de sa race. À la même époque, *Carabasset* de Nathaniel Deering a pour thème l'attaque par les colons anglais d'un village indien en 1724. Le père jésuite Ralle déplore la violence des passions d'un monde primitif dont la barbarie s'atténue sous l'influence bénéfique de missionnaires héroïques. Cependant l'Indien refuse de rendre le mal par le bien quand fourberie et cruauté accompagnent les vagues d'envahisseurs venus d'Europe. Ainsi Carabasset écarte toute miséricorde lorsque sa femme est assassinée. Il se jette ensuite du haut d'un falaise, préférant la mort à la soumission, sachant le combat désormais inégal.

HÉGÉMONIE TRANSCONTINENTALE

Le thème du génocide se retrouve dans la pièce de Richard Emmons, *Tecumseh*, publiée en 1836. Cherchant à souder les tribus dans une puissante confédération, le guerrier shawnee Tecumseh s'allie aux Britanniques pendant la guerre de 1812 contre les Américains et meurt au combat. Comme Metamora, son dernier geste traduit le renoncement mais suggère aussi une sanction lointaine par l'Histoire après l'extermination de son peuple. Pour Emmons, la sauvagerie des Indiens de Tecumseh, loin d'être innée, ne répond en fait qu'aux menaces de mort et de déracinement que fait courir la progression des Blancs. Au contact de l'état sauvage, les Britanniques oublient eux aussi les valeurs portées par des siècles d'humanisme. Jugé vulnérable par ses congénères, Tecumseh fond en larmes en voyant des enfants scalpés et refuse de soumettre l'ennemi à la torture. C'est l'écart entre l'éthique formelle des Blancs et leur pratique quotidienne qui aux yeux des Indiens

Buffalo Bill et les chefs Peaux-Rouges ; extrait de Les Races humaines
par L. Figuier, Hachette, 1885

révèle leur duplicité. Mais le rideau tombe sur un tableau empreint de messianisme où, descendant du ciel, la déesse de la liberté parachève la réconciliation entre les races.

Dans *Pontiac*, drame joué en 1836, Alexander Macomb représente l'Indien en rebelle, non par barbarie naturelle, mais pour refuser une colonisation qui, de nomade, le transforme en sédentaire à vocation agricole. Quand Pontiac réaffirme son hostilité à l'envahisseur, il est poignardé par Augwi-shiba, un membre de sa tribu, pour qui la mort tragique du chef indien est le seul moyen de mettre un terme aux relations conflictuelles et d'imaginer un avenir commun. La même ambivalence apparaît dans *Putnam* de Nathaniel Bannister, joué au Bowery Theatre en 1844. L'Indien Oneactah y récuse les accusations de sauvagerie et justifie la violence des attaques par l'esprit naturel de vengeance qui habite un peuple victime de l'agresseur européen. Autres exutoires à la haine, deux drames de la même période ont pour thème le destin de la princesse indienne Pocahontas. *Pocahontas, ou les pionniers de Virginie* (1830) et *Pocahontas, drame historique*, la première de Washington Park Custis et la seconde de Robert Dale Owen, minimisent les antagonismes entre Blancs et Indiens. Le mariage de Rolfe avec Pocahontas préfigure symboliquement une coexistence fondée sur des valeurs romantiques. L'union des deux êtres associe vertu et honneur pour les générations futures. Face à Matacoran, rival malheureux de Rolfe, Pocahontas proclame les mérites du renoncement, ayant appris la miséricorde dans la pratique de la foi qui désormais l'habite.

William Penn de Richard Penn Smith fut produit pour la première fois au Walnut Street Theatre de Philadelphie en 1829. Smith y suggère que Penn et les missionnaires quakers contribuèrent à sauver l'Indien de l'ignorance. S'interposant entre tribus rivales, Penn dissuade son congénère Tammany de monter au bûcher pour s'offrir en victime expiatoire après qu'un règlement de comptes a risqué de se terminer en carnage. Smith ne fait pas mystère de sa conviction que le noble sauvage n'est qu'une affabulation. Moins favorable aux entreprises messianiques, *Nick des Bois* de Robert Montgomery Bird, roman adapté à la scène, ne mise nullement sur la valeur didactique du message chrétien. L'Indien y est montré sous le jour d'un barbare vindicatif dont le comportement s'inspire d'une nature cruelle.

C'est singulièrement pendant toute la période jacksonienne puis jusqu'à la présidence de Polk que le théâtre a exploité la veine dramatique du génocide. L'intérêt déclinera quand s'estompera dans la mémoire américaine la vision de cette longue piste des larmes qui conduisit aux premières réserves. Dans la décennie qui précède la guerre de Sécession, quelques mélodrames

115

prolongeront ce cycle mais le stéréotype indien reviendra surtout sous la forme du burlesque pour parodier le style larmoyant de romantiques attardés. Après la guerre de Sécession les grandes guerres indiennes verront s'épanouir un darwinisme qui, justifiant la lutte pour la vie, inscrira le général Custer et Buffalo Bill dans une évolution qui consacrera le rêve d'hégémonie transcontinentale.

BIBLIOGRAPHIE

JEAN-PIERRE MARTIN, *le Puritanisme en Nouvelle-Angleterre*, Presses universitaires de Bordeaux, 1989.
DANIEL ROYOT, *la Nouvelle-Angleterre*, Presses universitaires de Nancy, 1990.
BROWN Dee, *The Gentle Tamers : Women of the Old West*, New York, Putman, 1858.
LESLIE FIEDLER, *The Return of the Vanishing American*, Londres, Jonathan Cape, 1968.
GENNAOUI JEAN, *Narrative of Mrs Jemison's captivity*, Paris, Aubier, 1978.
ELEMIRE ZOLLA, *le Chamanisme indien dans la littérature américaine*, Paris, Gallimard, 1974.

DANIEL ROYOT

Professeur de civilisation américaine à l'université Jean-Moulin, Lyon III. Dernière publication en collaboration : *Anthologie de la littérature américaine*, PUF, 1991.

ÉRIC NAVET

AU CANADA, UNE LUTTE D'INFLUENCES

CE QUI VAUT POUR LES ÉTATS-UNIS VAUT AUSSI POUR LE CANADA. LES DIVERGENCES, POUR CE DERNIER PAYS, ENTRE LES MANIÈRES FRANÇAISE ET ANGLAISE DE COLONISER TIENNENT SURTOUT — PAS UNIQUEMENT TOUTEFOIS — A LA DIFFÉRENCE DE MOYENS DONT DISPOSAIENT L'UNE ET L'AUTRE PUISSANCE. L'HISTOIRE MONTRE CLAIREMENT QUE LA POLITIQUE DES AUTORITÉS QUI SE SONT SUCCÉDÉ EN NOUVELLE-FRANCE, ENTRE LES XVIᵉ ET XVIIIᵉ SIÈCLES, ÉTAIT BIEN D'ASSIMILATION, DE « FRANCISATION » DES POPULATIONS AUTOCHTONES. PARTENAIRES COMMERCIAUX, ALLIÉS DANS LA GUERRE, LES AMÉRINDIENS, DÈS LE RÉGIME FRANÇAIS, ÉTAIENT BIEN VOUÉS A ÊTRE CHRISTIANISÉS ET CIVILISÉS, SOUS LA HOULETTE DES MISSIONNAIRES, AVANT D'ÊTRE JUGÉS, PAR LES COLONS ANGLO-SAXONS, COMME DES « OBSTACLES AU PROGRÈS ».

L'année 1992 sera pour certains l'occasion de fêter la découverte de l'Amérique par un navigateur génois au service de la Couronne espagnole ; il est célèbre dans les pays anglo-saxons pour être le référent du sigle BC, l'amer incontournable autour duquel s'organise l'histoire américaine. « Avant Colomb » *(Before Columbus)*, l'Amérique est perçue par les Européens comme un monde nouveau à découvrir, à conquérir et à mettre en valeur. Ce projet s'est partiellement réalisé et au détriment des « sauvages » qui, eux, ne voient dans cet anniversaire que le début d'une lutte douloureuse et incessante pour leur survie, pour *la* survie. Mais le fait le plus porteur d'espoirs est peut-être qu'un nombre croissant d'« allochtones », de Blancs, se joignent aux aborigènes, qu'ils soient australiens[1] ou amérindiens, pour fêter l'anniversaire des « découvertes » comme des jours de deuil et non de liesse. Là où les uns, les civilisés, situent le point de départ d'une construction, les autres, disons les primitifs (dans le sens de « premier », d'« essentiel »), ne voient que l'amorce d'un processus de destruction.

Pourquoi la rencontre fut-elle une malencontre ? Pourquoi la violence des uns répond-elle à l'hospitalité et à la générosité des

---

1. Cette relative solidarité s'est exprimée notamment lorsque l'Australie a fêté le bicentenaire de sa « découverte » par les Britanniques ; les aborigènes ont manifesté contre la célébration d'un événement qui a inauguré pour eux le début d'un véritable génocide. Leur situation, leurs problèmes et leurs résistances sont très comparables à ceux des Indiens d'Amérique du Nord.

autres ? L'image d'Épinal, celle de nos écoles il n'y a pas si longtemps, de la découverte de l'Amérique par Christophe Colomb
en 1492, reflète très bien, symboliquement, la vision occidentale :
les marins espagnols qui débarquent sur l'île de Samanacay[2]
sont habillés et armés de pied en cap, droits, l'air conquérant ;
les Indiens, nus, tête baissée ou même agenouillés, offrent à ces
« conquérants », à pleins bras, les produits d'une nature prodi-
gue. Les Naturels sont là pour donner, les Européens, eux, arrivent pour prendre. Les relations, d'emblée inéquitables, ne pouvaient déboucher que sur des déséquilibres plus graves encore.

Ce que les Européens, imbus de leurs préjugés, prenaient pour
de la soumission, pour l'expression d'une infériorité constitutive,
n'était, de la part des Amérindiens, que la manifestation d'une
philosophie que nous pouvons qualifier de *philosophie de l'équilibre* : équilibre des relations qu'entretiennent les hommes avec
l'environnement ; équilibre des relations humaines ; équilibre de
l'individu. La base d'une telle sagesse est la conscience qu'ont
les Amérindiens, et les peuples traditionnels en général, de n'être
qu'un élément parmi tous les autres êtres créés et elle s'exprime
par exemple chez les Mohawk par ce principe : « Considérons-
nous comme une partie de cet univers et non comme des gens
qui voudraient lui imposer leur volonté. »

Autrefois, disent les Ojibwas, l'homme et l'animal vivaient
dans les mêmes villages, se comprenaient l'un l'autre et s'entrai-
daient, mais l'homme s'est comporté avec arrogance envers ses
frères, les réduisant à l'esclavage. Ceux-ci s'entendirent pour
l'abandonner, et l'homme dut chasser pour vivre ; mais, dès lors,
il prit conscience qu'il ne pouvait se passer des autres créatures, car c'est d'elles aussi qu'il apprend les lois naturelles néces-
saires à sa survie :

> « En premier, il y a le monde physique ; en second, le monde des
> plantes ; en troisième, celui des animaux ; enfin, le monde humain.
> Tous les quatre forment la vie, et ils sont si intriqués qu'ils consti-
> tuent une seule existence. Sans la totalité des quatre ordres, la vie
> et l'être seraient incomplets et inintelligibles. Aucune partie n'est
> autosuffisante ou complète, chacune n'a de signification, de sens et
> de fonction que dans le contexte global de la Création. »
> Johnston, 1976, p. 21.

---

2. Jusqu'à une époque très récente, le lieu de cette rencontre de l'« Ancien »
et du « Nouveau » Monde était localisé dans l'île San Salvador, ou Walting, dans
l'archipel des Bahamas. L'île Samanacay est située quelques dizaines de kilomètres plus au sud, mais, au regard des conséquences, ce n'est là qu'un point
de « détail »...

DEUX SYSTÈMES DE VALEURS

Si l'homme « sauvage » respecte les autres créatures, hommes, bêtes, plantes, etc., et pratique une véritable *philosophie écologique*, l'homme occidental, lui, s'est engagé sur une toute autre voie. La Bible parle aussi d'une rupture de l'homme avec la Nature ; c'est la parabole d'Adam et Ève chassés d'Éden pour avoir goûté au fruit défendu. Mais, tandis que l'homme « primitif » va s'efforcer, à tous les niveaux de son existence, de se réconcilier avec le naturel, l'homme civilisé, lui, va fonder son histoire sur sa rupture d'avec le monde. La Genèse ne dit-elle pas : « Et Dieu se mit à créer l'homme à son image (...) Dieu leur dit : ''Soyez féconds, et devenez nombreux, et remplissez la terre, et *soumettez-la* (je souligne), et tenez dans la soumission les poissons de la mer, et les créatures volantes des cieux, et toute créature vivante qui se meut sur la terre.'' » N'est-ce pas ici le point d'ancrage à partir duquel s'est développée l'histoire occidentale ? Une philosophie tournée contre le *naturel* — « naturel » en l'homme et « naturel » hors de l'homme — et, fatalement, contre ceux qu'on appela longtemps « sauvages » ou, à bon escient, « naturels ».

Une telle idéologie ne pouvait que favoriser le développement d'une civilisation industrielle, fondée sur le pouvoir de l'État, et instrumentée par une pensée scientifique. Cette civilisation répond à l'injonction biblique : l'homme occidental rêve toujours de « dominer » la Nature, prétendant, tel l'apprenti-sorcier, se rendre maître des éléments, sous prétexte d'une soi-disant « mise en valeur » qui n'est que destruction. Dieu seul a le pouvoir de créer, disent les Amérindiens, en intervenant dans l'harmonie de la Création, et dans sa beauté[3], l'homme ne peut que la détruire, l'enlaidir. Mais l'oriflamme où sont inscrits en lettres d'or et d'argent les mots clés de ladite « civilisation » : « progrès » et « développement » résiste mal, aujourd'hui aux tempêtes[4] d'une nature indomptée qui reprend ses droits.

L'homme chrétien a commencé par refouler sa propre nature, reniant sa parenté avec le monde animal et les autres créatures vivantes[5], glorifiant et béatifiant ceux qui, à coups de disci-

---

3. C'est, en substance, l'idée développée par l'ethnologue ojibwa B. Johnston (1972).
4. La tempête qui s'est abattue en 1989 sur l'Europe de l'Ouest a occasionné de grands dégâts sur les cultures et fait des dizaines de morts.
5. Pour les Amérindiens, tous les êtres créés par le Grand Esprit ont une « âme » : animaux, végétaux, éléments, etc. B. Johnston (1972) montre aussi que les Ojibwas ont une conception de la vie qui diffère singulièrement de celle de nos sociétés « modernes ».

pline, prétendaient dompter leur corps et vaincre leurs instincts, posant comme idéaux une Mère vierge de tout contact humain et des anges asexués...

Après cette colonisation de l'Être, l'homme capitaliste, avatar de l'homme chrétien, s'en est pris à une réalité dont même les scientifiques (un autre de ces « avatars ») nous disent qu'elle est une condition même de la vie : la *diversité*. La civilisation est, par principe, réductrice et uniformisante, et les États, en se constituant — selon ce que nous pouvons appeler un *endocolonialisme* — ont tendu, de multiples façons[6], à ramener la diversité des cultures à un modèle unique, placé au plus haut échelon d'une incertaine « évolution » : l'homme civilisé. Cette idéologie, fondée, nous disent les peuples naturels (les « primitifs »), sur une dangereuse illusion, s'est concrétisée ensuite hors des frontières, pour donner le colonialisme classique *(exocolonialisme)* qui s'est pleinement exprimé au XIXe siècle.

Ainsi la rencontre du « sauvage » et du « civilisé » est-elle celle de deux systèmes de valeurs, deux modes d'être et de penser, inconciliables. Les valeurs du premier, seules authentiques, posent le principe hautement moral du respect de l'ordre, de l'harmonie et de la beauté du monde créé par le Grand Esprit, qu'il s'appelle *Wakan Tanka* (chez les Sioux) ou *Kitche Manitou* (chez les Algonquins) ; elles correspondent à cette philosophie de l'équilibre dont nous parlions plus haut. Les valeurs du second, qui ne sont cotées qu'à Wall Street (ligne de démarcation historique entre deux mondes[7]), sous-tendent un triple processus qui caractérise l'esprit colonialiste de tout État, occidental ou autre : l'*ethnocide*, ou destruction des cultures (avec la forme extrême du génocide qui est l'anéantissement physique des individus) ; l'*écocide*, ou destruction de l'environnement naturel (milieu physique, faune, végétation, etc.) ; *égocide*, ou destruction de l'individu, de son identité.

LE SAUVAGE À DEUX FACES

Partout et toujours, chaque fois que le « sauvage » — et nous sommes *tous*, au fond, des « primitifs » — rencontre le « civilisé » nous observons cet affrontement. Car la contradiction — totale ici — se traduit fata-

---

6. Voir, par exemple, Eugen Weber, 1983.
7. Wall Street, symbole même de la société capitaliste, correspond à l'ancienne frontière entre l'établissement hollandais de New Amsterdam (futur New York) et le territoire indien. Le site de l'actuelle métropole américaine fut « acheté » aux indigènes pour une poignée de pacotille.

lement de façon conflictuelle lorsqu'un des deux partis en présence prétend imposer à l'autre son point de vue. La mise en parallèle des deux citations suivantes met suffisamment bien en relief l'opposition et l'incompatibilité de deux systèmes. La première est une description de ce qui constituait le mode de vie, semi-nomade, de la plus grande partie des Indiens du Canada, Algonquins de l'Est et du Nord, Déné du Nord-Ouest :

« Les Montagnais étaient nomades et vivaient essentiellement de chasse, de pêche et de cueillette de fruits sauvages.
Leur migration était saisonnière, du moins à partir d'une certaine époque. Ils partaient à l'automne en direction de leur territoire de chasse respectif qui était délimité par les cours d'eau qui représentent une grande partie de la surface totale du sol de la région.
Règle générale, le peuple était divisé en divers clans représentés par une famille, des grands-parents aux petits-enfants. Avec leur modestes bagages (ils n'emportaient que l'essentiel), ils quittaient ainsi leur lieu de rassemblement saisonnier pour reprendre l'activité principale de leur survie. Ils passaient l'hiver entier sur leur territoire de chasse, en exploitant leur milieu faunique particulièrement riche en animaux à fourrure, pour n'en revenir qu'au printemps suivant.

Ils devaient assurer à la nature bienveillante et généreuse *un parfait équilibre* (je souligne) en reconnaissance de ce qu'elle faisait pour eux. Sur un territoire de chasse bien déterminé, les Montagnais prenaient bien soin de laisser des mâles et des femelles de chaque espèce animale pour ainsi assurer le repeuplement de leur milieu de vie. La nature était pour eux une mère donatrice, soucieuse de leur survie, tout comme la terre qui donnait à l'Homme le fruit quotidien de sa subsistance.

Les rassemblements saisonniers se faisaient généralement autour des grandes étendues d'eau, près du lac Saint-Jean ou à Tadoussac. Ces endroits, bien spécifiques, avaient pour caractéristique première une certaine facilité d'accès qui allait permettre une rencontre impliquant plus d'individus pour la traite ou le commerce des fourrures.

Ces regroupements avaient lieu l'été ; chacun en profitait alors pour revoir des amis ou des membres éloignés de sa famille. Ils donnaient évidemment lieu à des festivités d'ordre social ou culturel. »
Le Pays infini, pp. 47-48.

Les Micmac, les Montagnais, les Ojibwas, les Cri et une partie des Déné (Kutchin, Lièvres, Côtes-de-Chiens, Chippewyan, Kaska, Esclaves, etc.) pratiquaient un mode de vie semblable dans les grandes lignes à celui des Montagnais. Les Iroquois de la Confédération des Six Nations (Mohawk, Onondaga, Oneida, Cayuga, Seneca, Tuscarora), répartis entre l'État de New York, aux États-Unis, et les provinces canadiennes du Québec et de l'Ontario, étaient plus sédentaires et aussi cultivateurs ; les Indiens des Plaines, plus nomades eux (Cri des Plaines, Assiniboine ou Stoney, Sarci, Blackfoot, Sioux...), suivaient les migra-

suite p. 124

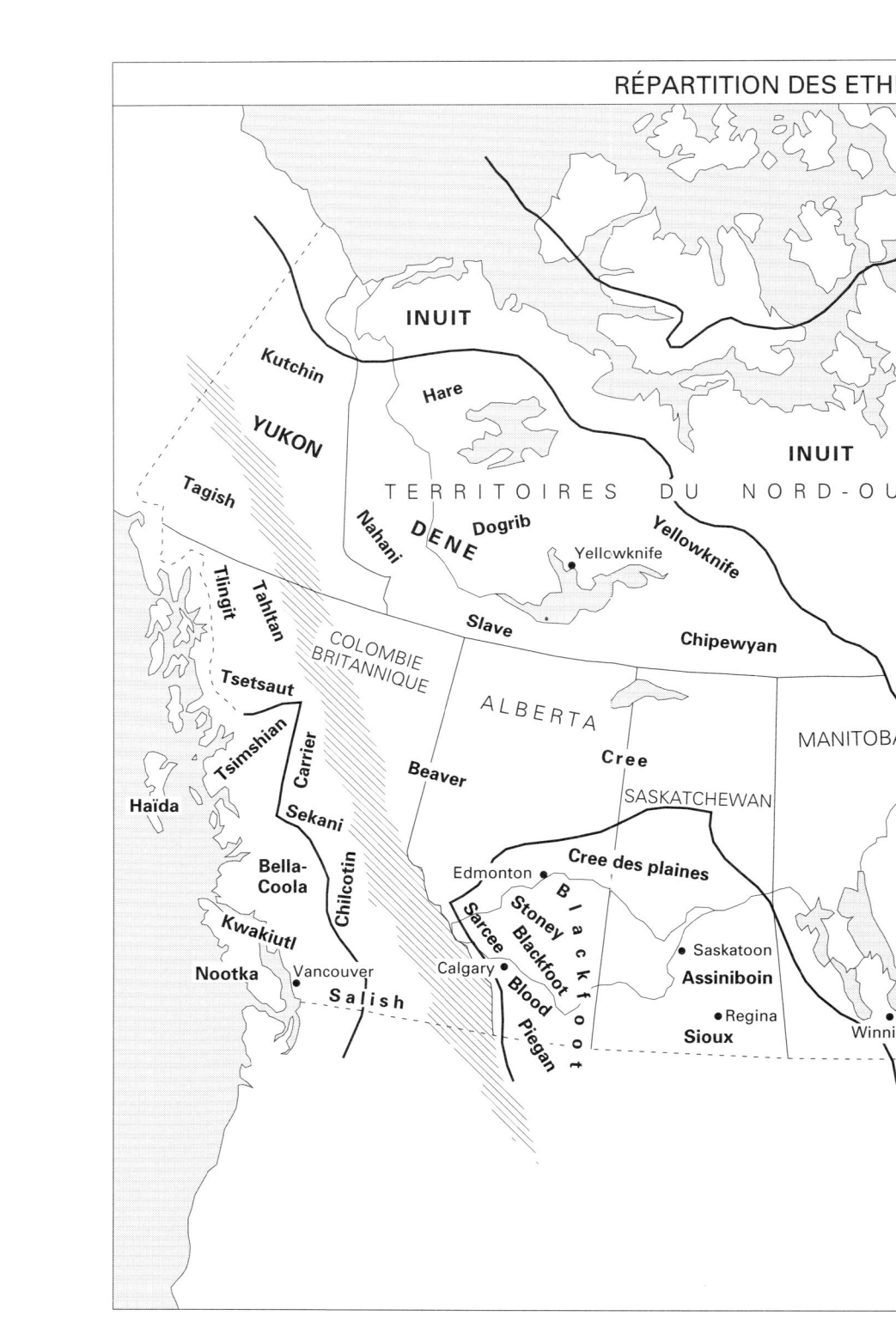

INUIT

Kutchin

Hare

INUIT

YUKON

Tagish

T E R R I T O I R E S   D U   N O R D - O U E

Nahani

DENE

Dogrib

Yellowknife

Tlingit

Tahltan

• Yellowknife

Slave

Chipewyan

COLOMBIE
BRITANNIQUE

Tsetsaut

ALBERTA

MANITOBA

Tsimshian

Carrier

Beaver

Cree

Haïda

SASKATCHEWAN

Sekani

Cree des plaines

Bella-
Coola

Chilcotin

Edmonton •

Blackfoot

Kwakiutl

Stoney

• Saskatoon

Sarcee

Blackfoot

Assiniboin

Nootka

Vancouver
•

Calgary •

Blood

• Regina

Salish

Piegan

Sioux

Winnipeg

INUIT

INUIT

L A B R A D O R

Naskapi

QUÉBEC

Montagnais

ONTARIO

Cree

PROVINCES

Micmac

MARITIMES

Huron
Québec •
Abenaki

Ojibwa

der-Bay•

Algonkin

Montréal •

Sault-Ste-Marie

Ottawa • Mohawk

Toronto •

Oneida
Onondaga

Tuscarora
Cayuga
Seneca

Iroquois

tions saisonnières des bisons ; enfin, les ethnies de la côte nord-ouest (Haida, Nootka, Salish, Kwakiutl, Bella-Coola, Tsimshian, etc.) vivaient dans des villages permanents et accordaient une large place à la pêche. Mais, au-delà des nuances, toutes ces populations mettaient en pratique cette philosophie écologique dont nous avons vu les grandes lignes.

A l'opposé, l'attitude d'esprit des colons européens qui prirent pied en Amérique est fort clairement exposée dans cette citation d'un historien américain :

« Le cours des choses, qui a abouti, dans notre siècle, à la création d'une société américaine vraiment américaine, a été long, difficile, sans précédent. Les premiers colons se trouvaient, du Maine à la Floride, en présence de forêts. Devant eux s'étendait plus de un million de miles carrés de forêts vierges (...) Dispersés dans ces forêts étaient quelques centaines de milliers d'Indiens, qui étaient limités dans leurs possibilités d'adaptation par la pauvreté relative du milieu, et par leur incapacité de transformer ce milieu. Ils n'avaient ni chevaux ni bétail ; ils ne pouvaient être que chasseurs, et il n'était pas possible de construire une société populeuse et progressive dans ces conditions. Ce n'était pas une incapacité congénitale (...) mais l'adaptation de l'Indien à son milieu n'était pas celle que le Blanc pouvait ou désirait faire. Avant de créer une société américaine, il fallait transformer l'Amérique. La forêt devait céder la place aux terres cultivées ; la charrue, le bœuf, le mulet, le mouton, la chèvre, la roue, la poudre, l'acier devaient rendre possible une nouvelle vie, qui assurerait l'abondance à des dizaines de millions d'hommes, là où quelques centaines de milliers de sauvages avaient vécu chichement. Il fallait faire l'Amérique avant de pouvoir y vivre. »
Brogan, 1946, pp. 34-35.

Ce qui vaut pour les États-Unis, dont il est ici question, vaut aussi pour le Canada. La différence, pour ce dernier pays, entre les manières française et anglaise de coloniser tient surtout — pas uniquement toutefois — à la différence de moyens dont disposaient l'une et l'autre puissance. L'Histoire montre clairement que la politique des autorités qui se sont succédé en Nouvelle-France, entre les XVIe et XVIIIe siècles, était bien d'assimilation, de *francisation* des populations autochtones. Partenaires commerciaux, alliés dans la guerre, les Amérindiens, sous le régime, français, étaient bien voués à être christianisés et civilisés, sous la houlette des missionnaires.

Le fait le plus remarquable de la colonisation « à la française » du Nouveau Monde est peut-être moins l'échec des politiques indigénistes, dont Champlain fut un précurseur, que l'inversion du projet d'assimilation. Il est question dans ces pages des Bois-Brûlés, cette population métisse franco-amérindienne qui, ayant adopté la vie nomade de chasseurs de bisons, avait réalisé le vœu secret du baron de La Hontan qui, à la fin du XVIIᵉ siècle, avait fréquenté les Indiens :

> « J'envie le sort d'un pauvre sauvage qui foule aux pieds les lois et les sceptres, et je souhaiterais pouvoir passer le reste de ma vie dans sa cabane. »
> La Hontan, p. 31.

Les autorités religieuses et laïques françaises ne cessèrent de s'alarmer devant l'hémorragie des forces vives de la colonie due à l'*ensauvagement* d'un grand nombre de coureurs de bois qui épousèrent des femmes indigènes et abandonnèrent leurs manières « civilisées » pour adopter celles, moins sophistiquées, des sauvages.

Il est clair que si le sauvage se présente comme l'antimodèle face aux normes de la civilisation, et si, à ce titre, il doit être « refoulé », écarté ou anéanti, d'un autre côté il est, pour l'Occidental, l'expression de tout ce qu'il a perdu et vers quoi il continue secrètement d'aspirer : la liberté et l'indépendance, une vie naturelle dans un environnement naturel. Répressive, contraignante, la civilisation n'a cessé d'engendrer sa propre contradiction, la contestation sous toutes ses formes, des utopies aux barricades. Le sauvage est le symbole même de cette contestation, la preuve vivante qu'il est une autre société possible, et c'est *surtout* pour cela que l'État colonial — et tout État est colonial par principe — a cherché à le détruire. *Séduction* et *répulsion* sont, en tout cas, les deux pôles, constamment mêlés dans la littérature comme en politique, du regard que le « civilisé » porte sur l'Autre, un « autre » qui, au fond, lui ressemble.

LA COLONISATION « À L'ANGLAISE »

La fin de la domination française au Canada, en 1763, le passage au régime anglais et les guerres de l'entre-deux-siècles affectèrent profondément les cultures indigènes de l'Est et des Grands Lacs et accentuèrent la crise consécutive au passage d'une économie de subsistance à une économie de marché (par l'instauration de la traite des fourrures) et aux politiques d'assimilation.

Les Indiens dépendaient déjà, pour une large part, des produits européens : poudre, balles et fusils pour ne mentionner que l'utile. Mais le gouvernement anglais, en la personne de sir William Johnson, nommé en 1755 « commissaire aux Affaires indiennes pour les colonies du Nord », instaura une politique d'austérité. Il hésitait surtout à armer les Algonquins alliés aux Français pendant la « guerre de Sept Ans ». Or les Indiens avaient besoin de fusils et de poudre pour chasser et subvenir à leurs besoins. De plus, interdiction fut faite aux trafiquants anglais de fournir de l'alcool aux Indiens, une pratique qu'avaient généralisée les coureurs de bois français. En réaction à une situation de désarroi moral et de déchéance physique, un chef ottawa, Pontiac, soutenu par le mouvement nativiste mené par celui qu'on appela « le Prophète delaware », faillit bien, malgré la défection des Français en 1760, reconquérir toute la région des Grands Lacs.

Les Anglais qui avaient encore besoin des Indiens, surtout dans l'Ouest où se poursuivait et se développait le commerce des fourrures, assouplirent leur politique indienne, afin que les chasseurs autochtones n'aillent pas porter leurs fourrures vers les comptoirs français et espagnols de Louisiane. L'usage de l'alcool comme bien d'échange fut autorisé et le système de la traite perfectionné au détriment des Indiens et pour le bénéfice des grandes compagnies concurrentes comme la North West Company, fondée en 1783, la Hudson Bay Company (HBC), la plus ancienne entreprise capitaliste d'Amérique du Nord, créée en 1670, et la XY Company (1798).

Par un savant système d'endettement, les Indiens devinrent les employés, sinon les esclaves, de ces compagnies qui les exploitaient avec un alcool frelaté. Jamais peut-être l'alcool ne fit autant de ravages chez les Indiens qu'au début du XIXe siècle, et le choc microbien accéléra le processus de dégradation morale et physique des sociétés autochtones. Vers 1780, une seule épidémie de variole décima l'ensemble des tribus de l'Ouest, dont les neuf dixièmes des Chipewyan. Il fallait aller chercher les fourrures de plus en plus loin et certains groupes iroquois et ojibwas émigrèrent jusqu'en Colombie britannique. Les Indiens devaient parfois accomplir des voyages de deux mois, chaque année, pour porter les produits de leurs chasses jusqu'aux comptoirs de traite.

Dans l'Est, la situation des Indiens était encore moins favorable. Après l'indépendance américaine, il se forma une frontière marquant l'avance extrême de la « Civilisation » vers l'Ouest qui démarra sur une ligne joignant le Saint-Laurent aux possessions espagnoles de Floride. Au début du XIXe siècle, cette ligne, du côté américain, ne dépassait pas la vallée de l'Ohio ; là, les Indiens situés sur la zone de contact étaient soumis à une politique systématique de spoliation de leurs terres, en même temps qu'ils étaient décimés par l'alcool et les maladies (parfois propagées volontairement par le pouvoir colonial), signes avant-coureurs de ladite « civilisation ». Le soulèvement d'une grande partie des tribus de l'Est et des Grands Lacs organisé par le chef shawnee Tecumseh et son frère « le Prophète » fut la plus grande et dernière tentative des Indiens de résister à l'invasion de leurs terrains de chasse, ou de cultures, par les colons anglo-saxons.

Cette révolte correspondit en partie à la guerre anglo-américaine de 1812, et elle fut sanctionnée, pour les Indiens, par un nouvel échec. Beaucoup de ceux qui avaient soutenu Tecumseh et les Anglais : Shawnee, Delawares, Pottawatomi, etc. passèrent des États-Unis dans le « Haut-Canada », future province d'Ontario. Le gouvernement britannique, comme il l'avait fait pour les Iroquois loyalistes après la guerre d'Indépendance américaine, donna des territoires aux nouveaux venus, et il se produisit un nouveau brassage de populations.

D'abord considérés comme alliés et partenaires commerciaux, sur la base d'une exploitation des ressources brutes du pays et d'une occupation limitée par les Européens, les Indiens, face aux impératifs de l'économie capitaliste naissante et au principe d'une « mise en valeur » par la culture du sol, furent de plus en plus considérés comme un « obstacle au progrès », ce qu'illustre cette réflexion d'un journaliste de Toronto en 1863 :

> « Nous nous sommes toujours faits les avocats d'un traitement libéral envers les Indiens. Pauvres gens ! ils ne survivent pas si longtemps parmi les Blancs que nous ne nous efforcions pas de leur donner tout ce que nous pouvons. Mais on ne peut leur permettre de rester sur le chemin de la civilisation de ce continent[8]. »

Le passage du régime français au régime anglais, au Canada, puis l'indépendance américaine en 1776, marquèrent un changement des rapports entre Blancs et Indiens. L'immigration s'accéléra dans l'Est à partir du début du XIXe siècle, aux États-Unis à un rythme plus grand qu'au Canada. La progression du front pionnier fut nettement plus rapide au sud des Grands Lacs, versant « américain », qu'au nord, versant canadien, où la conquête territoriale n'est d'ailleurs pas achevée, le Grand Nord figurant aujourd'hui « la dernière frontière ».

L'éthique puritaine anglo-saxonne qui animait ces nouveaux colons différait notablement de l'éthique catholique des pionniers français. Ceux-ci n'avaient jamais été plus de quelques milliers, mais la colonisation « à l'anglaise » allait se fonder sur une occupation à la fois intensive et extensive du territoire et une « mise en valeur » de celui-ci par les Européens. Telle fut aussi l'idéologie de la « conquête de l'Ouest » par les Américains.

Dans cette optique, les Indiens, du point de vue des Blancs, n'étaient plus « rentables », ils ne leur « servaient » plus à rien.

---

8. Un siècle plus tard, cela prouve que l'« esprit colonial » ne change pas, un fonctionnaire brésilien déclare : « Nous donnerons toute l'assistance qu'il faudra à l'Indien, mais il ne doit pas être un obstacle au développement de ce pays. »

Le droit se plia alors à ces impératifs et dans la première moitié du XIXᵉ siècle furent forgées des théories, toujours inspirées du message biblique, suivant lesquelles la terre appartenait à ceux qui la mettaient en valeur, c'est-à-dire, suivant la conception protestante précapitaliste, à ceux qui la cultivaient. Le « destin manifeste » *(Manifest Destiny)* des Indiens — et des peuples « sauvages » en général — était qu'ils se civilisent, qu'ils adoptent le mode d'être et de penser des Blancs, ou qu'ils disparaissent. Cette idée a teinté *toutes* les « politiques indiennes » des gouvernements responsables, américains, canadiens et d'autres si l'on considère l'ensemble de l'Amérique, jusqu'à aujourd'hui[9].

Quelles que soient les nuances d'expression, sur le fond, l'idéologie qui anime la conquête des pays et des populations est la même et elle s'exprime *partout* et *toujours* de la même façon : déboisement et mise en cultures, raréfaction et/ou destruction de la faune et des ressources naturelles (écocide) ; asservissement des âmes et des corps des « Naturels », ou autochtones, par l'évangélisation, la dépendance économique, sociologique et politique (ethnocide) ; choc microbien, dénatalité, violence, suicide, alcoolisme (génocide et égocide).

LES MISSIONS ET LA CONQUÊTE DES ÂMES

Dans un premier temps, à partir de la fin du XVIIIᵉ siècle, autorités civiles et religieuses vont œuvrer main dans la main pour « civiliser » ceux qu'on appelle alors couramment les « sauvages ». Dans l'Est, le front de l'évangélisation précède de peu celui de la colonisation effective du pays par les Européens : Anglais, Écossais, Hollandais, Allemands, Scandinaves, etc.

Si les missionnaires catholiques, qui continuent à dominer l'œuvre apostolique dans le Nord et dans l'Ouest, ne rechignent pas à prendre la pagaie ou à chausser les raquettes de neige, on voit plutôt les sévères pasteurs protestants se faire véhiculer, manifester un autoritarisme paternaliste envers les Indiens. Chez eux, c'est sûr, la « répulsion » pour les mœurs sauvages l'emporte sur la « séduction »... Il n'y a aucun compromis possible entre la « sauvagerie » des indigènes et *la* civilisation qu'ils représentent et qu'ils ont pour mission de propager. La conversion doit être *totale*, elle doit concerner non seulement la religion mais aussi l'organisation sociale (interdiction de la poly-

---

9. Il est aisé de montrer que jusqu'ici les autorités françaises ont suivi le même type de politique envers leurs minorités tribales, en particulier en Guyane française (voir : Navet, 1990).

gamie), l'économie (passage d'une économie prédatrice à une mise en valeur du sol par la culture) — ce qui implique la sédentarisation de ces semi-nomades —, et encore les structures politiques (nomination de « chefs » qui sont les interlocuteurs du pouvoir colonial), etc.

À partir de 1820, les missions protestantes, méthodistes en particulier, se multiplièrent dans l'Est canadien. Le fer de lance de l'évangélisation méthodiste fut l'utilisation de catéchistes ou pasteurs autochtones convertis, mais, en général, les Indiens ne liaient pas leur conversion religieuse, souvent sincère, à un changement radical de leur mode de vie, et même les convertis montrèrent, pendant plusieurs décennies, une opposition passive à l'entreprise acculturatrice des missionnaires. Les Indiens allaient à l'église, *mais* ils continuaient de chasser et de pêcher comme ils l'avaient toujours fait ; on leur construisait des résidences permanentes, *mais* ils étaient absents de la mission une grande partie de l'année et les « chasseurs » ne devenaient pas agriculteurs...

Il faut donc conclure que, dans un premier temps, l'entreprise missionnaire n'eut que peu d'effet sur l'organisation socio-économique des Indiens situés en dehors de la zone de contact. Mais les colons arrivaient en nombre croissant, réclamant des terres à occuper et à cultiver. Afin de les satisfaire et de permettre la colonisation par les Européens, le gouverneur sir Francis Bond Head prétexta, sur la foi de rapports tendancieux, que les Indiens étaient « incivilisables » et il prôna une politique d'apartheid. Il lança ainsi la politique des traités qui allait se généraliser dans la seconde moitié du XIXᵉ siècle. Il s'agissait, au départ, d'écarter les Indiens du chemin d'une civilisation à laquelle ils refusaient de s'intégrer. Ainsi présentée, la politique officielle niait le bien-fondé et l'efficacité de l'action missionnaire qui tendait précisément à « civiliser » les Indiens, ou, suivant leur expression, à leur inculquer « des habitudes de frugalité et d'industrie ». C'est à ce moment que se fit la rupture entre les autorités civiles et religieuses.

LES RÉSERVES ET L'ASSIMILATION

Par le traité de l'île Manitoulin (lac Huron), en 1836, sir Francis Bond Head proposa, à l'exemple du « Territoire indien » créé aux États-Unis[10], de faire de

---

10. La « Loi de déportation » *(Removal Act)* votée par le Congrès en 1830, prévoyait le déplacement, consenti ou forcé, des Indiens de l'est à l'ouest du Mississippi, dans un « territoire indien » qui fut pourtant ouvert à la colonisation et devint, en 1907, le 46ᵉ État de l'Union.

cette grande île du lac Huron une réserve pour tous les Indiens qui voudraient s'y installer. Bien peu d'Indiens choisirent cette option, mais la politique de dépossession des terres indiennes s'accéléra, de façon toujours frauduleuse de la part des autorités ; les Indiens, largement « abreuvés », et sur la foi de promesses vagues et rarement tenues, signaient des traités dont on leur cachait le sens réel et par lesquels ils perdaient tout droit sur leurs anciens territoires de chasse ainsi livrés à la colonisation.

Tant qu'ils le purent les Indiens continuaient, au désespoir des missionnaires, à « vagabonder », à chasser, à pêcher, selon leurs migrations saisonnières. Mais dans l'Est, alors « Haut-Canada », future province d'Ontario, l'arrivée du front pionnier se traduisait par un défrichage intensif, la raréfaction des ressources naturelles (gibier, poisson...), et bientôt les Indiens, dans l'impossibilité de se livrer à leur mode de vie ancestral, furent contraints de se cantonner dans leurs réserves exiguës et de se mettre, bon gré mal gré, à pratiquer l'agriculture, l'exploitation forestière et la pêche commerciale. Par cette intégration, bien relative d'ailleurs, au système capitaliste des populations autochtones se trouvait en partie réalisé le vieux schéma colonial qui, des missions aux réserves, devait amener la disparition progressive des cultures amérindiennes.

Les cadres administratifs et politiques dans lesquels les peuples autochtones se trouvèrent enfermés, et ceci vaut pour l'ensemble de l'Amérique du Nord, traduisaient clairement une indéracinable volonté des autorités blanches d'assimiler les populations tribales, de les conformer au mode d'être et de penser occidental. Jusqu'en 1860, le gouvernement impérial était responsable, au Canada, de la gestion des affaires indiennes et agissait par l'intermédiaire de surintendants et d'agents locaux. À cette date, il fut décidé que cette charge reviendrait à la province du Canada, et, plus précisément, au ministère des Terres de la Couronne, ce qui est hautement significatif et démontre combien la politique indienne recouvrait la politique des traités. L'Acte de l'Amérique du Nord Britannique, consacrant la création de la Confédération canadienne, en 1867, établit que l'administration des affaires indiennes reviendrait à un secrétaire d'État qui dépendît successivement du ministère de l'Intérieur, du ministère des Mines, du ministère de la Citoyenneté et de l'Immigration. En 1966 a été créé le ministère des Affaires indiennes et du Nord (MAIN).

L'administration des affaires indiennes se structura dans les années 1870 autour des principes définis dans la « Loi sur les Indiens », ou Indian Act. Cette « loi » revue et corrigée, notamment en 1951 et 1983, demeure l'un des fondements de toutes les politiques indiennes, au niveau national comme à celui de

130

la gestion interne des réserves. Elle prévoit la création d'un « conseil de bande » comprenant un représentant pour chaque centaine de membres de ladite bande, et un chef, élus tous les deux ans. Dans les premières versions de la « Loi », les pouvoirs de ce conseil restaient très limités et les décisions entièrement soumises au paternalisme de l'administration.

La « Loi sur les Indiens » fournissait donc un cadre institutionnel à l'entreprise d'assimilation des autochtones en privilégiant notamment toutes mesures, tous financements favorisant la transformation de peuples chasseurs en agriculteurs (achat de semences, d'équipements agricoles, développement des voies de communication, « modernisation » de l'habitat, etc.). Les quelques photos reproduites dans ces pages montrent que jamais les Amérindiens de l'Est canadien n'ont paru plus « proches » de l'état « civilisé » qu'au début de ce siècle. Mais, derrière l'image, se devine une autre réalité ; les « terres indiennes », celles qu'on avait bien voulu leur laisser, outre leurs faibles dimensions, étaient souvent peu propices à une exploitation agricole rentable, et les agents des affaires indiennes, fréquemment d'anciens militaires reconvertis, considéraient davantage leurs fonctions comme un moyen d'enrichissement personnel que comme une mission de civilisation. Les rapports officiels de la fin du XIXe siècle et du début de celui-ci témoignent éloquemment du mépris dans lequel ces gestionnaires des réserves indiennes tenaient leurs ouailles.

Ces facteurs auxquels il faut ajouter le développement des grandes exploitations, les effets multiples des deux guerres mondiales et la crise économique des années 1930 conduisirent les Amérindiens à une totale dépendance économique et à un appauvrissement généralisé. Aujourd'hui encore, bien des communautés autochtones, dans le Nord en particulier, vivent, au sein des États-nations les plus « modernes » et « industrialisés » du globe, dans des conditions en tous points comparables avec celles des pays du tiers monde.

ÉRIC NAVET

Maître de conférences en ethnologie à l'université de Strasbourg II.

*Indienne ojibwas de la péninsule de Bruce photographiée en studio
au début du siècle*

D.R.

Famille d'Indiens ojibwas. La photo est prise dans un studio de Wiarton ou Owen Sound (Ontario) au début de ce siècle, et elle témoigne éloquemment de l'impact de la politique d'assimilation généralisée propre aux gouvernements américains et canadiens

Haut : Indiens Ojibwas des réserves de Saugeen et Cape Croker volontaires de la guerre de 1914-1918. Les Amérindiens, des États-Unis comme du Canada, furent nombreux à participer aux deux guerres mondiales et, au Canada, on composa même un bataillon entièrement constitué de volontaires autochtones, le « Bull Moose » Battalion

Bas : Indien Ojibwas de la péninsule de Bruce, en uniforme de l'armée canadienne de la guerre 14-18, exposant ses médailles (dont l'une à l'effigie de la reine d'Angleterre)

Haut : *Groupe d'Indiens ojibwas avec leurs instruments de jardinage des réserves de Saugeen et Cape Croker (année 1920 ?). Les gouvernements canadien et américain tentaient alors de convertir les Indiens chasseurs en cultivateurs dans l'espoir de les assimiler à la société dominante*
Bas : *Indiens ojibwas de la réserve de Cape Croker (lac Huron, Ontario) et leur tableau de chasse... à la grenouille (années 1920-1930)*

2

DE WOUNDED KNEE AU CINQUIÈME CENTENAIRE

PHILIPPE JACQUIN

ÉTRANGER SUR LA TERRE DE SES ANCÊTRES

EN UN SIÈCLE, QUATRE CENTS TRAITÉS ONT ÉTÉ SIGNÉS ENTRE LES ÉTATS-UNIS ET LES AUTOCHTONES : AUCUN N'A ÉTÉ RESPECTÉ. EN 1969 ENCORE, LES INDIENS OCCUPAIENT L'ÎLE D'ALCATRAZ, EN 1973 UN BÂTIMENT DU BUREAU DES AFFAIRES INDIENNES A WOUNDED KNEE (DAKOTA DU SUD). AU QUÉBEC AUJOURD'HUI, LA RÉVOLTE GRONDE DANS LES RÉSERVES DE KAHNAWAKE ET KANESATAKE. RÉGULIÈREMENT, LA QUESTION INDIENNE REVIENT SOUS LES FEUX DE L'ACTUALITÉ.

Pendant l'été 1896, Charles F. Meserve, un universitaire de Caroline du Nord, enquête dans l'*Indian Territory* : « Que voit-on ? Des Blancs, des Blancs partout ! La personne la plus rare est l'Indien et nous sommes dans l'*Indian Territory*. Vous voyez partout des groupes de Blancs, coupant, faisant la fenaison, chargeant des marchandises pour Kansas City ou Chicago... Cette terre appartient à l'Indien mais ce sont des Blancs qui coupent et préparent le bois de charpente, s'occupent des mines de charbon, des Blancs qui moissonnent le blé, le maïs, des Blancs qui élèvent du bétail sur de magnifiques prairies et envoient des bêtes grasses vers Chicago. Le Blanc est omniprésent, l'Indien un étranger sur la terre de ses ancêtres. » Pourtant, Meserve se trouve sur un territoire indien concédé par le gouvernement américain aux Cinq Tribus civilisées déportées de l'Est dans les années 1830-1840, un territoire baptisé Oklahoma, la Terre de l'Homme Rouge en langue cherokee. Mais depuis 1889-1890, la Terre de l'Homme Rouge s'est réduite, les réserves indiennes ont été morcelées par la loi Dawes de 1887.

La loi prévoit l'attribution de soixante-dix hectares à chaque Indien chef de famille, le lot est inaliénable pendant vingt-cinq ans. Les nouveaux propriétaires décidés à rompre avec la tribu se voient même attribuer la citoyenneté américaine. Quant au surplus de terre, il est vendu et le revenu doit être consacré à l'éducation des Indiens. L'objectif de la loi apparaît clairement : briser les dernières velléités de résistance, dissoudre les structures tribales et, en définitive, accompagner le nouveau propriétaire indien sur le chemin des valeurs américaines, lui faire abandonner son identité culturelle pour l'individualisme et la démocratie. L'Indien ne pouvait demeurer un éternel vaincu, la société américaine s'ouvrait à tous les miséreux et autres exclus du Vieux Monde, elle intégrait même les anciens esclaves, l'Indien n'avait pas d'autre salut : s'intégrer ou disparaître ! Cette alternative était l'aboutissement de la réflexion des scientifiques et d'une majorité de philanthropes persuadés que la meilleure protection de l'Indien résidait dans les vertus et les lois de la démocratie.

Pendant toute la période coloniale, les Indiens avaient fait l'objet d'observations et d'études de la part des missionnaires et de quelques érudits locaux. Bien que les écrivains et les philosophes n'aient pu interpréter les sociétés indiennes sans préjugés, dans le courant du XVIIIᵉ siècle certains considèrent l'Indien comme un être raisonnable, seuls le manque d'éducation et l'ignorance le distinguant de l'Européen. Au XIXᵉ siècle, l'histoire et l'anthropologie américaines se développent dans un climat bien particulier. La guerre d'Indépendance, la conquête de l'Ouest sont vécues comme une lutte perpétuelle contre les Indiens et la Nature. La violence, le racisme, la force des préjugés emportent la majorité des Américains à ne considérer l'Indien que comme « un locataire des forêts vierges », selon l'expression de l'historien Francis Parkman (1823-1893), digne de respect pour son courage mais loin de la civilisation. « Les sauvages » peuvent-ils être un sujet d'étude, leurs mœurs « primitives », leur absence d'écriture les relèguent vers une catégorie à la frontière de l'espèce humaine. Formulée par les philosophes des Lumières, la doctrine de l'évolution culturelle reprise par l'historien Albert Gallatin demeure pendant tout le siècle le dogme des universitaires tant historiens qu'anthropologues.

Persuadés de l'infériorité des sociétés indiennes, les chercheurs se tournent vers les groupes, tels que les Iroquois, qui ont développé une structure politique complexe. Henry Schoolcraft (1793-1864) collecte tradition orale et informations auprès des Indiens situés autour des Grands Lacs. Il est un précurseur parce qu'ils rapproche l'histoire et l'anthropologie. Il n'hésite pas à affirmer : « L'histoire des Iroquois est jusqu'à un certain point notre histoire. » Mais il demeure persuadé que les Blancs ont « la mission de répandre le progrès ». Lewis H. Morgan (1818-1881) n'est pas loin de partager cette opinion bien qu'il rende un hommage vibrant, dans son ouvrage *la Ligue des Iroquois* (1851), au système politique inventé par ces Indiens. L'étude de Morgan influencera les anthropologues jusqu'à la fin du siècle et Frank Boas (1858-1942) s'en fera l'héritier.

Boas, à l'image des ethnologues qui travaillent sur le terrain à partir des années 1875-1880, parmi les Indiens, recueille les récits des anciens et construit un portrait des sociétés indiennes sans tenir compte des transformations produites par les contacts avec les Européens. Le changement culturel est alors perçu comme un inexorable processus de désintégration dont la finalité est la disparition physique des Indiens et l'assimilation des survivants à la société américaine. Boas ne se préoccupe guère des objets, tels que les machines à coudre, les fusils ou les pièces de monnaie, présents chez les Indiens, et ne s'interroge pas plus sur la signification et les transformations qu'ils induisent. Boas et d'autres désapprouvent « leurs collègues qui jouent aux Indiens », cherchent à s'identifier à la culture qu'ils étudient, cette proximité leur enlevant toute objectivité. De même, les anthropologues ne doivent pas intervenir dans les affaires politiques ni dans les rapports des Indiens avec le gouvernement. Frank Cushing (1857-1900) est blâmé parce qu'il s'intègre à une famille zuni de 1879 à 1884. En réalité peu d'historiens et d'anthropologues osent s'engager à défendre vigoureusement les sociétés indiennes menacées par la politique gouvernementale et les colons. James Mooney et Alice Fletcher demeurent des exceptions.

LE PASSÉ AMÉRICAIN

Alors que la majorité des chercheurs acceptent le destin tragique des Indiens avec fatalisme, James Mooney (1861-1921) entreprend un vibrant plaidoyer en faveur des Indiens dont il étudie le mouvement messianique de la *Ghost Dance* à la fin du XIXᵉ siècle. Irlandais, Mooney est fort sensible aux minorités ; il regarde les sociétés indiennes comme des entités dynamiques, luttant désespérément contre l'acculturation et la tutelle gouvernementale. Alice Fletcher (1838-1923) porte la même sympathie active aux Indiens des réserves. En 1881, elle se rend dans la réserve des Omaha et leur offre de défendre leurs intérêts. Son action aboutit à l'*Omaha Act* en mars 1882 : les Indiens conservent leurs terres et, en remerciement, ils lui ouvrent leur cœur. Alice Fletcher passe des années à étudier les Omaha, elle est la première à s'intéresser à la musique et ses travaux sur la musique dakota, omaha et pawnee font encore autorité. Beaucoup d'anthropologues, même Mooney et Fletcher, vivent dans le sentiment que la culture indienne brille de ses derniers feux, leurs efforts retardant seulement une échéance inéluctable. Un point de vue par-

Oncle Sam donnant de l'alcool frelaté aux Indiens pour s'en débarrasser,
novembre 1898

tagé par les archéologues dont l'intérêt pour les artefacts américains se manifeste dans la seconde moitié du XIXᵉ siècle.

Benjamin Franklin, Thomas Jefferson s'étaient passionnés pour les puissants tumulus qui se dressent, ici et là, dans la vallée de l'Ohio et du Mississippi. Les archéologues amateurs entreprennent de nombreuses fouilles, cherchant à résoudre l'énigme de ces constructions géantes. Personne n'ose établir une filiation entre les Indiens de ces régions et leurs ancêtres bâtisseurs. Les archéologues échafaudent des hypothèses qui satisfont leur imagination et leurs préjugés. Ainsi pense-t-on qu'un peuple de géants venus d'Europe a édifié de tels monuments. En 1848, la création de la Smithsonian Institution contribue à imposer une certaine rigueur scientifique à l'archéologie et favorise la collecte des objets.

Après la guerre civile, l'engouement pour l'archéologie associé à une quête de l'identité américaine conduisent les grandes cités du Nord-Est à fonder des musées dans lesquels « le passé américain » serait mis en valeur. Les Indiens sont alors relégués au rang de spécimens, ils trouvent une petite place entre les squelettes des dinosaures et les fossiles précambriens. Le Peabody Museum de Harvard (1865), le National Museum of Natural History de New York (1869), ou le Field Museum of Natural History de Chicago (1879) conservent aujourd'hui encore un département consacré aux Indiens. L'année de la création du musée de Chicago, le géologue John Wesley Powell (1834-1902) fonde le Bureau of Ethnology de la Smithsonian Institution où travaillent des archéologues et des anthropologues. La majorité des archéologues ne cherchent qu'à retrouver des artefacts sans se préoccuper de l'environnement. L'absence d'analyse précise des objets les fait ranger sans classement distinct et souligne « le caractère primitif » de la technologie indienne. Certains soutiennent même que les objets complexes n'ont été fabriqués qu'après l'arrivée des Européens ; les Indiens n'avaient donc pas connu dans leur préhistoire les transformations technologiques spectaculaires qui bouleversèrent la préhistoire européenne et orientale. L'archéologie confirme l'absence d'évolution des sociétés indiennes et par là même leur caractère primitif et fragile, seule l'assimilation culturelle pouvait préserver les derniers descendants des premiers Américains.

DÉPOUILLÉS DU PATRIMOINE FONCIER

Avant que la tourmente emporte les tribus de l'Ouest, quelques voix s'élèvent pour exiger des droits et une éducation convenable pour les Indiens. Le pasteur Jedediah Morse, l'évêque épiscopalien Henry B. Whipple, le fermier John Beeson défendent, avant 1850, l'indépendance des tribus de l'Ouest. Toutefois, la force du mouvement antiesclavagiste occulte la question indienne dans l'opinion publique du Nord-Est. Après la guerre civile, l'armée est engagée dans des campagnes contre les Indiens, l'opinion suit les opérations dans la presse, elle est peu disposée à entendre un discours philanthropique à l'égard des « bandes sauvages », responsables de meurtres et de pillages. La résistance qu'offrent les Sioux, les Cheyennes, les Apaches et les Ute ne laisse entrevoir aucune possibilité d'assimilation. Dans l'ouest du Canada, l'agitation entretenue depuis les années 1860 par les groupes de métis inquiète également les autorités américaines. Les métis ne risquent-ils pas d'entraîner des tribus dans leur révolte ? Le soulèvement des métis de 1885, leur échec, et l'exécution de leur chef, Louis Riel, mettent un terme à leur alliance avec les Indiens. Ces années marquent également la fin de la guérilla dans les Grandes Plaines. Les Indiens de l'Ouest retrouvent le chemin des réserves. Les guerres indiennes et les exactions des militaires avaient soulevé de virulentes protestations d'une minorité d'Américains regroupés dans le National Indian Defense Association. Ses adhérents s'opposent, en intervenant auprès du Congrès, à la politique de destruction des tribus.

La publication, en 1881, de l'ouvrage de Helen H. Jackson, *Un Siècle de déshonneur*, se situe dans ce contexte. Helen Jackson connaît un certain succès en dénonçant l'attitude du secrétaire d'État à l'Intérieur, Carl Schurz, à l'encontre des Ponca du Nebraska « déportés comme du bétail ». Par contre, une majorité de défenseurs des Indiens estiment que « la politique des réserves » est le seul moyen de protéger les Indiens de la rapacité des pionniers et autres spéculateurs de l'Ouest. Les associations nées dans les années 1880, le Board of Indian Commissioners, la Women's National Indian Association, la Lake Mohonk Conference of the Friend of the Indians défendent le statut des réserves et militent pour une assimilation totale des Indiens. Ces associations sont animées par des philanthropes de la bourgeoisie de l'Est, aucun ne voit de salut pour l'Indien hors de l'intégration, la propriété étant le meilleur chemin pour atteindre la citoyenneté et obtenir tous les droits américains. Les membres de ces associations ont conscience, ou du moins s'en persuadent-ils, que les Indiens ne peuvent lutter contre les hommes politiques et l'administration.

Avec la fin des conflits de l'Ouest, la majorité s'engage dans l'accélération du processus d'assimilation. Ils trouvent un appui auprès de quelques Indiens christianisés et américanisés, le

Ponca Standing Bear, l'Omaha Susette La Flesche ; dans les réunions à travers le pays, ces Indiens se font les avocats de la nouvelle politique. Le *Dawes Act* de 1887 est accueilli favorablement, même Alice Fletcher se laisse séduire par le projet de loi. Elle pense que la distribution des terres des réserves entraînera les Indiens vers la citoyenneté et les amènera à prendre en main leur destin.

La loi Dawes conduit à un partage des terres des réserves, un partage qui se multiplie au fur et à mesure des héritages en minuscules parcelles dont les Indiens se débarrassent vite. Des spéculateurs saisissent l'occasion de s'emparer des terres les meilleures ; en une quinzaine d'années les tribus se trouvent dépouillées de leur patrimoine foncier : en 1887 les communautés tribales possédaient soixante-dix-huit millions d'hectares, en 1900 elles sont réduites à conserver trente-huit millions d'hectares. Le territoire indien se transforme en peau de chagrin. L'offensive juridique se double d'un assaut religieux. Civiliser c'est christianiser et les composantes des Églises protestantes se lancent dans une vaste campagne de prosélytisme dans des communautés en proie au désespoir et à l'abandon. De nombreuses écoles missionnaires sont ouvertes ; le gouvernement, à l'exemple de l'école fondée par le général Henry Pratt pour des prisonniers indiens, encourage la création de petites écoles où sont proposés des rudiments d'alphabétisation, d'agriculture et de couture. Selon l'expression de Pratt, il faut « tuer l'Indien et sauver l'Homme » ; à l'exemple de l'école du général, les enseignants développent également l'artisanat. Le développement de la pratique de l'anglais, l'éducation, la rupture des enfants d'avec le milieu familial accentuent encore le malaise social dans les réserves.

Toutefois, l'usage de l'anglais encourage le panindianisme et l'émergence de personnalités indiennes capables d'affronter les politiciens et d'analyser la situation du statut de l'Indien sur l'ensemble du territoire. En 1911, la fondation de la Society of American Indians se fait dans l'éclectisme culturel ; parmi les responsables les Indiens sont aussi nombreux et compétents que les Blancs : le Sioux Charles A. Eastman, l'Apache Carlos Montezuma, le Winnebago Red Cloud, le Seneca Arthur Parker, le Ponca Standing Bear, le Tuscarora JNB Hewitt se retrouvent tous dans la défense des Indiens. La Société lance des journaux, organise des rencontres, reçoit l'appui d'universitaires et de politiciens, défend l'idée que les tribus doivent se diriger elles-mêmes et que le gouvernement doit abandonner sa tutelle. Une idée reprise par l'idéaliste président Woodrow Wilson après la Première Guerre mondiale.

Au lendemain de la Grande Guerre dans laquelle des Indiens se sont portés volontaires, les idées de réforme redeviennent d'actualité avec l'action des Pueblos. Pendant le conflit, des spéculateurs tentent de s'emparer de terres tribales. En 1922 les Pueblos décident de tenir une assemblée générale, All Pueblo Council, qui dénonce la passivité des autorités locales et gouvernementales, et menacent même de se défendre. La presse se fait écho de l'affaire et les Pueblos deviennent l'exemple de la nouvelle résistance. Les réserves retrouvent un calme provisoire avec l'*Indian Citizen* Act en 1924, une mesure destinée à montrer la bonne volonté du gouvernement en faveur des responsables indiens désabusés par les promesses vaines. La citoyenneté apporte peu d'amélioration dans le sort des Indiens, ils ne sont plus seulement étrangers mais oubliés sur leur propre sol. Seul l'engouement pour les westerns semble faire revivre l'Indien dans l'imaginaire des Américains. Pourtant, en 1928, l'Indien revient sur les premières pages de la presse avec le *Meriam Report*. Deux ans auparavant, le secrétaire d'État à l'Intérieur avait demandé au Brooking Institute d'entreprendre une vaste enquête socio-économique dans les réserves sur l'ensemble du territoire. La lecture du rapport, et sa publication partielle dans quelques journaux importants, est accablante pour les services du Bureau des Affaires indiennes. Lewis Meriam, le responsable de l'étude, démonte le mécanisme de la concussion des chefs locaux, le système d'endettement et de clientélisme qui règnent dans les réserves où le manque d'hygiène, la pauvreté, l'alcoolisme et le suicide atteignent des taux inégalés dans aucune des communautés de couleur du pays. Lewis Meriam suggère des réformes pour mettre fin à l'endettement endémique des Indiens et protéger le patrimoine des tribus, grignoté en permanence par les États, les spéculateurs et les industriels en quête de ressources minérales.

Une partie de ces dispositions seront reprises dans l'*Indian Reorganization Act* de 1934 sous le mandat du président Roosevelt. Il charge le nouveau commissaire aux Affaires indiennes, John Collier, de mener à bien ces réformes. Collier restera à son poste jusqu'en 1945. Il est l'exemple même du philanthrope passionné par la cause indienne. Son séjour à Taos lui permet, dans les années 20, de découvrir « la culture indienne sur le terrain » au moment où de graves menaces pèsent sur la communauté pueblo. Cette initiation est décisive, elle en fait un défenseur zélé, « un militant qui croyait plus à la cause indienne que les Indiens eux-mêmes », selon l'avocat indien Vine Deloria. La nouvelle loi de 1934 abroge le *Dawes Act* de 1887 et met en place un système de gouvernement tribal sur le modèle des structures traditionnelles, tout en sacrifiant à la modernité et à la démocratie. Les dirigeants sont élus par l'ensemble des adultes de la tribu ; quant à l'administration, elle est précisée au terme d'une constitution adaptée à chaque communauté. Aujourd'hui, la majorité des tribus ont conservé le système mis en place par Collier malgré les critiques dont il fut l'objet par la suite. La loi place toujours les gouvernements tribaux sous le contrôle strict du ministère de l'Intérieur et du Bureau des Affaires indiennes. L'initiative de Collier mit fin à la parcellisation des terres tribales et encouragea l'autonomie des communautés indiennes, et, en cela, elle marque une nouvelle étape de l'histoire indienne. La réforme suscitera des critiques et des contestations de la part de « groupes radicaux » d'Indiens qui viendront alimenter après le second conflit mondial une nouvelle génération de leaders, en quête d'une véritable identité indienne dans l'Amérique de la fin du XXᵉ siècle, pour que l'Indien ne soit plus un étranger sur la terre de ses ancêtres.

BIBLIOGRAPHIE

Cet article repose sur de nombreux travaux américains dont nous signalons les plus représentatifs :

ROBERT E. BIEDER, *Science Encounters the Indians, 1820-1880*, University of Oklahoma Press, 1986.

HAZEL W. HERTZBERG, *The Search for an American Indian Identity*, Syracuse University Press, 1971.

FREDERIC E. HOXIE, *A Final Promise. The Campagne to assimilate the Indians. 1820-1920*, University of Nebraska Press, 1984.

ROBIN FISHER, *Contact and Conflict. Indian-European Relations in British Columbia, 1774-1890*, University of British Columbia Press, 1977.

ALVIN M. JOSEPHY, *The Nez Percé Indians and the Opening of the Northwest*, Yale University Press, 1971.

FRANCIS P. PRUCHA, *American Indian Policy in Crisis*, University of Oklahoma Press, 1976.

RICHARD WHITE, *The Roots of Depency. Subsistence, Environment and Social Change among the Choctaws, Pawnees and Navajos*, University of Nebraska Press, 1983.

PHILIPPE JACQUIN

ÉRIC NAVET

ÊTRE
ET RESTER AMÉRINDIEN

EN TANT QUE MINORITÉ ETHNIQUE ET CULTURELLE, LES AMÉRINDIENS SE TROU-
VENT TOUJOURS DANS LA SITUATION D'UN PEUPLE COLONISÉ, ET CECI EST PARTI-
CULIÈREMENT ÉVIDENT DANS LE « GRAND NORD » CANADIEN. L'ÉCOCIDE, L'ETH-
NOCIDE ET L'ÉGOCIDE DEMEURENT LES GRANDS PRINCIPES DU « DÉVELOPPE-
MENT » CAPITALISTE FACE AUQUEL LES PREMIERS HABITANTS DE L'AMÉRIQUE
OPPOSENT UNE PHILOSOPHIE ÉCOLOGIQUE, UNE ÉTHIQUE DE LA SURVIE.

Le cimetière des Indiens du lac Babine, à Burns Lake, bourgade des montagnes Rocheuses canadiennes, en Colombie britannique, est situé le long d'une ligne de chemin de fer, aujourd'hui désaffectée, qui reliait Prince George à la côte pacifique. Les tombes sont couvertes de « toits » en bois ou en verre ; elles sont ornées de fleurs artificielles, et sur les plaques est parfois gravé l'animal-totem du défunt. Les Indiens, ici, sont très pratiquants ; les missionnaires, surtout catholiques, sont venus assez tôt dans la région.

Une grande partie de l'histoire de la communauté est lisible sur ce lopin de terre qui n'est pas la propriété des Indiens. On leur vole même leurs morts, disent-ils. Les inscriptions révèlent qu'on ne vit pas très vieux, il y a beaucoup d'accidents, volontaires ou involontaires. Trois frères sont morts ensemble et reposent côte à côte ; ils avaient tous une vingtaine d'années et leur avion s'est écrasé quelque part dans la montagne. Lorna, elle, avait dix-huit ans, elle s'est donné la mort d'un coup de fusil de chasse qui l'a décapitée au milieu de la chaussée dans la réserve.

La réserve : des maisons en planches serrées les unes contre les autres avec, entre les « pâtés » (les *blocks*), des chemins de terre qui s'entrecroisent ; des enfants morveux et rieurs, nombreux, du linge en ribambelles aux couleurs passées qui sèche, et des chiens efflanqués, eux aussi en quantité ; et, déjà, quelques carcasses d'automobiles et de vieilles machines à laver hors d'usage qui rouillent dans l'herbe autour des maisons.

Dans cette « réserve » vivent sept cent cinquante Indiens Porteurs. Voici une quinzaine d'années, ils résidaient plus au nord, au bord du lac Babine, chassant et pêchant dans un pays d'eau et de bois. Ils se sont déracinés et agglutinés, aux limites de la ville, sur une terre qu'une pluie fine et froide transforme souvent en boue. Sont-ils venus de leur gré, ou les a-t-on incités ? Aujourd'hui, ils sont là, dans des logements construits à la va-vite, désœuvrés.

Malgré un centre de formation professionnelle où une vingtaine d'Indiens apprennent à conduire les camions, à couper le bois, etc., le chômage est endémique, et la plupart des familles dépendent pour leur survie des allocations du *welfare*, un mot que l'on pourrait traduire par « bien-être ». Du « bien-être », il n'y en a pas beaucoup ici. Un grand nombre d'hommes passent leurs journées dans les deux bars de la ville ; il y a des rixes, des problèmes avec la police et avec la justice.

Même les enfants arrivent parfois ivres à l'école, une école fréquentée presque à 100 p. 100 par des autochtones et gérée par l'Église catholique. Il y avait eu, lorsque je me trouvais à Burns Lake, plusieurs tentatives récentes de suicide dans la réserve : un homme s'était tiré deux coups de fusil dans le corps, on l'avait sauvé ; une mère de huit enfants avait avalé le contenu d'une bouteille de Lysol, un produit détergent, et elle était morte, l'intérieur brûlé.

A près de trois mille kilomètres de là, sur l'île Manitoulin, dans le lac Huron, vivent plus de trois mille Indiens Ojibwas. Le décor de la réserve de Wikwemikong ressemble, de façon frappante, à celui de la réserve des Porteurs : mêmes maisons en bois alignées le long des chemins, même étalage des dépouilles de la civilisation, rouillant, pourrissant dans l'herbe haute. En douze mois, l'année 1976-1977, trente-quatre personnes ont tenté, ici, de mettre fin à leurs jours, sept y sont parvenues...

Entre quinze et trente ans, il y a dix-sept fois plus de suicides chez les Amérindiens que pour la moyenne nationale canadienne. Et il y a bien des façons de se suicider, dont beaucoup n'entrent pas dans les statistiques. Il n'est pas rare qu'un homme ou une femme, ivre mort, s'assoupisse au bord de la route ; si c'est l'hiver, on retrouve son corps gelé le lendemain matin. Cette mort est-elle le suicide de l'Indien ou le crime du Blanc ?

Car on peut ainsi aligner les chiffres, tous situent la population autochtone au bas des différentes échelles d'évaluation du « bien-être ». L'espérance de vie d'un Amérindien canadien est de vingt ans inférieure à celle de la moyenne nationale ; le taux de mortalité néo-natale est de 60 p. 100 supérieur à cette moyenne, et de six fois celle-ci pour la mortalité post-natale[1], soit 17,2/1000 (Canada : 7,9). Les enfants survivants auront une chance sur trois de mourir par accident, empoisonnement, ou pour cause de violence (Canada : 9 p. 100). 60 p. 100 des Amérindiens, considérés comme indigents, reçoivent des allocations de secours ; 61 p. 100 perçoivent moins de trois mille dollars par an ; 32 p. 100 seulement de ceux qui sont en âge de travailler ont effectivement un emploi, etc.

Lorsqu'on parcourt d'est en ouest le territoire canadien, de Toronto à Vancouver par exemple, suivant l'inévitable route transcanadienne, on passe, de temps à autre, un panneau indiquant que l'on traverse une réserve indienne : *Spanish River, Garden River, Pays Plat Indian Reserve*, etc. Certes, le décor change ; quelque part entre Kenora, dans l'Ontario, et Winnipeg, capitale du Manitoba, la forêt dense laisse progressivement place à la prairie, et, au-delà de Calgary, dans l'Alberta, on atteint les contreforts vallonnés des montagnes Rocheuses, mais, d'un bout à l'autre, les réserves indiennes — là où vivent environ les deux tiers des Amérindiens du Canada — présentent un même spectacle auquel tout observateur de bonne foi sera enclin à associer les idées de « misère », de « pauvreté », de « sous-développement », etc.

ÉCOCIDE ET ETHNOCIDE

À Dryden, dans l'ouest de l'Ontario, les usines de pâte à papier de la compagnie Reed évacuent leurs excréments en un petit ruisseau jaunâtre qui se déverse dans la rivière Wabigoon, un mot algonquin qui, ironiquement, signifie quelque chose comme « la rivière des fleurs ». L'odeur est épouvantable.

En aval, dans la réserve indienne de Grassy Narrows, les gens mangent le poisson qu'ils continuent de pêcher dans les eaux polluées par la compagnie Reed. Ces eaux contiennent du mercure, un poison lent qui s'accumule dans l'organisme de ceux qui l'absorbent, les poissons, puis les hommes. Il y a déjà assez de mercure dans la rivière pour l'empoisonner cent ans et plus. Les effets de l'empoisonnement par le mercure sur l'homme sont apparus dans les années 1950 dans un petit village de pêcheurs japonais appelé Minamata. Ce n'est qu'en 1956 qu'on s'est rendu compte qu'il s'agissait d'une épidémie et qu'on a commencé à parler de « la maladie de Minamata ».

---

1. Le qualificatif de « néo-natale » concerne la période comprise entre zéro et vingt jours après la naissance ; la période post-natale va de quatre semaines à un an.

Des tests effectués en 1976 sur les Indiens de Grassy Narrows et de Whitedog, deux réserves ojibwas, ont montré que trente et un des quatre-vingt-sept cas examinés présentaient des symptômes qui pouvaient être ceux de la maladie de Minamata. Contre l'avis de spécialistes japonais venus sur place, les docteurs canadiens déclaraient que « les symptômes pouvaient être dus à d'autres troubles neurologiques, alcoolisme ou malnutrition, aussi bien qu'à l'empoisonnement par le mercure ». Une façon de rejeter sur les victimes la responsabilité du crime...

L'existence de la maladie est aujourd'hui attestée dans de nombreuses régions du Canada et, tandis que les touristes américains continuent leurs « exploits » à la recherche de la « grosse pièce » qui viendra orner leur salon, c'est un mode de vie tout entier qui est menacé.

Le mercure, bien sûr, n'est pas la seule cause de pollution. Les Ojibwas de Serpent River, au nord du lac Huron près de la ville minière d'Elliot Lake où l'on extrait l'uranium, se sont vu interdire de boire l'eau de la rivière et l'eau de puits à cause du taux anormal de radioactivité. En de nombreux endroits, au Canada, la pêche a été interdite parce que les eaux contiennent des déchets chimiques dangereux pour l'organisme humain, « produits de la civilisation occidentale en marche vers le progrès et une vie meilleure » (citation d'un journal autochtone).

Cette « marche vers le progrès » se traduit toujours par la dépossession des terres indiennes, considérant que des « chasseurs-pêcheurs » ne peuvent pas, ou *ne savent pas* « mettre la terre en valeur ». Le dernier grand rapt des terres autochtones au Canada remonte à 1975, date à laquelle les quelque six mille Indiens Cri et quatre mille six cents Inuit du Nouveau-Québec ont abandonné leurs droits sur trois cent mille kilomètres carrés dans la région de la baie James pour permettre la réalisation d'un gigantesque programme d'aménagements hydro-électriques. Outre une indemnité financière importante, les autochtones devaient participer aux bénéfices futurs de l'exploitation des ressources hydro-électriques — une façon de les intégrer, malgré eux, au système capitaliste — et on leur promettait le développement et l'amélioration des conditions de vie dans leurs communautés. Comment cela s'est-il traduit ?

Partout où ils le peuvent encore, les Amérindiens continuent de pratiquer un mode de vie qui leur convient, vivant dans le *bush* (la forêt) une grande partie de l'année, chassant et trappant. Mais la construction de barrages et l'inondation des territoires tendent à fixer les résidents dans des villages construits à la hâte où les conditions d'hygiène sont souvent déplorables : pas d'eau courante, pas de tout-à-l'égout et parfois... pas d'électricité ! L'eau des puits est contaminée et impropre à la consommation ; dans les communautés, les cas de gastro-entérites chez les enfants se multiplient. En 1980, huit enfants de moins de deux ans en sont morts. La tuberculose dans les villages autochtones du Nord atteint des chiffres qui ne peuvent être comparés qu'avec ceux des pays « sous-développés ».

LA SOCIÉTÉ INJUSTE

Depuis quelques années, les autochtones, des missionnaires aussi et quelques hommes politiques accusent les gouvernements canadiens et américains de pratiquer une politique eugénique à l'encontre de leurs minorités, en particulier les Inuit et les Amérindiens. Au Canada, cela touche surtout les communautés isolées du Nord ; on a remarqué, en effet, qu'une proportion très élevée de femmes autochtones étaient stérilisées pour des raisons prétendument médicales sans en avoir été préalablement informées. Les questions adressées aux autorités, bien que des enquêtes aient été menées, sont restées sans réponse comme toujours.

À Repulse Bay, une agglomération inuit de l'Arctique canadien, presque la moitié des femmes en âge d'enfanter sont maintenant stériles ! Dans une réserve attikamek du Québec, plusieurs femmes ont récemment déclaré dans des interviews qu'on les avait convaincues, après avoir accouché dans des cliniques blanches, de se faire lier les trompes de Fallope pour éviter d'autres grossesses.

Même lorsqu'ils voient le jour, les enfants autochtones peuvent être coupés de leurs racines et être intégrés malgré eux dans une société étrangère. La loi canadienne, comme la loi américaine, permet de placer dans des familles « adoptives » des enfants dont, estime-t-on, les parents, pour des raisons diverses, ne sont pas en mesure d'assurer l'éducation. Une forte majorité des enfants concernés par cette politique d'assimilation par « adoption » est autochtone. Et, bien sûr, l'appréciation de la nécessité de séparer ces enfants de leur famille est faite par des Blancs selon des critères de Blancs. Rares sont les cas où des petits Indiens sont confiés, sur une base temporaire ou définitive, à des familles amérindiennes.

Élevés par des Blancs, ces jeunes autochtones deviennent des déracinés, des sans-culture, et les statistiques révèlent une liaison très nette entre la destruction des foyers indigènes et la délinquance juvénile. En Alberta, par exemple, 38 p. 100 des enfants pris en charge par le ministère des Affaires sociales et de la Santé, 44 p. 100 des pupilles de l'État et 37 p. 100 des délinquants en probation sont des Amérindiens. Au mieux, ces « petits hommes blancs bronzés », suivant la formule de l'écrivain autochtone H. Cardinal, sont-ils assimilés à la société dominante et perdus pour leur culture. Il s'agit toujours d'une forme de génocide culturel.

Faute de pouvoir subsister dans les réserves, un grand nombre d'autochtones ont été amenés, par choix ou contrainte, à émigrer dans les villes. Certaines cités canadiennes comportent une assez forte proportion d'Amérindiens : Edmonton, Calgary, Regina, Winnipeg, Kenora, Toronto, etc. Sans qualification et en butte à une discrimination et à un racisme larvé ou affiché[2], ils tombent souvent dans une misère plus grande encore, comme l'exprime un auteur amérindien : « Les Indiens se trouvent enfermés dans un cercle vicieux de plus en plus profond de pauvreté, de chômage et d'assistance. Forcés, à cause du taux de croissance démographique galopant[3] et du déclin des perspectives économiques dans les réserves, à émigrer dans les villes, ils forment là un sous-prolétariat grossissant, plus ou moins en chômage permanent, ou largement sous-payé, totalement rejeté par la société blanche. »

Dans les villes plus qu'ailleurs encore, les stéréotypes tiennent lieu de jugement et rares sont les Blancs qui fréquentent les Indiens. Ceux-ci ont leurs bars, comme le *Silver Dollar* à Toronto, leurs bowlings, etc. 50 p. 100 de la population amérindienne de Toronto est sans emploi et misère et racisme se conjuguent souvent pour mener l'autochtone dans le seul endroit, hors le musée, où il ait une place « logique » dans le système blanc : la prison. Une enquête menée en 1977 dans le secteur métropolitain de Toronto a révélé un grand nombre d'abus de la part de la police envers les Indiens, et ce récit de T. Keejick, qui fut chef de la réserve de Grassy Narrows, se passe de commentaires :

> « Vous voyez ces deux dents qui me manquent sur le devant, c'est ce que j'ai gagné à Kenora. Il y a environ un an, nous étions en train de boire au *Lac des Bois*, le seul endroit où les Indiens puissent boire en ville. Comme nous sortions et que nous commencions à descendre la rue, une bande de types blancs nous ont entourés et ont commencé à nous donner des coups de poing. Nous n'avons rien fait,

---

2. Un exemple de racisme « ordinaire » anti-indien est donné par J. Burke (1976) sous la forme d'une note adressée par le gérant d'un hôtel de Winnipeg à ses employés : « Comme nous rencontrons d'innombrables problèmes avec les métis et les Indiens qui descendent dans cet hôtel, il a été décidé de leur refuser dorénavant toute chambre (...). Parce que cette attitude pourrait nous valoir d'être accusés de discrimination, nous devons opposer nos refus avec beaucoup de diplomatie. Néanmoins, ce doit être de véritables REFUS... » (Burke, 1976, p. 99)
3. Ce taux est le plus élevé de toutes les composantes ethniques de la population canadienne.

car nous savions que tôt ou tard les flics arriveraient et que si jamais nous commencions à nous défendre, c'est nous autres qu'ils emmèneraient. Vous imaginez cela, se faire tabasser juste parce que vous êtes indiens ? Nous ne pouvons changer notre peau et nos visages. Qu'est-ce qu'on leur a fait ? Au contraire, nous leur avons donné nos terres, la nourriture et tout. Que veulent-ils de plus ? »

Dans ses mémoires, An Antane Kapesh, femme innu (Montagnais) du nord du Québec, raconte comment un mode de vie ancestral fut transformé par l'intrusion de l'industrie minière dans les territoires de chasse traditionnels. Elle raconte ainsi la « civilisation » :

« Une fois, deux policiers municipaux ont blessé mon fils, ils l'ont fait entrer à l'hôpital pour une semaine. Selon toute apparence ils l'ont roué de coups de pied et frappé à la figure : ils lui ont fait une coupure d'environ deux pouces de long au front. Ils l'auraient battu à l'extérieur du bar puis ils l'auraient amené à l'hôpital. En le conduisant à l'hôpital, avant de le faire entrer, les policiers l'ont à nouveau roué de coups de pied (...) Quand mon enfant a eu le front fendu par les policiers, on lui a fait des points de suture. Une fois sa plaie suturée, les deux policiers l'ont ramené en prison (...) Après sa sortie de prison, mon enfant est parti à pied pour une distance de cinq kilomètres. Selon toute apparence, il devait déjà avoir de la fièvre. Quand il est arrivé chez nous, ses vêtements étaient tout tachés de sang, sa figure était tuméfiée, ses jambes pleines d'ecchymoses d'avoir reçu des coups de pied des policiers et sa tête couverte d'enflures. »
An Antane Kapesh, 1982, pp. 86-88

L'ODYSSÉE DES CRI DU LUBICON

La bande des Cri du lac Lubicon, à quelque distance au nord d'Edmonton, capitale de la province d'Alberta, offre un exemple démonstratif de ce qui se passe lorsque se trouvent confrontées une société traditionnelle de chasseurs et la civilisation industrielle. Considérant l'histoire récente de cette communauté, nous voyons combien le sort d'un milieu naturel est lié à celui des populations traditionnelles. Les Cri du lac Lubicon, malheureusement, ne sont pas des oubliés du progrès. « Oubliés », ils l'ont été lorsque fut signé le traité n° 8, en 1899, quand, conformément à sa politique générale, le gouvernement canadien, pour mieux les spolier « attribua » des réserves aux Indiens Castors, Sekani, Chipewyan et Cri d'une grande partie du nord-ouest du pays. N'ayant pas conclu d'accord[4] avec les autorités, les Cri de cette région isolée du nord-ouest de l'Alberta — entre Little Buffalo et le lac Cadotte, à l'est de Peace River — considèrent qu'ils sont *chez eux*, d'autant que, malgré ses promesses, le gouvernement fédéral n'a toujours pas attribué de réserve à cette petite bande de cinq cents membres.

« Être chasseur », ça n'est pas seulement pratiquer un certain type d'économie, c'est une philosophie, l'expression d'un mode d'être et de penser le monde, les autres et soi-même. C'est avec une particulière acuité que les Cri voient le sort de leur culture lié à celui d'un environnement aujourd'hui très menacé. B. Ominayak, qui est, à trente-sept ans, le chef de la bande, a connu la dégradation extrêmement rapide des conditions de vie de son peuple, et il se souvient :

> « Je suis né dans la cabane que mes parents avaient construite eux-mêmes ; la vie suivait un cycle. En automne, les hommes chassaient, préparant le plus possible de provisions pour l'hiver ; mon père, lui, partait dans sa cabane à Bison Lake — à environ cent cinquante kilomètres —, y passait trois ou quatre semaines, puis rentrait avec viande et fourrures. Ma mère, quant à elle, séchait et préparait les peaux, et mon père repartait. Ma mère, mon frère et moi étions très souvent seuls. Puis mon tour vint de partir avec mon père. Quand quelqu'un avait tué un élan, il appelait les autres, et on le partageait... En été, on célébrait la danse du thé ; c'était l'occasion de rassembler tous les membres de tous les camps. Tous venaient et participaient à la construction d'une maison pour la danse. Chacun apportait sa peau d'élan ou sa toile, car on vivait encore sous le tipi durant l'été... »
>
> Cité dans *Nitassinan*, 10/11, 1987, p. 32

En 1950, la province d'Alberta demanda à Ottawa des précisions sur le statut de la bande des « Lubicon », déclarant que l'administration provinciale était disposée à donner elle-même une réserve aux Indiens si l'on pouvait distribuer des licences d'exploitation. Faute de réponse des autorités fédérales, le feu vert fut donné aux compagnies pour l'exploitation des ressources minières de la région. Mais c'est surtout dans les années 1970, avec la hausse des prix du *barrel* (baril), que les multinationales se ruèrent sur l'or noir et le gaz américains. C'est alors que fut construite une route à travers les terrains de chasse des Lubicon, entre Peace River et Little Buffalo. C'est

---

4. Les fonctionnaires de la Couronne suivaient les fleuves — dans ce cas les rivières Peace et Athabasca —, et il n'était pas rare qu'ils ratent quelques campements dont la population ne pouvait alors pas prendre part à la signature des traités.

aujourd'hui soixante-dix compagnies qui se partagent le gâteau : Husky Oil, Norcen, Texas Pacific, Mobil Oil, etc. Plus de quatre cents puits ont été creusés dans les alentours de Little Buffalo :

> « La colonisation est là avec son bazar, ses matricules et ses motels préfabriqués. Sur la route, embouteillages continuels dus aux tracteurs, aux bulldozers, aux équipements d'unités sismiques et de forage. Le parfum des sapins meurt sous les effluves de mazout et de gazoline. Des pompes d'extraction se dressent partout et, partout, se campent des barrages fermés... »
> *Nitassinan*, 10-11, p. 33

Bien sûr, avec un tel remue-ménage, il n'y a pas que l'odeur des pins à s'être « évaporée », les élans eux aussi ont déserté les territoires de chasse et de trappe traditionnels des Cri. J. Laboucan, soixante et onze ans, trappeur :

> « Autrefois, j'avais bien du mal à ramener mes peaux sur mon toboggan/la région était très giboyeuse/... Aujourd'hui, je ne ramène que quelques écureuils vendus un dollar pièce ! Même la viande d'élan va me manquer ; j'en suis réduit à manger des conserves ! »
> *Ibid.*, p. 34

Mêmes causes, mêmes effets, les revenus provenant de la chasse sont, pour les Cri du Lubicon, le quart de ce qu'ils étaient voici dix ans et, en sept ans, leur dépendance envers les allocations de « bien-être social » *(welfare)* est passée de 10 à 95 p. 100. Une communauté qui, jusqu'à la fin des années 1970, avait pu vivre autonome, est aujourd'hui totalement dépendante d'une administration étrangère, et, pire encore, d'un système opposé à ses traditions, donc à sa *survie*. Il est clair que l'État colonial considère toujours la « survivance » d'une communauté de chasseurs dans un territoire riche en pétrole comme un « obstacle au progrès ». Rien n'a changé depuis que fut lancée la théorie du « destin manifeste » des Indiens...

MALGRÉ LA COLÈRE DES ESPRITS

Puisque, dans le système occidental, l'impératif du développement prime sur toute autre considération, il s'agit de créer les conditions concrètes de ce développement ; si l'on ne peut — ou ne veut — exterminer ceux qui s'y opposent, on peut les placer dans des conditions telles qu'ils n'ont plus d'autres choix que de devenir, eux aussi, des *agents* de ce « développement ». La Loi de règlement des revendications foncières des autochtones de l'Alaska, passée en 1971 aux États-Unis[5] et la *Convention de la Baie James* de 1975 (voir plus haut) ont posé les cadres juridiques de telles politiques.

Le gouvernement canadien n'a rien fait d'autre que de relancer le projet d'assimilation des autochtones lorsque fut proposée, en 1969, la « nouvelle politique » indienne — dite aussi « papier blanc » — du Premier ministre Trudeau et du ministre responsable du MAIN Chrétien, et lorsque le parti conservateur a fait passer, en 1977, la Loi n° 29 par laquelle, notamment, les réserves indiennes devaient accéder au statut de communes « ordinaires[6] ». Or, la dernière chose que souhaitent les Amérindiens, c'est précisément d'être traités comme des gens « ordinaires » ; ils constituent, disent-ils, des nations distinctes ayant avec le gouvernement canadien des rapports de nation à nation. Ils souhaitent préserver leur originalité culturelle et, pour ce faire, accéder à l'autonomie économique. Telle est bien la position des Cri de Lubicon, par exemple.

En 1981, le gouvernement provincial de l'Alberta, par une déclaration unilatérale, c'est-à-dire sans concertation avec les populations, fit des agglomérations de Little Buffalo et Cadotte Lake, peuplées surtout par des Cri de Lubicon, des hameaux provinciaux « ordinaires », en offrant à chaque famille un terrain de quelques hectares. Il s'agissait, vieille pratique coloniale[7], de morceler la propriété collective pour pouvoir en spolier « légalement » et individuellement les Indiens, à défaut de pouvoir obtenir une cession collective. Mais, jusqu'ici, la manœuvre a échoué, les intéressés ayant fait front commun pour refuser l'offre des autorités.

En outre, depuis 1980, les « Lubicon », comme on les appelle maintenant, ont engagé des poursuites judiciaires contre les compagnies pétrolières, visant à interrompre l'exploitation — et la

---

5. Le règlement des revendications foncières des indigènes d'Alaska en 1971 a abouti — outre la dépossession des autochtones de la plus grande partie de leurs terrains de chasse — à la création de corporations autochtones de type capitaliste, ce qui laisse peu de place aux cultures traditionnelles, mais beaucoup de place aux entreprises pétrolières. Un juriste déclarait à cette occasion : « Les historiens doivent être heureux d'avoir l'occasion de voir la vieille histoire se répéter aussi nettement. Non seulement nous allons écarter les Indiens proprement et sans frais, pour prendre leurs terres, mais nous allons aussi les *instruire* et les *sauver* (...) C'étaient les mêmes thèmes dans les années 1870-1880. »
6. La même idée assimilatrice a présidé à la politique dite « de francisation » des Amérindiens de Guyane française dans les années 1960-1970. Cette politique a abouti à la création de communes à majorité tribale qui se retrouvent souvent aujourd'hui dans la situation de « colonies » (voir : Navet, 1990).
7. Ce fut, par exemple, la politique de l'*Allotment Act* voté par le Congrès américain en 1887 : il s'agissait de faire éclater les structures tribales communautaires en imposant la propriété privée et une refonte des groupes en familles nucléaires à l'américaine, mais il s'agissait aussi, surtout, d'ouvrir d'immenses territoires à la colonisation. Les Indiens perdirent, par ce stratagème, les deux tiers des terres qui avaient pourtant été « mises de côté pour eux et leurs enfants aussi longtemps que les rivières couleraient et que le soleil se lèverait » (expression classique des traités).

destruction de l'environnement — tant que la question des droits fonciers n'a pas été réglée. En attendant, le processus de dégradation générale se poursuit. Marie-Rose, une « ancienne » *(Elder)* explique pourquoi elle s'est éloignée de la route : « Avec elle est arrivé n'importe quoi : l'alcool, l'argent, les Blancs. Les jeunes épouses ne savent plus fumer l'élan, et les jeunes en perdent le goût. Ils vont acheter des sucreries parce qu'il n'y a rien d'autre. Avec ça, ils avalent la maladie. » Le revenu moyen annuel qui était jusqu'en 1979 de cinq mille dollars est tombé dix ans plus tard à moins de quatre cents dollars.

Il arrive aujourd'hui que des femmes quittent leurs maris « économiquement inutiles » pour pouvoir bénéficier des allocations versées aux parents uniques. Les jeunes, démunis de tout point de repère culturel, se lancent dans « de folles courses-poursuites au volant de bagnoles délabrées sur les routes creusées par les compagnies pétrolières » *(ibid.,* p. 36). En 1985, six jeunes gens de Little Buffalo ont été — ou « se sont » ? — tués dans un accident de voiture. La tragédie a été durement ressentie par les quelques centaines de membres de la communauté. Mais le pire qu'on puisse faire à un peuple n'est peut-être pas de tuer les gens, c'est de lui voler ses morts. Les jeunes Cri morts ont été emmenés à Edmonton, à six cents kilomètres au sud, pour y être examinés par un médecin-légiste, et les corps n'ont pas été rapatriés...

Pour lutter contre les formes subtiles de génocide, les Cri de Lubicon, à l'initiative de leur chef B. Ominayak, ont décidé, le 4 avril 1986, d'organiser un boycott international des Jeux olympiques d'hiver qui devaient se dérouler à Calgary en 1988. Il s'agissait d'éveiller la conscience des nations à l'injustice dont sont victimes les Amérindiens du Canada et les peuples aborigènes en général, en s'attaquant à l'hypocrisie d'un symbole universel.

Les Cri du lac Lubicon s'adressaient aussi à tous les musées ethnographiques du monde pour leur demander de ne pas s'associer — par l'envoi d'objets — à une exposition intitulée : *The Spirit Sings*, et organisée par l'Institut Glenbow (Glenbow Institute), un musée qui comprend une très riche collection amérindienne[8], à l'occasion des JO de Calgary. Ce sont les mêmes compagnies pétrolières qui menacent la survie économique et culturelle des « Lubicon » qui sponsorisaient la manifestation, selon un principe toujours d'actualité : un Indien *vaut* beaucoup plus mort, ou dans une vitrine, que vivant.

S'ils recueillirent l'adhésion d'un bon nombre de musées américains et européens, qui refusèrent effectivement de prêter des

---

8. A. Hungry Wolf raconte dans l'un de ses ouvrages (1977) par quels procédés moralement douteux furent acquis une grande partie des objets aujourd'hui exposés au musée de Calgary. On peut, dans ce cas comme dans bien d'autres, parler de « pillage culturel », un autre avatar de l'ethnocide.

objets, d'autres, comme le « très respectable » Smithsonian Institute de Washington et le Musée du Vatican, s'associèrent à ce que les Amérindiens considérairent clairement comme une action génocidaire.

On le sait, les Jeux olympiques, malgré des intempéries où certains ont pu voir la colère des « esprits », ont bien eu lieu et, cynisme suprême, on a distribué des médailles frappées à l'effigie d'un Amérindien !

RÉSISTANCE

Depuis ce « grand événement sportif », la tuberculose a sévi chez les Cri du Lubicon, et, en quelques années, on a dénombré dans la communauté plusieurs suicides, six enfants morts-nés, trois accidents mortels sur la route, trois cas d'intoxication mortelle, des épidémies diverses... Au total vingt-six membres de la bande sont décédés de mort non naturelle...

Mais le chef Ominayak et les siens ont atteint l'un de leurs objectifs : porter devant la scène internationale les problèmes des peuples autochtones, peuples dont les Cri de ce petit coin d'une province canadienne ne représentent qu'un exemple des plus significatifs. La presse internationale a en effet « couvert » les actions de boycott menées à l'occasion des Jeux par les Indiens du Canada (voir, par exemple, *Le Monde, Libération, Le Monde libertaire, Politis...* en France).

Localement, les « Lubicon » ont obtenu le soutien d'une partie de la population non autochtone, et il s'est créé une association des Amis des Lubicon qui les soutient dans leur lutte. Lutte difficile où le gouvernement fédéral jusqu'ici refuse aux Indiens la satisfaction de leur revendication la plus élémentaire : la création d'une réserve de deux cent trente kilomètres carrés, alors même qu'il continue de subventionner outrageusement des compagnies étrangères pour l'exploitation des ressources du sol et du sous-sol (bois, pétrole, gaz...), des terres légitimement revendiquées par les Cri. B. Ominayak, devenu depuis quelques années l'un des symboles de la résistance des peuples autochtones, est convaincu que le but ultime de toutes les politiques reste la disparition pure et simple des sociétés amérindiennes :

« La politique du gouvernement depuis le premier jour a été de refuser toute forme d'autonomie aux Indiens, en vue de s'approprier la terre, les ressources, de rééduquer les enfants de façon à ce qu'ils n'aient plus à chasser, de façon à ce qu'on leur apprenne à consommer et à travailler de 9 heures à 5 heures, à parler anglais, à aller

à l'église, à regarder la télévision, une absorption culturelle totale (...). Si cela tarde trop, notre peuple sera perdu, même si nous gagnons/juridiquement/. »
Sans réserve, avril 1988

LES INNU ET L'OTAN

À quelques milliers de kilomètres à l'est du lac Lubicon, d'autres Amérindiens, des Innu (autrefois appelés Montagnais-Naskapis) du nord-est du Québec, se battent contre le même ennemi : une civilisation technocratique et industrielle qui entend imposer son modèle antinaturel. Ils ont affaire, non seulement aux pelleteuses, aux bulldozers et aux tronçonneuses qui dévastent le sol et la forêt, mais aussi, en l'air cette fois, au *nec plus ultra* de la technique militaire occidentale : les avions supersoniques des forces de l'OTAN qui ont choisi ces terres *supposées vierges* du Labrador et de la côte nord (l'estuaire du Saint-Laurent) pour vérifier l'efficacité et la compétitivité de leurs machines à tuer. Ici encore la « civilisation » s'exprime sous ses trois composantes : ethnocide (avec un aspect génocidaire), écocide et égocide.

Dans les années 1950-1960, le développement rapide des ressources minières, forestières et hydroélectriques de la côte nord et de son arrière-pays fut accompagné d'une sédentarisation des derniers groupes de chasseurs nomades de cette région du Québec.

> « Cette sédentarisation fut favorisée ouvertement par le MAIN qui prévoyait que les Indiens de cette région s'empresseraient de devenir des employés salariés des grandes compagnies exploitant ces ressources : Iron Ore, Wabush Mines, Quebec Cartier Mining, Quebec Iron and Titanium, Quebec North Shore, Rayonnier Québec, Hydro-Québec. La prolétarisation des Montagnais ne se réalisa pas comme prévu, cependant. »
> Charest, 1989, p. 16

Il se passa dans ces communautés innu du nord-est du Québec ce qui se passe *partout* et *toujours* quand un État industriel entre en contact avec une société traditionnelle : les Innu devinrent de plus en plus dépendants d'un système étranger, contraints donc, malgré eux, de participer à ce système : école obligatoire, assistance aux offices religieux, inclusion dans une économie monétaire, etc. Dans le même temps se trouvaient érodées les valeurs traditionnelles, la destruction de l'environnement (écocide) mettant un frein à la pratique des activités ancestrales : chasse, pêche et piégeage (ethnocide). Du coup, c'est toute l'organisation socio-familiale qui s'en trouvait perturbée et ainsi de suite.

La volonté des autorités coloniales d'inclure les peuples autochtones dans le système capitaliste en en faisant des ouvriers s'est heurtée à ses propres contradictions sous la forme d'une récession économique qui a amené la fermeture d'un grand nombre d'entreprises. En bref, les Innu ont réagi et un anthropologue, auquel nous empruntons une partie de ces données, pouvait conclure, voici peu d'années, à la pérennité de l'économie de chasse traditionnelle :

> « Les Montagnais de cette région ont appris progressivement à reconstituer l'équilibre social et culturel de leurs communautés tout en adoptant des pratiques nouvelles. Progressivement aussi ils ont pris en mains certaines de leurs nouvelles institutions : conseil de bande et administration locale, écoles, services sociaux, etc. »
> *Ibid.*, p. 17

Les Innu avaient fait la preuve qu'au XXᵉ siècle un mode de vie fondé sur la chasse, la pêche et un semi-nomadisme saisonnier était, tout simplement, *possible*, et même *souhaitable* puisque répondant mieux aux aspirations profondes des communautés. Or, le renouveau et la continuité de cette culture, dont les grands principes sont communs à une grosse partie des Indiens d'Amérique du Nord, se trouvent menacés à nouveau. En 1979, « dans le cadre de ses obligations envers l'OTAN, le gouvernement canadien a autorisé les forces aériennes d'Allemagne de l'Ouest et de Grande-Bretagne à utiliser, pour des vols d'entraînement à basse altitude de chasseurs bombardiers, la région environnante de Goose Bay qui présente une topographie analogue à celle de nombreuses régions d'URSS, ennemi potentiel » (Pac, 1989, pp. 188-189).

La base militaire de Goose Bay, dans le Labrador, est située en plein dans les territoires innu, le *Nitassinan*, « notre terre », disent les Amérindiens. Les conséquences de ces vols en rase-mottes sont innombrables et elles touchent à la fois l'environnement et les hommes : les troupeaux de caribous, l'une des ressources principales des autochtones, sont perturbés ; la faune en général se raréfie et les rendements de la chasse, du même coup, diminuent ; désorganisation socio-familiale ; altérations nombreuses de la santé physique et mentale du fait du stress occasionné par les passages bruyants et polluants des avions ; réactions de panique, problèmes auditifs, perturbation du sommeil, risques cardiaques pour les personnes âgées, un cas de fausse couche, etc.

Les Innu ont réagi, arguant notamment que n'ayant jamais « cédé » leurs terres par un traité quelconque, ils sont toujours les légitimes propriétaires des territoires qu'ils occupent et exploitent. En 1989, plusieurs familles ont occupé la base de Goose Bay, attirant ainsi l'attention internationale sur le problème de la militarisation du Nord canadien. Cela s'est traduit par des arrestations et des emprisonnements et, malgré le soutien de nombreuses organisations internationales (des églises, des syndicats, des associations écologiques et pacifistes, des partis politiques, etc.), et même de la Fédération internationale des droits de l'homme, les forces alliées de l'OTAN envisageaient récemment de multiplier les vols au-dessus du pays innu...

QUE VEULENT LES AMÉRINDIENS ?

L'analyse d'une presse autochtone en plein essor montre que partout les Amérindiens se battent pour défendre des valeurs et un mode de vie face à un système qui tend à les détruire : l'État industriel et ses exigences de « progrès » et de « développement ». Les Inuit (Esquimaux) du Grand Nord veulent créer un territoire autonome : le *Nunavuut*, pour y vivre à leur guise dans le respect de l'environnement. Les Déné des territoires du Nord-Ouest, quasi majoritaires chez eux, luttent depuis vingt ans pour que soient reconnus leurs droits sur ce que les « développeurs », compagnies minières, sociétés pétrolières multinationales, etc., considèrent plutôt comme une « dernière frontière » à conquérir... Symboliquement, un peu partout, les Amérindiens (Déné, Ojibwas, Innu, Iroquois, etc.) déclarent leur indépendance, manifestant par là un net refus d'intégration à une civilisation dont ils ne perçoivent et ne subissent que les aspects les plus négatifs.

« Nous voulons contrôler notre destinée », déclarait G. Manuel, alors président de la Fraternité des Indiens du Canada, devenue depuis quelques années Assemblée des Premières Nations. Il résumait ainsi une revendication fondamentale qui passe par des exigences qu'on peut ainsi résumer :

1 — Préservation de l'intégrité territoriale, ce qui implique que les droits fonciers des peuples autochtones, dans et hors des « réserves », garantis et reconnus par des traités et/ou le droit international soient respectés, notamment dans la nouvelle Constitution canadienne[9]. Ces droits s'étendent sur le sol et le sous-sol.

9. En 1982, la Constitution canadienne a été rapatriée de Londres — où elle était depuis la création de la Confédération en 1867 — à la capitale, Ottawa. Les peuples autochtones ont dû batailler ferme pour que les droits reconnus dans les traités et l'ancienne législation soient reconnus dans la nouvelle loi

2 — Reconnaissance, par les gouvernements, des peuples autochtones comme nations souveraines dans le cadre du Canada.

3 — Libre exercice par les autochtones de tous les droits particuliers reconnus dans les traités, notamment les droits de pêche et de chasse, ce qui implique que la loi fédérale — par exemple l'Acte de l'Amérique du Nord Britannique de 1867 — prévale sur les lois provinciales.

4 — Amélioration des conditions de vie dans et hors des réserves, notamment en matière d'habitat, d'équipement, d'assistance sanitaire.

5 — Meilleure adaptation de l'instruction scolaire aux cultures et aux sociétés autochtones, cela implique davantage d'écoles dans les communautés, un enseignement qui prenne largement en compte la culture, la langue, l'histoire des Amérindiens, la formation d'un nombre croissant d'enseignants autochtones.

6 — Une formation professionnelle et technique qui amène progressivement les autochtones à une autogestion politique et économique, selon leurs propres normes.

7 — Révision, sans suppression, de la législation appliquée aux autochtones, afin d'en effacer les aspects paternalistes et assimilateurs ; c'est dans cette optique que les associations indigènes révisent actuellement la Loi sur les Indiens.

8 — Assouplissement de la machine bureaucratique, ce qui implique que le MAIN libère davantage les cordons de la bourse et qu'il agisse plus en conseiller technique qu'en pouvoir de tutelle.

Il ne faut pas s'attendre à ce que le pouvoir cède facilement et les peuples autochtones, pas seulement les Amérindiens, doivent parfois, de plus en plus, porter leurs revendications hors des cours de justice des Blancs ; aux échos des tambours des pow-wow[10] répondent ceux des militants de l'American Indian Movement ; aux discussions trop souvent stériles des politiciens répondent les cris des « simples citoyens » autochtones qui affirment aujourd'hui haut et fort leur volonté d'être et de rester ce qu'ils sont : des Amérindiens.

---

constitutionnelle. Aujourd'hui encore, l'élaboration de la nouvelle constitution reste l'un des sujets de préoccupation majeurs des « premières Nations » : Amérindiens, métis et Inuit.

10. Le *pow-wow* est une fête où des Amérindiens en costumes traditionnels dansent au son de tambours et de chants ; ce genre de manifestation, qui combine des éléments anciens et modernes, est en continuelle expansion dans l'ensemble de l'Amérique du Nord. On observe aussi une revitalisation de certains rites antiques, comme la cabane à sudation ou le potlatch, à nouveau pratiqués dans des communautés d'où ils avaient été bannis (par la pression des missionnaires en particulier).

ÉRIC NAVET

THE SAUGEEN INDIAN TREATY, 1854

On October 13, 1854, in the first mission church which stood
on this site, a treaty was signed with the Saugeen and Newash
bands of Ojibwa Indians. The Saugeen (Bruce) Peninsula, thus
surrendered, was the last extensive territory in the southern
part of the present province of Ontario remaining in Indian
possession. Among the Indians who signed the treaty was Chief
James Newash whose village stood on part of the site of the
present city of Owen Sound, while the principal government
negotiator was Laurence Oliphant, superintendent general of
Indian affairs. The treaty reserved for the Indians six
tracts, of which the Cape Croker, Saugeen and Chief's Point
Reserves, and the Saugeen Hunting Grounds, still remain.

Erected by the Ontario Archaeological and Historic Sites Board.

*Plaque commémorative du traité dit « d'Oliphant », par lequel les Indiens de
Saugeen furent amenés à céder leurs droits sur la plus grande partie de leurs
territoires de chasse. Quelques « réserves » étaient laissées aux Amérindiens, parmi
lesquelles demeurent celles de Saugeen, Cape Croker, Chief's Point et Saugeen
Hunting Grounds dans la péninsule de Bruce, Ontario. C'est par cette politique
des traités, largement développée au XIX⁴ siècle aux États-Unis comme au
Canada, que les « premiers occupants de l'Amérique » perdirent la majeure partie
de leurs territoires qui fut, dès lors, livrée aux colons.*

3

INDIENS
DE L'IMAGINAIRE,
IMAGINAIRE INDIEN

JOËLLE ROSTKOWSKI

CHRONIQUE
D'UN DÉFI À L'OUBLI

DES LIEUX DE MÉMOIRE, DONT CERTAINS ONT TOUT PERDU SAUF LEUR NOM, JALONNENT L'IMMENSE CONTINENT D'EST EN OUEST. COMME LE PRESSENTAIT AU SIÈCLE DERNIER LE POÈTE WALT WHITMAN, LA PRÉSENCE INDIENNE AUX ÉTATS-UNIS DEMEURE INSCRITE DANS LA TOPOGRAPHIE D'UN PAYS A JAMAIS RÉSONNANT DES NOMS DES PREMIERS AMÉRICAINS.

> « Il y a des lieux que l'Histoire
> ne peut atteindre. »
> NORMAN MAILER

Certains lieux échappent à l'Histoire, mais se prêtent à la poésie, à l'expérience initiatique. Tels sont les lieux d'exception qui, aujourd'hui encore, aux États-Unis, ont conservé une empreinte indienne. Ces lieux rares qui, au détour d'un chemin, se révèlent au voyageur tout en le révélant à lui-même, peuvent n'inspirer qu'indifférence à l'historien, mais ont marqué de leur sceau le cœur des écrivains, des artistes et des poètes. C'est Taos, au Nouveau-Mexique, village indien millénaire, pôle d'attraction de nombreux artistes, en lequel D.H. Lawrence décelait la qualité de « l'inaltérable », d'un site envoûtant où le voyageur se sent enfin « arrivé » ; c'est l'étrange intensité du Nouveau-Mexique, « pays de magie », où, comme l'écrit Yves Berger, « l'esprit indien » est présent partout, « où l'espace entre en vous et vous donne l'impression que vous êtes immense à l'intérieur de vous-même[1] ». Ce sont les grands déserts d'Arizona, où la nature semble avoir échappé au temps et conserve une altérité qui renvoie à l'Amérique d'avant la Conquête. Mais c'est aussi la majesté immaculée de certains paysages navajos, chers au cœur du poète kiowa Scott Momaday, qui recèlent par endroits la révélation de la nature absolue. C'est encore le

---

1. *La Pierre et le Saguaro*, Yves Berger, Grasset, 1990.

mystère des grands espaces sioux, martelés par les pas des « danseurs du soleil », immortalisés par le peintre George Catlin. Ce sont les villages perdus, égayés par le rythme multicolore des danses rituelles, qui font un moment oublier la misère environnante, dans la ferveur collective, au-delà des grandes solitudes des Badlands, parmi les vastes prairies d'herbe haute.

La force des paysages américains, c'est aussi l'empreinte d'un passé qui n'est éteint que dans la mémoire des hommes et que la nature a secrètement préservé. Comme le suggérait paradoxalement Williams Carlos Williams, « l'Américain moyen est un Indien », un Indien qui aurait perdu son environnement naturel pour un univers industriel, mais qui, par son appartenance au sol américain, n'échappe pas à l'aimant des lieux de mémoire.

La plus évidente illustration en est la carte des États-Unis, qui est une évocation muette de l'Amérique indienne. Plus de la moitié des États portent des noms qui n'ont rien d'anglo-saxon : Alabama, du nom d'une tribu muskogee ; Arizona, dérivé du papago, qui signifie « petite source » ; Connecticut, d'un nom mohegan pour « longue rivière » ; Minnesota, d'un mot sioux désignant l'« eau trouble ». Quant à l'Oklahoma, lieu d'exil puis terre d'adoption pour de nombreux Indiens, son nom veut dire en choctaw « terre des hommes rouges ». La liste est longue... et la mémoire s'attache à certains termes particulièrement évocateurs. Mais ils sont rarement commentés dans les livres d'histoire ; que reste-t-il, par exemple, des Algonquins Abenakis ou « peuple du pays de l'aube » sinon la poésie de leur nom ? Et rares sont les missionnaires qui firent grand cas de l'*orenda*, mot iroquois, dépourvu d'équivalent exact dans d'autres langues, qui désigne l'esprit et l'essence mystique qui unit tous les éléments de la création.

Nombreux sont les mots qui ont ainsi été oubliés ou détournés de leur contexte. Il y a l'hôtel « Algonquin », la voiture « Cherokee »... et qui pense à un chef indien quand retentit le nom de Seattle dans un aéroport ?

En revanche, d'autres termes semblent s'être gravés à tout jamais dans la mémoire. On pense en particulier à *Mohican*, terme né de l'imagination de Fenimore Cooper, qui s'inspira de deux groupes existants, les Mohegans et les Mahicans, pour forger une appellation nouvelle et concevoir des Indiens à sa guise. Si « le dernier des Mohicans » a amplement fait rêver, le mythe de l'extinction des premiers habitants du Nouveau-Monde lui doit aussi beaucoup. Qui veut entendre dire que le dernier des Mohicans n'est pas mort ? et que quelques dizaines de Mahicans vivent encore dans le Connecticut ? La fiction l'emporte ici sur la réalité : au fil des siècles, l'imaginaire a pris le relais des faits historiques et le stéréotype a remplacé le large éventail des réalités humaines.

Le passé auquel renvoient ces noms a été expurgé des fantômes des Premiers Hommes grâce à des mythes fondateurs, il a été réinventé à mesure que la réalité indienne glissait dans l'oubli et était remplacée par le mythe du Peau-Rouge. Conforté par l'adhésion enthousiaste de tous ceux qui rêvaient d'une Amérique fabuleuse qu'ils n'avaient jamais vue, le mythe de l'Indien s'est peu à peu imposé partout et a finalement investi le monde de l'enfance, s'ancrant ainsi encore plus profondément dans la mémoire. C'est grâce à la force et — curieusement — à la séduction de ce mythe, qui basculait pourtant souvent dans la simple caricature, que les Indiens n'ont jamais disparu de la mémoire collective. C'est à cause de lui qu'ils ont pendant longtemps cessé d'exister en tant qu'êtres humains à part entière dans le regard des autres.

LE TOURNANT

En 1917, on signale plus de naissances que de décès parmi les Indiens. Ils sont désormais en voie de réapparition.

Il y a seulement un siècle, en 1890, un jour glacé de décembre, c'était Wounded Knee, l'anéantissement des Sioux dans les grandes plaines du Dakota du Sud, la mort du chef légendaire Sitting Bull. Cette même date marque aussi la fin de la Frontière avec un grand F, cette ligne qui reculait toujours pour démarquer le « pays des cow-boys » de celui des Indiens. C'était la fin du western. Les États-Unis affirmaient alors leur présence — et par voie de conséquence l'absence de résistance armée indienne — de la côte atlantique à la côte pacifique. La Conquête était terminée, les Indiens pacifiés et l'aide humanitaire remplaçait l'armée. Dans les réserves la vie s'était organisée mais la survie était difficile. Le début du XXe siècle marque le point le plus bas du déclin démographique : deux cent mille à deux cent cinquante mille survivants semblent les fantômes d'un passé « sauvage » voué à l'oubli.

Ce qui est extraordinaire, lorsqu'on se penche sur l'histoire des Indiens au XXe siècle, c'est leur résurgence. Grâce à l'effet conjugué de l'amélioration des conditions de vie et d'un taux de natalité élevé, la population indienne marque un redressement rapide dès les années 1920. Elle en vient à doubler de 1917 à 1960, atteignant alors plus du demi-million. Elle va tripler au cours des vingt années qui suivent. Aujourd'hui, les Indiens des États-Unis sont plus de deux millions[2].

Il y a cinquante ans, au cours de la Seconde Guerre mondiale, quelque vingt-cinq mille Indiens se joignent aux GIS. Les marins navajos se distinguent dans la guerre contre le Japon en utilisant leur langue comme code secret ; un Indien pima d'Arizona brandit le drapeau américain au sommet d'une montagne à la bataille d'Iwo Jima.

Ce qui est particulièrement remarquable, quand on examine l'histoire de ces cinquante dernières années, depuis la dernière guerre, c'est le caractère unique de la présence indienne au sein de la société américaine ; ce n'est que depuis 1924 qu'ils sont tous citoyens des États-Unis ; ils sont membres de communautés à certains égards souveraines dans le giron du système politico-juridique américain, mais placées sous la tutelle et l'autorité du gouvernement fédéral. Leur mobilité (contrairement à une idée reçue, ils ne sont pas « prisonniers » de leurs territoires) les conduit à se partager, par désir ou par nécessité, entre les réserves et le monde extérieur. Quant à leur regard sur l'Amérique, outre l'amertume propre à la « vision des vaincus », il est empreint, selon les convictions exprimées par les leaders politiques comme par les artistes et les poètes, de la conviction d'entretenir des rapports privilégiés avec le sol américain, d'être en quelque sorte les gardiens du temple.

Comme l'a souligné l'historien américain Alvin Josephy : « L'Indien a survécu, posant au conquérant blanc un défi que beaucoup de non-Indiens, surtout aux États-Unis, ne tolèrent pas facilement, même s'ils le comprennent : ils demandent de rester Indiens. Ce droit implique au fond le droit d'être différent, ce qui aux États-Unis va à l'encontre de l'orientation générale[3]... »

On peut dire que la place des Indiens aux États-Unis aujourd'hui — parfois peu enviable mais incontestablement exceptionnelle — est non seulement un défi à l'ombre des conquérants d'antan mais aussi un défi à l'Histoire.

La présence indienne aux États-Unis passe par l'Histoire mais la dépasse. C'est le talent des leaders, des écrivains et des artistes indiens qui se sont fait connaître au cours de ces dernières décennies de l'avoir démontré en intégrant une dimension philosophique et spirituelle à leur action et à leurs œuvres.

suite p. 172

---

2. Chiffre fourni par le Bureau des Affaires indiennes en mars 1991. Le décompte du recensement de 1990 n'est pas encore disponible, mais le Bureau des Affaires indiennes signale une augmentation moyenne de 56 % entre 1980 et 1990 dans la vingtaine d'États dont les chiffres ont été analysés. Précisons à cet égard que, depuis 1960, chaque individu est autorisé à définir son origine ethnique. Le nouvel élan d'affirmation de l'identité indienne contribue à pousser un nombre croissant de citoyens à indiquer leurs origines tribales.
3. *The Indian Heritage of America*, 1968, p. 347.

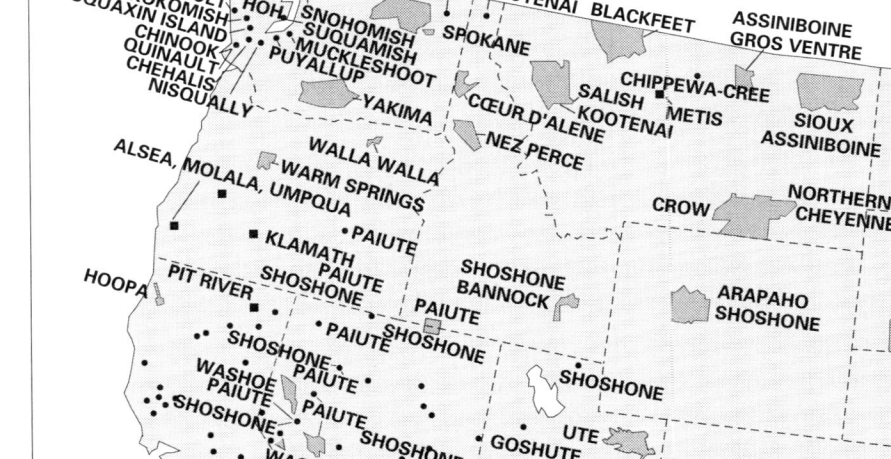
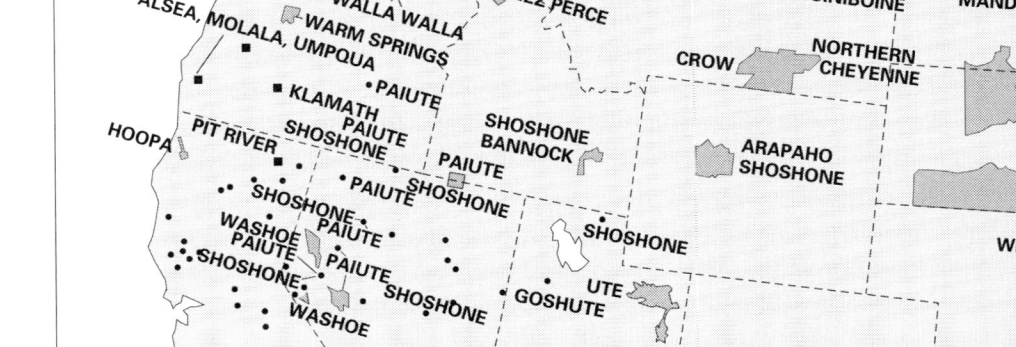

LUMNI SWINOMISH
MAKAH CLALLAM KALISPEL KOOTENAI BLACKFEET ASSINIBOINE
QUILEUTE COLVILLE GROS VENTRE
QUINAULT HOH
SKOKOMISH SNOHOMISH SPOKANE
SQUAXIN ISLAND SUQUAMISH
CHINOOK MUCKLESHOOT CHIPPEWA-CREE ARIKARA
QUINAULT PUYALLUP SALISH SIOUX HIDATSA
CHEHALIS KOOTENAI METIS ASSINIBOINE MANDAN
NISQUALLY YAKIMA CŒUR D'ALENE

ALSEA, MOLALA, UMPQUA WALLA WALLA NEZ PERCE NORTHERN
WARM SPRINGS CROW CHEYENNE
PAIUTE
HOOPA KLAMATH SHOSHONE ARAPAHO
PIT RIVER PAIUTE BANNOCK SHOSHONE
SHOSHONE PAIUTE
PAIUTE SHOSHONE WINN
SHOSHONE SHOSHONE
WASHOE PAIUTE UTE
PAIUTE PAIUTE GOSHUTE
SHOSHONE SHOSHONE
WASHOE

SOUTHERN PAIUTE POTA
PAIUTE PAIUTE UTE CHIP
HAVASUPAI NAVAJO JICARILLA APACHE MUNSEE
MOJAVE HUALAPAI HOPI TONKAWA
CHEMEHUEVI YAVAPAI-APACHE TANO-TIGUA PONCA K
MISSION INDIANS YAVAPAI ZUNI NAVAJO TANO-TEWA OTOE-MISSOU
JAMUL DIEGUENO MOJAVE KERESAN TANO-JEMEZ WICHITA PAWN
QUECHAN PAPAGO APACHE DELAWARE
COCOPAH MARICOPA CADDO
PIMA MESCALERO APACHE KIOWA
YAQUI APACHE
COMANCHE
IOWA
KICKAPOO
SAC AND FOX
TIGUA POTAWATOMI
SHAWNEE
CHEYENNE-ARAPAHO

ALABAMA

ATHAPASCAN

ESKIMO

ALEUT TSIMSHIAN

CHIPPEWA

CHIPPEWA
CHIPPEWA
CHIPPEWA
OTTAWA
CHIPPEWA

MALECITE
MICMAC
PASSAMAQUODDY
PENOBSCOT

MOHAWK

NIPMUC
WAMPANOAG

MENOMINEE
STOCKBRIDGE
OUX
MUNSEE
WINNEBAGO
POTAWATOMI
ONEIDA
BROTHERTON
CHIPPEWA

TUSCARORA
TONAWANDA
CAYUGA
SENECA
ONEIDA
ONONDAGA
PEQUOT
PAUGUSETT
SCHAGHTICOKE

NARRAGANSET
MOHEGAN
MONTAUK
SHINNECOCK
POOSPATUCK

AC AND FOX

POTAWATOMI

MIAMI

MOOR
NANTICOKE

SAC AND FOX
WYANDOT

RAPPAHANOCK
MATTAPONI
AMHERST
PAMUNKEY
CHICKAHOMINY
CUBAN
HALIWA

SHAWNEE
MIAMI
PEORIA
QUAPAW
SENECA-CAYUGA
WYANDOT

CHEROKEE
COHARIE
LUMBEE
WACCAMAW
CATAWBA

E
V
W

SUMMERVILLE

CHOCTAW

CHOCTAW
CHOCTAW
CREEK
A
TUNICA
COUSHATTA
CHITIMACHA
HOUMA

SEMINOLE
SEMINOLE
MICCOSUKEE

RÉSERVES FÉDÉRALES
■ RÉSERVES D'ÉTAT
□ AUTRES GROUPES

En fait, les Indiens ne sont pas des Américains comme les autres. La plupart d'entre eux se définissent par une double appartenance à la nation américaine et au monde traditionnel de leur communauté tribale. Cela les conduit à passer constamment d'un univers à l'autre, ce qui est pour certains source de déséquilibre, tandis que d'autres y voient le fondement indispensable de leur harmonie intérieure. Les autres Américains, comme beaucoup d'Européens, s'étonnent que les Indiens défendent avec acharnement les réserves, s'obstinent à y vivre ou à y retourner fréquemment, au lieu de se fondre dans le grand corps de l'Amérique. À Washington, les administrateurs du Bureau des Affaires se sont succédé, tantôt partisans de la préservation des réserves, tantôt de leur disparition progressive.

C'est justement parce que l'existence même des territoires indiens fut remise en cause au cours des années 50 qu'un courant de contestation se déclencha au début des années 60. Les Indiens ont tenu à démontrer, au cours des dernières décennies, qu'en tant que premiers habitants du Nouveau Monde, ils comptaient conserver ce qui leur reste du continent et demeurer une minorité territoriale.

Ils s'élevèrent contre la politique de liquidation des terres indiennes, amorcée au cours des années 1950, et par laquelle le gouvernement se proposait de mettre un terme à son statut de tutelle sur les réserves (ainsi qu'à l'assistance financière qui en découle) et comptait supprimer l'autonomie des gouvernements indiens. Ils voulurent maintenir la spécificité de leur statut ; demeurer différents ; continuer à évoluer entre deux mondes, pour préserver l'ancien.

RÉVOLTE ET RENOUVEAU

Selon la tradition des Indiens zuni du Nouveau-Mexique, un potier interrompt toujours la ligne qu'il trace autour d'un pot parce qu'il croit que sa vie s'achèverait s'il avait le malheur de « fermer la route ».

Au cours de ces trois dernières décennies, les Indiens sont partis du mythe que leur renvoyait l'Histoire pour construire une réalité nouvelle. Population oubliée, ils ont profité du mouvement de remise en question politique et sociale des années 60 et 70 pour se faire connaître de ceux pour lesquels ils étaient devenus presque invisibles. D'une certaine façon, les premiers Américains ont tenté de briser le cercle vicieux où leur passé se trouvait altéré et englouti ; ils ont retenu la main du potier, afin qu'il soit reconnu que leur histoire n'était pas terminée, mais seulement interrompue.

Jouant habilement du stéréotype cher aux amateurs de westerns, ils se désignèrent eux-mêmes sous le terme de « Peaux-Rouges », pour attirer l'attention dans le cadre d'un nouveau militantisme qu'ils qualifièrent de « Pouvoir Rouge ». Pour être « redécouverts » jusqu'en Europe, ils envoyèrent des délégations indiennes dans les conférences internationales, en particulier à l'ONU, dans le cadre de la Commission des droits de l'homme, pour se proclamer membres de la « race rouge », oubliée dans le concert des nations. Pour ne pas passer inaperçus, ils s'y présentèrent souvent en costume traditionnel, certains représentants prenant soin de ne pas oublier les plumes, complément indispensable de leur clin d'œil à l'Histoire.

Ce jeu avec le passé, dont l'enjeu était simplement la reconnaissance de leur existence même, s'est articulé autour d'un mouvement intertribal fondé sur un rapprochement entre les différentes communautés indiennes. Ce panindianisme, qui ne nie pas les distinctions locales, repose sur la conviction que les premiers Américains demeureront invisibles tant qu'ils seront dispersés et désunis. Et comme l'union fait la force, le renouveau indien s'est fondé sur la constitution et le développement d'organisations de portée nationale, couvrant tout l'éventail des tendances politiques, du très modéré Congrès national des Indiens d'Amérique (NCAI) au très militant Mouvement des Indiens d'Amérique (AIM), en passant par d'autres groupes à vocation spécifique, tel que le Conseil national de la jeunesse indienne (NIYC).

« C'EST DE LA MÉMOIRE QUE NOUS TENONS NOTRE POUVOIR »

La stratégie du mouvement indien des années 60 et 70 s'est appuyée sur un appel à la conscience américaine, sur un rappel des lieux et des voix du passé. Elle s'est exprimée sous la forme d'une défense des terres indiennes, considérées comme l'espace de la mémoire, l'univers social et spirituel auquel même les Indiens des villes (à l'époque, plus de la moitié des Indiens sont déjà citadins) attachent le plus grand prix.

Retourne-toi
Regarde le tracé
De tes pas sur le sol
LESLIE SILKO (Laguna Pueblo)

La défense des réserves, en dépit des conditions de vie qui y sont parfois difficiles, est au cœur du mouvement indien. C'est l'espace préservé par rapport à l'espace perdu, le lieu où l'Indien des villes, en quête de ressourcement, cherche à reconstruire son identité chancelante, à se sentir en harmonie avec l'univers ; c'est là qu'il peut participer aux nombreuses cérémonies et fêtes traditionnelles religieuses et profanes.

> « À Jemez Pueblo, au Nouveau-Mexique... je percevais les grands flots de spiritualité qui déferlent sur le monde... J'ai vu les anciennes courses que l'on pratique à l'aube, la descente des collines, aux premières lueurs du jour, d'hommes qui sont cerfs et bisons, les danses des moissons, où tous les bruits, tous les mouvements de l'univers composent l'unique dimension de la musique et de la danse. »
> SCOTT MOMADAY

On voit des Indiens Iroquois, ouvriers du bâtiment à New York, surnommés les « acrobates des gratte-ciel », car on dit qu'ils n'ont pas le vertige, prendre la route de leur réserve au moment de la fête du milieu de l'hiver. Les Sioux citadins, qu'ils soient plombiers, employés ou juristes, tiennent à ne pas manquer les *pow-wow* (fêtes traditionnelles) du milieu de l'été et la danse du soleil dans leurs réserves des grandes plaines. Quant aux jeunes filles apaches, elles savent que leurs mères organiseront pour elles une grande fête du « lever du soleil » (de la puberté) au cours de laquelle leur famille — qu'elle soit aisée ou modeste — régalera la communauté pendant plusieurs jours.

Et pourtant, les réserves sont aussi des espaces de pauvreté, dans des régions aux faibles ressources. Certaines sont minuscules, d'autres assez grandes (réserves apaches) ou très vastes (réserve navajo, plus grande que la Belgique). Il en est qui sont riches en ressources minérales, ce qui fait d'elles des sources de développement potentiel mais aussi la proie des compagnies d'exploitation peu soucieuses de l'environnement. Dans de nombreux territoires indiens le chômage est supérieur à 50 p. 100 et il faut s'en éloigner pour trouver du travail, quitte à y revenir en cas de crise, pour retrouver les valeurs familiales, l'accueil, le refuge.

Sous l'impulsion du Pouvoir Rouge, le Bureau des Affaires indiennes, qui relève du ministère de l'Intérieur, fut dénoncé pour sa mauvaise gestion du développement des réserves ; de leur côté, les communautés indiennes réclamèrent un renforcement du droit à l'autodétermination, pour échapper à l'inertie du Bureau et pour définir elles-mêmes leurs options de développement.

LIEUX DE MÉMOIRE ET POUVOIR ROUGE

Le Pouvoir Rouge a été orchestré autour de grandes manifestations symboliques, organisées dans des lieux dont la résonance historique était particulièrement forte : en 1969, l'occupation de l'île d'Alcatraz, dans la baie de San Francisco, visait à sensibiliser l'opinion américaine à la condition indienne : cette île désolée et sans ressources constituait une métaphore saisissante des conditions de vie précaires dans les réserves. En signe de provocation, les occupants proposaient d'acheter Alcatraz « pour vingt-quatre dollars, payables en verroterie et cotonnade rouge, conformément au marché passé par les Blancs trois cents ans plus tôt pour l'achat de l'île de Manhattan ».

Trois ans plus tard, en 1972, un groupe de manifestants occupa l'immeuble du Bureau des Affaires indiennes, à deux pas de la Maison Blanche. Ils demandèrent la nomination d'un plus grand nombre d'Indiens au sein de son administration, l'accélération des procédures d'assistance, l'amélioration des programmes de développement des réserves. L'année suivante, l'occupation du village de Wounded Knee, dans le Dakota du Sud, était un rappel du massacre du même nom qui marqua l'abandon de l'Ouest aux colons. En 1978, la longue marche de cinq mille cinq cents kilomètres, au cours de laquelle des militants indiens traversèrent à pied les États-Unis de San Francisco à Washington était conçue comme un rappel des migrations des tribus indiennes contraintes de quitter leurs terres conquises par les Blancs. Autant d'actions symboliques par lesquelles les plus militants des Indiens tentaient de faire retentir les voix de la mémoire pour mobiliser l'opinion. On remarqua alors des comités de soutien constitués par des personnalités du monde du spectacle, telles que Robert Redford, Jane Fonda, Marlon Brando et Bob Dylan.

L'INDIEN STAR

L'opinion publique fut portée par un grand courant de sympathie et d'enthousiasme à l'égard des premiers Américains. De leur côté, les leaders du Pouvoir Rouge, souvent issus de milieux urbains, très au fait des modes de communication modernes, se montrèrent prompts à mobiliser les médias ; ils démontrèrent l'éloquence et le sens de la dérision propres à de nombreux Indiens, mêlant l'humour ou le sarcasme aux déclarations ou aux dénonciations les plus sérieuses.

« Les conservateurs aimaient les Indiens, moins actifs dans la lutte pour les droits civiques que les Noirs ; les progressistes les aimaient parce qu'ils étaient opprimés et votaient démocrate ; les Noirs les aimaient parce qu'ils étaient contre le système ; les hippies admiraient leur mode de vie... »
VINE DELORIA (Sioux)

La cause indienne se définit aussi par son reflet au sein de la société majoritaire, qui reconsidérait alors ses propres valeurs. L'Indien apparut comme un modèle, détenteur de vérités supérieures. L'éthique indienne, fondée sur l'harmonie avec la nature, une vision holiste de l'univers, suscita l'admiration. La priorité accordée à l'harmonie du groupe apparut comme une alternative à un individualisme outrancier. On admira le principe de la famille élargie, alors que la famille nucléaire se disloquait ; le respect des anciens, cher aux Indiens, s'opposa au culte de la jeunesse du reste de l'Amérique. La curiosité manifestée à l'égard d'un groupe ethnique encore mal connu, longtemps replié sur lui-même, et qui éveillait un intérêt sincère et une conscience coupable, favorisa la reconsidération de la politique indienne.

Portés par un climat général favorable à la défense des droits des minorités, les Indiens bénéficièrent, au cours des années 70, de nombreux programmes gouvernementaux qui leur permirent de faire une nette percée dans l'enseignement supérieur, les professions juridiques, littéraires et artistiques.

TERRE SACRÉE, SENS DE L'HISTOIRE ?

La défense des terres historiques, dont certaines sont investies d'un caractère sacré, est au cœur du mouvement indien. Depuis plusieurs décennies, avec une détermination qui fut encore renforcée par la montée du Pouvoir Rouge, les communautés indiennes ont mené un combat juridique de longue haleine, qui n'est pas encore terminé.

Emboîtant le pas à une Amérique majoritaire où les hommes de loi sont souvent les rois, les Indiens engagèrent des actions multiples pour régler d'anciens litiges territoriaux et récupérer des terres historiques.

Leurs victoires furent assez nombreuses. Ils obtinrent en trente ans, de la part de la Commission des revendications indiennes, créée après la guerre, quelque six cents millions de dollars d'indemnités pour d'anciennes violations territoriales. Mais ils conquirent aussi le droit de refuser ce qu'ils appelèrent des « indemnisations forcées ». C'est ainsi qu'en 1971, les Indiens Taos du Nouveau-Mexique obtinrent la restitution d'un lac et de vingt mille hectares de terres en faisant valoir — c'était un argument nouveau — qu'il s'agissait d'un lac sacré.

Cette notion de « terre sacrée » fut aussi invoquée par les Sioux quand, en 1980, ils refusèrent une indemnisation de cent millions de dollars pour la confiscation des Black Hills (Dakota du Sud), cent ans plus tôt, lors de la ruée vers l'or.

> Terre sacrée, mère des dieux
> entends nos chants
> Maintenant, et dans les quatre directions.
> SIMON ORTIZ (Pueblo)

La défense des droits territoriaux a aussi pris la forme d'un message écologique fondé sur le souci religieux de préserver « notre Mère la Terre » ; perçue comme passéiste ou avant-gardiste, cette prise de position, qui conduisit au refus de certaines formes de développement, fit l'objet de controverses particulièrement vives dans les réserves riches en ressources minérales.

En effet, au moment de la crise de l'énergie, pendant les années 70, on parla d'accélérer l'exploitation des ressources minérales en territoire indien. La réticence qui se manifesta alors dans certaines régions, souvent dénoncée comme une résistance au progrès, fut à l'origine d'un certain nombre d'enquêtes approfondies sur les conditions d'exploitation dans le Sud-Ouest.

On constata que la région des Four Corners (jonction de l'Arizona, du Nouveau-Mexique, du Colorado et de l'Utah), proche de nombreuses réserves et déclarée passagèrement « zone sacrifiée », était une source de pollution massive. Au sein même des territoires indiens — notamment la réserve navajo — on fit valoir que certaines terres étaient dévastées par l'exploitation du charbon à ciel ouvert et on signala des maladies graves parmi les ouvriers qui avaient été employés dans les mines d'uranium au cours des années 50.

L'exploitation des ressources minérales des Indiens riches en énergie, que l'on appela « les Arabes rouges » ou « les émirs du Nouveau-Monde », se fit donc dans un climat de résistance. Dès 1974, sous la houlette du président du Conseil tribal navajo, Peter McDonald, une coalition des tribus riches en énergie définit de meilleures conditions d'exploitation : protection contre la pollution, renforcement des conditions de sécurité, renégociation de concessions plus favorables, taxation des compagnies d'exploitation établies en territoire indien.

LE MYTHE S'EST FAIT HOMME

Le mouvement indien va au-delà des grands moments du Pouvoir Rouge. L'appel à la mémoire et l'éveil du sentiment de culpabilité, qui faisait partie intégrante du militantisme indien des années 60 et 70, était inévitablement éphémère, mais, alors même que la vague de soutien commençait à se tarir, au début des années 80, alors que les autorités gouvernementales dénonçaient les excès des militants, réduisaient les programmes d'assistance, le mouvement prit une orientation plus concrète, moins spectaculaire[4]. Il s'orienta vers l'amélioration du quotidien, la formation des jeunes, les préoccupations inspirées par un développement économique toujours à la traîne, la défense des intérêts locaux.

Simultanément, les actions en justice se poursuivaient ; on vit de petites communautés (Passamaquoddy et Penobscot) réclamer une bonne partie de l'État du Maine, et obtenir quelque quatre-vingts millions de dollars d'indemnités ; alors qu'on commençait à murmurer que l'État de New York n'était pas à l'abri de tels litiges, les Oneida (Iroquois) de cette région remportèrent une victoire symbolique dont on dit qu'elle pourrait faire jurisprudence.

Parallèlement, au début des années 80, des délégations indiennes entamaient sur la scène internationale un long processus de négociation devant la Commission des droits de l'homme de l'ONU, au sein du Groupe de travail sur les populations autochtones. Aujourd'hui les voix indiennes de l'ensemble du continent américain se font entendre à l'ONU. Parmi les Indiens des États-Unis des tendances diverses sont représentées, mais les interventions se sont articulées autour de quelques idées directrices : défense des terres tribales et droit à l'autodétermination, ébauche du contrôle de l'exploitation des ressources minérales dans les réserves, revendication d'une place nouvelle et de valeurs spécifiques, développement dans le respect des traditions.

En une trentaine d'années, en se faisant une place dans le monde économique et politique, en se faisant connaître sur la scène internationale, les Indiens ont gagné une reconnaissance nouvelle, née des confrontations et des négociations qui ont accompagné leur action. Chaque communauté apporta sa pierre à l'édifice : les Sioux, toujours hauts en couleur, conçurent les discours les plus audacieux (Russel Means) et les ouvrages les plus percutants (Vine Deloria) ; quant au fin jeu de la diploma-

---

4. Pendant l'été 1990, au cours de onze semaines de face-à-face entre les *warriors* et les autorités canadiennes, le militantisme mohawk (un groupe iroquois) a pris la relève de la contestation qui a secoué les États-Unis au cours des années 1970.

tie, il fut mené par les Iroquois, à Genève, accompagnés de quelques vieux sages hopi. Les autres communautés, parfois moins militantes, mais aussi actives, ne restèrent pas à l'écart du renouveau : c'est ainsi que les Apaches et les Navajos comptent parmi les groupes qui tirèrent le meilleur parti de leurs ressources.

Grâce au riche éventail des personnalités en vue, parmi lesquelles les femmes se firent rapidement une place (les Cherokee ont à leur tête une femme et c'est aussi une femme qui dirige le Congrès national des Indiens d'Amérique), le message transmis fut assez captivant pour retenir l'attention des journalistes. L'Américain oublié s'est fait une place aux États-Unis. En conquérant les médias, il a un peu reconquis l'Amérique. L'Indien est sorti de l'ombre et, en se jouant du mythe, il s'est fait homme.

MÉMOIRE VISUELLE

Comme en écho au grand courant de renouveau social et politique de ces trente dernières années, un nouvel essor de l'expression visuelle a marqué ces trois dernières décennies.

L'Indien est l'artiste du monde moderne.
BLACK ELK (Sioux)

Directement inspirées par la chronique du défi à l'oubli que constitue le mouvement indien, les affiches se sont multipliées, tant dans les réserves qu'en milieu urbain. Réconciliant les motifs et les thèmes traditionnels avec les techniques graphiques modernes, elles font circuler l'information, annoncent les fêtes *(pow-wow)*, les manifestations politiques, culturelles et artistiques. On peut dire que l'une des meilleures façons d'étudier l'histoire de ces trente dernières années consisterait à examiner — thématiquement et techniquement — la production graphique qui s'est développée depuis les années 60.

Ce nouvel élan artistique, qui s'est fait jour parallèlement à la poursuite d'une production artisanale, a été favorisé par la création, au début des années 60, d'un Centre artistique intertribal (IAIA), qui stimula la rencontre de l'art traditionnel et de l'art moderne. De nombreux artistes de renom, tels que Fritz Scholder, R.C. Gorman, Cannon, Scott Momaday, Fonseca, Darren Vigil, ont été formés à l'IAIA.

Les thèmes sont souvent d'inspiration traditionnelle, par exemple les boucliers kiowa pour Scott Momaday, les *tepees*, réinventés en motifs abstraits, en angles rythmés et vigoureux, pour Darren Vigil. La rencontre de l'Ancien et du Nouveau Monde est aussi

suite p. 182

179

Autoportrait de Darren Vigil, apache

Dessin de R.C. Gorman, navajo

à l'origine des étonnantes compositions de Cannon : deux Indiens habillés en costumes traditionnels écoutent avec émotion un enregistrement de l'opéra de Santa Fe sur un vieux phonographe, ou encore de Fonseca : un coyote danse *le Lac des Cygnes.*

Certains de ces artistes ont conquis une véritable célébrité, sans pouvoir tout à fait échapper au « ghetto de l'art indien », car c'est justement l'appartenance à cette catégorie qui fait leur succès. C'est le cas de R.C. Gorman, peintre navajo qui conquit la célébrité aux États-Unis comme en Europe, et qui a exposé plusieurs fois en France, notamment à Saint-Paul-de-Vence ; Gorman, qui vit à Taos, au Nouveau-Mexique, non loin de la tombe de l'écrivain D.H. Lawrence, a pour thème de prédilection la femme, qu'il représente à l'infini ; c'est surtout la femme navajo qui l'inspire mais il s'est laissé tenter, en hommage à l'écrivain anglais disparu, par un nu de Lady Chatterley. À l'aise partout, en territoire indien, dans l'Amérique profonde ou mondaine, le peintre Gorman est un démenti incarné au cliché du Peau-Rouge pathétique et tient à communiquer son optimisme :

Prendre les choses légères gravement
Les choses graves légèrement
Tel est pour moi le secret du bonheur
R.C. CANNON (Navajo)

LES NOUVELLES PLUMES INDIENNES

Sur la scène politique et sociale, les Indiens ont obtenu une certaine reconnaissance. En matière artistique, les nouveaux artistes ont étonné parce qu'ils se démarquaient d'une tradition artisanale bien établie ; mais c'est sans doute dans le domaine littéraire que les Indiens conquièrent un respect sans réticence.

Tant que l'expression littéraire indienne demeurait limitée à la tradition orale, où même à l'autobiographie, elle ne pouvait susciter l'adhésion sans réserves que des ethnologues. Avec le développement d'un nouveau journalisme indien et surtout l'apparition de romanciers, les portes des universités et des lieux culturels s'ouvrirent à cette minorité que les intellectuels — comme tant d'autres — avaient oubliée. Ce fut le tour des ethnologues de déplorer cette dérive, cet éloignement des traditions. Mais la nouvelle littérature indienne était née.

Cette créativité ne s'est pas révélée en un jour. On décèle dès les années 30 le ferment d'un élan littéraire. Un célèbre historien creek, d'Arcy McNickle, qui a donné son nom à un centre de recherches à Chicago, s'essaie au roman dès 1936. Plusieurs journalistes indiens publient des ouvrages de fiction avant et après la guerre. Les éditeurs gardent alors le silence sur l'identité partiellement indienne des auteurs, considérée comme un handicap.

Poésie kiowa, humour sioux, surréalisme blackfoot... — C'est au cours des années 60 que les auteurs indiens font une véritable percée dans le monde littéraire. En 1969 l'écrivain kiowa Scott Momaday obtient le prix Pulitzer pour son roman, *House made of Dawn* (la Maison de l'aube)[5] ; à travers son personnage principal, l'auteur évoque certains thèmes qui vont devenir essentiels dans le roman indien de la fin du XXᵉ siècle : retour de la guerre, sentiment d'aliénation, quête spirituelle, retour aux sources dans un désir de réconciliation avec le monde. Dans cet ouvrage, Scott Momaday, professeur de littérature anglaise, démontre une grande maîtrise de l'écriture, alliée à l'originalité d'une prose souvent poétique, à tel point que son identité indienne passa inaperçue auprès de certains critiques.

C'est aussi en 1969 qu'un avocat sioux nommé Vine Deloria publie *Custer Died For Your Sins*[6] (Custer est mort pour vos péchés), ouvrage brillant et incisif, qui, en dénonçant les distorsions de l'histoire, ébranle le stéréotype du Peau-Rouge. Ce livre, qui annonce une œuvre historique et politique prolifique, devient un best-seller et révèle une forme d'humour indien, caustique, proche de l'humour noir.

Dans le sillage de ces deux auteurs désormais célèbres, toute une génération de jeunes romanciers se fait connaître au cours des années 70 et 80. La plupart d'entre eux, comme Momaday et Deloria, sont diplômés de l'Université et évoluent entre le milieu universitaire, les villes et les réserves, qu'ils ne renient pas. Ils se distinguent par un éclectisme peu courant, qui porte certains à se partager entre l'écriture et la peinture ; d'autres passent de la prose à la poésie, et parfois de l'ethnologie au roman, comme si ce dernier était le passage obligé d'une reconnaissance littéraire, mais ne pouvait retenir leur attention exclusive.

C'est ainsi que Leslie Silko, originaire du pueblo de Laguna, au Nouveau-Mexique, publie au début des années 70 un roman grave, intitulé *Ceremony*, qu'elle émaille librement de poésie. Dans son récit, elle tisse, autour du cheminement spirituel de son héros, une intrigue romanesque qui est en elle-même une cérémonie initiatique. Un autre poète, James Welch, Indien blackfoot, conquiert aussi la critique en publiant deux romans dont la tonalité plus sombre est tempérée par le surréalisme et

---

5. Pas encore traduit en français.
6. Traduction française, *Peau-Rouge*, Paris, 1972. Épuisé.

l'humour. On retrouve dans les récits de ces deux auteurs, aux personnalités très différentes, une trame commune où l'errance, le « pèlerinage » en terre indienne d'un héros égaré, le thème de l'identité et de l'initiation déterminent le déroulement de l'action.

> « Être Indien est une idée que l'on se fait de soi-même. »
> SCOTT MOMADAY

La jeune littérature indienne est devenue sujet de controverse parmi les critiques et les ethnologues car il est difficile de dire où elle commence et où elle s'arrête. Les écrivains ne sont pas, pour la plupart, Indiens à 100 p. 100 et ils ne vivent pas en permanence en milieu tribal. D'où le désir de se définir soi-même, exprimé par Momaday. Martin Cruz Smith, qui rappelle volontiers ses origines pueblos, mais a conquis la célébrité par des thèmes étrangers à la condition indienne *(Gorky Park)*, est à l'écart de cette nouvelle littérature ; et pourtant, son premier ouvrage *(The Indians Won)* est construit autour d'un thème de politique-fiction inspiré par les guerres indiennes et son troisième roman, dont l'un des principaux personnages est indien, évoque les déplacements des populations tribales et la question nucléaire *(Stallion Gate)*.

Un élan d'affirmation de l'identité indienne. — Dans l'ensemble, le courant littéraire qui s'affirme aujourd'hui apparaît comme une autre expression de l'affirmation de l'identité indienne, comme un approfondissement d'une réflexion historique.

Pourtant, l'histoire et la politique ne sont abordés qu'incidemment par les auteurs, dont l'inspiration les porte au-delà d'œuvres strictement documentaires ou « engagées ». C'est ainsi qu'un jeune romancier chippewa, Gerald Vizenor, s'est inspiré de l'occupation du Bureau des Affaires indiennes, en 1973, pour écrire un roman fantastique et futuriste en prenant toute liberté avec les faits historiques.

Au début des années 1980, la participation active des femmes à la vie littéraire s'affirme, tant dans le domaine de la poésie, avec Joy Harjo (Creek), Linda Hogan (Chickasaw) que du roman, avec, notamment, l'œuvre de Paula Gunn Allen (Laguna Pueblo) qui évoque la redécouverte des traditions et de la mythologie pueblo. C'est en 1984 que paraît le premier roman de Louise Erdrich, *Love Medicine* (l'Amour sorcier[7]), qui devient rapidement un succès international. L'auteur, d'origine française, allemande et chippewa, aime à se définir comme l'héritière spirituelle d'une lignée de conteurs indiens. Ce récit savoureux, à la

---

7. Laffont, 1985.

fois grave et tendre, tragique et drôle, retrace l'existence de deux familles indiennes à travers les regards portés sur les mêmes événements par les différents personnages ; il est suivi de deux autres volumes, qui nous font reculer dans le temps jusqu'au début du siècle, constituant ce que l'on a appelé une « saga faulknerienne » de l'existence indienne au XXᵉ siècle.

CHERCHEURS DE RÊVES

Les nouveaux auteurs indiens, complétant l'action politique, les récits historiques et les analyses ethnologiques, parviennent à faire mieux comprendre les espoirs et les interrogations d'une communauté en mutation. Ils sont les voix de l'avenir et du passé confondues, évoquant le retour au foyer des soldats, les vies partagées entre l'université et le village familial, la menace toujours présente de la misère, du désespoir et de l'alcoolisme. Comme le dit simplement un poème, ils ont soif tout au fond d'eux-mêmes... à côté du cœur... les Indiens ont en eux une soif qu'ils ne peuvent étancher. Comme l'a écrit Nicole Zand à propos des personnages de Louise Erdrich : « Il y a dans leur tête quelque chose qui ne va pas, un appel du vide et de l'espace, un besoin de surnaturel et de miracles, l'envie de suivre le vent qui claque les portes et gonfle les rideaux comme des voiles, une soif d'amour, de parfums délicats, l'envie de s'envoler. Ou de tomber. De brûler. Jusqu'à être consumé par la grâce[8]. »

Certains tombent ; car la confluence des mondes entraîne aussi des débordements et des naufrages. Certains s'envolent, car la quête ancestrale de la vision n'est pas éteinte et se renouvelle dans les lieux empreints des vieux sortilèges de l'Amérique indienne. Certains, comme le héros du dernier roman de Scott Momaday, enfant indien adopté, peintre à succès, animé par un manque — une absence — qui le pousse à redécouvrir ses racines, essayent de retrouver leur passé perdu pour mieux comprendre un présent fragile.

Cette nouvelle littérature pose des interrogations propres à la condition indienne, mais non dénuées de portée universelle : quête spirituelle, recherche d'un ancrage, tentation de la chute, du renoncement, de l'alcoolisme, solitude en milieu urbain, rupture du contact avec la Nature.

8. *Le Monde*, 29 avril 1988.

VOLEURS DE TEMPS

Les héros de ce nouveau courant littéraire apparaissent comme des voleurs de temps, des rêveurs portés par des doutes et des enthousiasmes qui les font s'arrêter au bord du chemin pour faire un détour du côté du naturel et du surnaturel, vers l'espace encore empreint de magie, vers le grand courant de la vie qui anime encore certaines cérémonies traditionnelles, vers les mirages d'un monde qui ne serait pas tout à fait désenchanté.

Ces retours aux sources peuvent n'être qu'éphémères et faciliter les multiples passages entre l'Amérique indienne et l'autre Amérique, à laquelle ils reconnaissent aussi leur appartenance, même s'ils prétendent parfois s'en échapper. Mais c'est l'espace amérindien qui répond à la quête de ceux qui souhaitent parfois troquer leurs jeans et leurs T-shirts pour les mocassins ailés de leurs ancêtres.

L'OMBRE DE JOHN WAYNE

Il est significatif que ces dernières décennies aient correspondu au déclin et à la presque disparition du western, qui avait contribué à construire et à alimenter le mythe du Peau-Rouge[9]. Et pourtant, curieusement, après quelques films revigorants comme *Little Big Man*, le cinéma, en dépit de l'appui à la cause indienne de nombreuses personnalités du monde du spectacle, n'a pas pris la relève. On pouvait espérer de Jane Fonda ou même de Marlon Brando, une production mettant en scène la vie indienne d'aujourd'hui. Sans doute la réticence des Indiens à voir pénétrer des équipes de cinéma sur leurs terres, caméra au poing, a-t-elle contribué à ce retard et limité les tentatives à quelques réalisations confidentielles. Or, des talents comme celui de Martin Cruz Smith, qui ont une dimension commerciale, se prêtent à des scénarios à succès. Un amoureux du Nouveau-Mexique, Tony Hillerman (qui n'a pas une goutte de sang indien), a écrit toute une série de romans policiers insolites[10], dont le héros est un détective navajo, Joe Leaphorn, sans doute plus cinégénique que Maigret. C'est Robert Redford qui est le producteur de la première adap-

---

9. À cet égard, la sortie, en 1990, du film *Dancing with the Wolves* (« Danse avec les loups), renouvelle le genre du western, en faisant la part plus belle à la rencontre qu'à l'affrontement.
10. Notamment *Dance Hall of the Dead* (Là où dansent les morts), Rivages, 1989.

tation d'un ouvrage de Tony Hillerman *(Dark Wind)*, dont le tournage a commencé au cours de l'été 1990.

Quelques réalisations intéressantes mal diffusées, notamment l'adaptation du roman de Scott Momaday, *House Made of Dawn*, et des films d'action tels que *War Party*, de Frank Roddam, apportent un éclairage intéressant sur la condition indienne. Mais trop peu de films d'auteur se sont attachés à décrire l'Indien d'aujourd'hui. Et pourtant la littérature indienne, toute en errance, en ambiance, animée par le sens de l'espace et de la fuite, non dénuée de violence et d'éclats, oscillant entre la modernité métallique et le monde opaque et mystérieux des cérémonies traditionnelles, invite à des représentations visuelles, dans les décors épurés et grandioses qui ont fait la gloire du cinéma américain.

> « Le rôle des Indiens au cinéma se borne à mourir »
> LOUISE ERDRICH *(L'Amour sorcier)*

Les Peaux-Rouges eux-mêmes se sont mis derrière la caméra, se proclamant « faiseurs d'image », construisant un cinéma nouveau, presque exclusivement orienté vers le documentaire. Des réalisateurs indiens de talent, invités au festival du cinéma d'Amiens[11], en novembre 1987, ont fait valoir que le cinéma, « qui compresse le temps et l'espace », leur paraît un mode d'expression naturel et idéal. Il leur permet de faire percevoir, derrière l'image, au-delà de l'action, l'appartenance à un ordre cosmogonique ; il les porte à combiner le récit mythique, les faits historiques et les éléments de la vie quotidienne. Comme l'a déclaré le réalisateur hopi Victor Masayesva : « Le cinéma est en cela le reflet de la conception du monde selon les Amérindiens en général, qui intègrent à l'univers quotidien l'espace cosmique et l'univers terrestre[12]. »

Peut-être appartient-il à ces nouveaux créateurs d'images « contre l'oubli » d'élargir un peu leur champ d'action à des réalisations plus facilement accessibles. De même que l'affirmation de la littérature indienne s'est faite à travers le roman, qui n'est pas une forme d'expression traditionnelle, il semble que l'image de l'Indien ne puisse se transformer complètement qu'à travers quelques bons films de fiction, allant au-delà d'un manichéisme inversé. Le cinéma américain attend toujours son héros indien.

Le Peau-Rouge d'Hollywood appartient désormais aux cinémathèques et à la nostalgie des irréductibles. À l'aube de la dernière décennie du XXᵉ siècle, c'est une nouvelle réalité indienne

---

11. Voir : « Les blancs de la mémoire », Nelcya Delanoë, dans *l'Indianité, contextes et perspectives*, J. Rostkowski (éd.), PUN, 1988.
12. Entretien avec Gilles Laprévotte, *Les Indiens et le cinéma*, Trois Cailloux, Amiens, 1989.

qui se dessine aux États-Unis. En dépit de l'endurance d'un mythe cher aux rêveurs comme aux cyniques, il semble que les premiers Américains soient parvenus à relever le défi de leur mort annoncée. Leur voyage dans l'Histoire se poursuit et un taux de natalité double du taux national est leur principal allié.

Dans un élan d'affirmation de l'indianité, par l'action politique et juridique, par l'expression artistique et littéraire, les premiers Américains, en lançant un défi à l'oubli, sont parvenus à définir leurs propres conceptions de l'avenir. En tant qu'Américains antérieurs, ils se sont démontrés résolus à veiller sur l'espace amérindien, le soustrayant à la marche de l'Histoire. Sans être réfractaires à l'*American Dream*, qui échappe à la majorité d'entre eux, ils demandent à y être intégrés, mais, à certains égards, autrement.

En cette fin de siècle où s'officialise une écologie qui se voudrait une nouvelle alliance avec l'univers, alors que l'on s'inquiète du prosaïsme du quotidien et du désenchantement du monde, la perception indienne du continent américain n'apparaît plus comme un combat dépassé mais plutôt d'avant-garde. Aujourd'hui, le regard différent que portent les Indiens sur l'espace et le temps s'inscrit parmi les visions de l'Amérique de demain.

JOËLLE ROSTKOWSKI

Ethnohistorienne. Derniers ouvrages parus : *Le Renouveau indien aux États-Unis*, Éditions l'Harmattan, 1986 ; *L'Indianité, contextes et perspectives*, Presses universitaires de Nancy, 1988 ; *Les Indiens dans l'Histoire américaine*, en collaboration avec Nelcya Delanoë, dans la collection Histoire documentaire des États-Unis, Presses universitaires de Nancy, 1990.

DANIÈLE VAZEILLES

RÊVES SIOUX

LES SIOUX ONT TOUJOURS ÉTÉ UN PEUPLE DE VISIONNAIRES QUI RENCON-
TRAIENT PENDANT LEUR SOMMEIL OU PENDANT UN RÊVE ÉVEILLÉ DES PERSON-
NAGES ANTHROPOMORPHES OU DES ANIMAUX-WAKAN (« SACRÉ, MYSTÉRIEUX, SUR-
NATUREL ») QUI LEUR COMMUNIQUAIENT DES MESSAGES LEUR PERMETTANT
D'ACQUÉRIR DES POUVOIRS DANS DIVERS DOMAINES (CHASSE, GUERRE, DANSE,
TRAVAUX ARTISANAUX ET FÉMININS). LE CONTENU DE CES RÊVES-VISIONS, ET LA
NATURE DES ESPRITS RENCONTRÉS, PERMETTENT DE LES CLASSER EN DEUX
GROUPES DÉFINISSANT DEUX GRANDES CATÉGORIES DE VISIONNAIRES : LES
RÊVEURS ET LES MEDICINE MEN D'UN CÔTÉ, LES CHAMANS DE L'AUTRE.

LES Sioux contemporains
continuent à penser que les facteurs incontrôlables et les difficultés insurmontables, tout particulièrement les maladies et les
accidents, que rencontrent les hommes, ont pour origine la
volonté des puissances surnaturelles. Cependant, pour qui sait
« écouter » et « voir », la communication existe toujours avec
l'Autre Réalité ; et une certaine aide peut être ainsi obtenue
auprès des Êtres surnaturels. Certains visionnaires vont seulement « voir » et « rencontrer » sans qu'il y ait une réelle communication verbale ou même gestuelle. Actuellement, dans les
réserves sioux du Dakota du Sud, on « voit » des revenants ainsi
que des soucoupes volantes ; et on « rencontre » toujours certains des Esprits, en particulier Deer Woman ; et les chamans
connaissent de « grandes visions ». Les récits de ces « rencontres » avec les esprits permettent difficilement d'affirmer s'il
s'agit d'une vision à l'état éveillé ou d'un rêve. Pour les Indiens,
rêves et visions sont aussi importants que la réalité.

Les Sioux croient que l'on peut dialoguer avec les morts, en
particulier ceux décédés de mort violente. L'esprit de ceux qui
meurent par accident ou se suicident reste longtemps sur terre.
Apparemment pour deux raisons : « Dieu » — Wakan Tanka
(Grand Esprit) — décide seul de l'instant précis de la mort d'une
personne. Mais la personne reste libre de sa destinée, libre de
se donner la mort. Cependant, si le suicide n'est pas voulu par
le Grand Esprit, une des âmes du mort, l'âme *wanagi*, n'ira

189

pas tout de suite dans le « monde des Esprits » ; elle errera sur terre autour du lieu du suicide jusqu'à l'heure de sa mort voulue par Wakan Tanka. Les Sioux pensent qu'il est plus facile de rencontrer « l'âme » des suicidés que celle des autres morts, mais que, néanmoins, tous les morts continuent à s'intéresser aux membres de la famille et à leurs amis vivants, et cherchent à communiquer avec eux.

Des récits de rêves et autres communications personnelles avec les morts que j'ai recueillis, il ressort que les morts cherchent à transformer une situation dans le monde des vivants qui ne leur plaît pas et dans laquelle sont impliqués des amis et des parents ; ils s'efforcent aussi d'annoncer à un parent sa mort prochaine.

Un rêve et une rencontre à l'état de veille, pendant lesquels un mort vient annoncer la mort d'un parent, suivent le scénario suivant. Une vieille parente décédée, souvent une grand-mère classificatoire, vient offrir à boire ou à manger à celui qui va bientôt mourir. En acceptant de consommer ce qu'elle lui offre, la personne signe son arrêt de mort, or pour un Sioux traditionaliste, il est impensable de refuser de la nourriture proposée par une personne âgée de sa famille (Vazeilles, 1977).

Par ailleurs, les Sioux savent que quelques vieilles personnes, surtout des femmes, font des rêves se rapportant à la mort d'un membre de la famille et, « invariablement, quelques jours plus tard, la personne meurt ».

Dans le même ordre d'idée, certains Sioux « font des rêves et immanquablement, quelques jours plus tard, la personne est malade ». Il s'agit d'un rêve où l'on voit la personne qui va mourir, ou bien d'un rêve ou d'une apparition d'une « chose noire », d'un « oiseau noir », qui bat des ailes contre les fenêtres, les portes. Le dormeur, saisi d'une terrible angoisse, se réveille sachant que quelqu'un de sa famille va bientôt mourir...

DEER WOMAN ET « HOMMES-FEMMES »

«Femme Biche », une belle jeune femme aux yeux noirs étincelants, toujours habillée de vêtements traditionnels, blancs et somptueusement décorés, apparaît lors des danses dites indiennes, aussi appelées *pow-wow* ; autrefois, les hommes et les femmes pouvaient la rencontrer à la chasse ou à la cueillette. Actuellement, on pense qu'il s'agit d'un vampire un peu spécial et qu'elle est le chef d'une organisation de prostitution, car souvent les personnes qui l'ont suivie sont retrouvées couvertes de sang, sans souvenance de ce qui est arrivé, et par la suite deviennent des fugueurs et/ou des prostitués...

Dans un autre article (1990), j'ai développé l'hypothèse que les « hommes-femmes » ou berdaches[1] (*winkte* en sioux lakota) de l'Amérique du Nord sont des personnes « normales » anatomiquement parlant, mais qui adoptent périodiquement les occupations et les comportements de l'autre sexe pour obtenir un changement de statut social et religieux. Les berdaches peuvent être des homosexuels, mais ils sont avant tout des personnes investies de pouvoirs surnaturels octroyés par des entités mythiques, le plus souvent féminines ou androgynes, qui changent facilement de sexe.

Dans les rêves et les visions des berdaches des plaines, c'était le plus souvent Esprit Lune qui apparaissait. Le scénario est le suivant : Esprit Lune tient dans une main une courroie destinée à porter des fagots de bois, tâche féminine, et dans l'autre main un arc et des flèches. Si le rêveur masculin choisissait la courroie, il devenait un berdache. Il arrivait qu'Esprit Lune trompât le garçon qui voulait choisir l'arc, en croisant rapidement les bras, l'obligeant ainsi à saisir la courroie.

Un scénario similaire se retrouve dans les rêves des Sioux se rapportant à Deer Woman. Les hommes sioux qui saisissaient les objets pour le grattage des peaux devenaient des berdaches. Les femmes qui choisissaient les objets féminins s'entendaient dire « qu'elles avaient mal choisi, mais qu'elles deviendraient riches ». Par la suite, elles devaient se joindre à « l'Association des travailleurs de piquants de porc-épic » *(wipata Okalakiciye)* à laquelle appartenaient aussi les berdaches masculins. Quant aux femmes qui choisissaient la coiffure des hommes, Femme Biche leur annonçait « qu'elles étaient dans la bonne direction et que tout ce qu'elles auraient serait un sac vide », ce qui veut dire que ces femmes ne chercheraient qu'à séduire les hommes et deviendraient éventuellement des prostituées (Wissler, 1912 : 93).

Il est difficile de savoir si les jeunes *winkte* sioux contemporains attribuent leur condition à l'influence du surnaturel. Certains m'ont affirmé qu'ils « se sentent comme influencés par les phases de la lune », et qu'ils avaient « même rêvé que leur esprit gardien *(Spirit helper)* avait des menstruations ».

---

1. Berdache, du vieux français bardache, mot colporté en Amérique du Nord par les voyageurs français et canadiens français dès le XVIe siècle ; l'origine du mot est arabe, *bardaj*, ou persane, *barah*, « esclave ».

LES CULTES DE RÊVEURS

Autrefois, tous les jeunes Sioux cherchaient la protection des Esprits, lors de jeûnes et de pratiques d'autotorture qu'ils s'infligeaient sur une colline isolée, où ils restaient pendant au moins quatre jours en priant et en déambulant rituellement pour s'efforcer de rester éveillé et d'obtenir l'aide surnaturelle qu'ils escomptaient. J'ai développé par ailleurs l'hypothèse que, lors de leur « isolation pendant leurs menstruations » *(isnati)*, les femmes indiennes se trouvaient par leur nature biologique en situation de faiblesse propre à favoriser les contacts avec les esprits, tout comme les hommes lors de leur ascèse volontaire.

Un certain nombre d'animaux étaient considérés par les Sioux comme des créatures particulièrement *wakan* (à pouvoirs sacrés) : cerf, wapiti, bison, ours, loup, coyote, aigle et cheval. Ces animaux apparaissaient souvent dans les rêves-visions aux côtés d'animaux secondaires : renard, loutre, hibou, pivert, lapin, mouflon ou chèvre des montagnes... Les individus ayant eu un même type de rêve, avec apparition du même animal-esprit se regroupaient en « associations de rêveurs » *(ihanblapi Okalaki-ciye)*, souvent désignées par l'expression « cultes de rêveurs » (Wissler, 1912).

Le schéma typique des rêves des « rêveurs » comprend les personnages suivants : le rêveur, l'instructeur ou le messager surnaturel, l'individu malade ou l'ennemi à détruire, c'est-à-dire dans les deux cas quelqu'un pour qui, ou contre qui, une « médecine » doit être utilisée, et, enfin, les esprits ou personnages surnaturels qui vont donner les « médecines » et les pouvoirs magiques.

Au cours du rêve, le messager surnaturel, anthropomorphe ou thériomorphe, annonce qu'une « médecine » ou des pouvoirs seront donnés au rêveur. Il conduit le rêveur chez les esprits, et lui fait reconnaître le malade à guérir, ou l'ennemi à tuer. L'ennemi apparaît comme une créature thériomorphe, souvent un loup. Lorsque le messager surnaturel disparaît, il le fait sous forme animale, celle qui déterminera l'association à créer ou celle, déjà existante, à laquelle le rêveur devra s'associer.

Pour les Sioux, les esprits ont une apparence thériomorphe ou anthropomorphe ; ils sont souvent associés à des plantes médicinales ou magiques, qui seront utilisées comme « médecines » *(pejuta)* (Vazeilles, 1990-c). Les plantes vues en rêves seront recherchées, ramassées, préparées (séchées, pulvérisées), puis conservées dans de petits sachets attachées à un objet *wakan* (« consacré »), par exemple une dépouille ou une peau de l'animal associé à l'aide surnaturelle. Le rêveur peut être un simple visionnaire, mais il peut aussi avoir obtenu des pouvoirs pour être un « guérisseur par les plantes » — *pejuta wicasa (medicine man)* ; dans ce cas son pouvoir réside dans les plantes ou les objets *wakan*, rencontrés dans le rêve.

Le rêveur devait rapidement faire connaître son rêve à sa communauté. Pour cela, il choisissait un homme âgé, considéré comme un sage, qui jouait le rôle de crieur public, de héraut, et qui lançait des invitations aux autres rêveurs reconnus pour participer au festin et à la cérémonie de mise en scène du rêve, donnée par le rêveur et sa parentèle.

RÊVES FONDATEURS DES SOCIÉTÉS ET ASSOCIATIONS

On possède quelques études, écrites par des auteurs de la fin du XIXe siècle et du début du XXe siècle, sur les confréries, les sociétés guerrières, policières et civiles des Indiens des Plaines. Ces documents permettent d'affirmer que les sociétés ont très certainement été fondées par des rêves-visions d'un individu, parfois d'un chaman. Elles furent modifiées plusieurs fois à la suite de rêves d'autres individus. À ce propos, il serait peut-être utile de rappeler que la culture dite des Indiens des Plaines n'a commencé à exister qu'à partir du début du XVIIIe siècle jusqu'à la fin du XIXe siècle.

Ces sociétés auraient disparu dès les premières années de la vie dans les réserves, sauf celle des *Tokala* (*Kit Foxes*, « petits renards ») et la « Société des chefs », qui ont survécu jusqu'en 1910. La dernière société créée, en 1879, celle des *Sotka Yuha* (*Bare Lance Owners* — « propriétaires de lance sans décoration »), disparut vers 1886 (Wissler, 1912 : 62).

L'organisation des sociétés démontre une fois de plus la volonté de ces Indiens de ne jamais dépendre d'un seul chef, d'un seul lieu du pouvoir. Chaque société possédait deux ou quatre leaders secondés par des « lieutenants-conseillers » — *akicita itancan*. Les nouveaux membres étaient choisis plutôt secrètement par les anciens membres, même si la parenté jouait quand même un certain rôle. Cependant, vers la fin du XIXe siècle, il devint possible d'acheter son admission dans certaines sociétés. Les femmes, présentes dans toutes les sociétés, participaient en tant que chanteuses et cuisinières ; mais, parfois, elles jouaient un rôle important dans les rituels. On pouvait être membre successivement, ou en même temps, de plusieurs sociétés. L'âge n'était pas un critère essentiel de sélection, sauf peut-être pour les postes importants de la Société des chefs.

Les sociétés guerrières et policières avaient à peu près la même organisation interne : deux hommes « porteurs de lances droites », deux « porteurs de lances recourbées », deux « porteurs de hochets », des hommes « porteurs d'une traîne » et des guerriers dits *staked warriors* (sorte de kamikazes), encadrant les simples membres qui étaient néanmoins des hommes ayant fait leurs preuves à la chasse et à la guerre. Malgré ces similitudes de structure, les sociétés chez les Sioux rivalisaient entre elles : vols de femmes mariées, paris en tous genres, jeux, courses de chevaux, rivalités à la guerre, des pratiques qui se retrouvaient dans presque toutes les tribus des Plaines.

Les cérémonies annuelles des sociétés *(Okalakiciye)*, ainsi que celles des « cultes » de rêveurs *(Ihanblapi)*, avaient lieu au printemps après la fonte des neiges, avant que le campement d'hiver ne soit abandonné. Les intronisations des nouveaux membres et des rêveurs prenaient place à ce moment.

Les visions fondatrices des sociétés guerrières et policières *(akicita okalakiciye)* débutent par la description d'une situation précise (blessure du rêveur à la guerre, expédition de chasse solitaire, etc.), appartenant à la vie quotidienne des Sioux. Puis un messager surnaturel annonce la rencontre (voix seule ou apparition). Le rêveur arrive dans un campement qui a l'air « normal », mais dont quelques détails font comprendre que le héros est maintenant dans l'Autre Réalité, mais toujours sur terre.

Dans ces récits de fondation des sociétés, le moment se rapportant au rêve proprement dit est toujours très court. Par contre, la description des préparations pour le rituel de mise en scène du rêve est détaillée. Il est clair que mise en scène et rituel cherchent à reproduire, dans le village de la vie quotidienne, ce qui s'est passé dans le rêve, dans le « Monde des Esprits », pour persuader les spectateurs des pouvoirs obtenus par le nouveau visionnaire. Il s'agissait en effet que les membres de sa communauté aient foi en lui pour le suivre dans ses entreprises : création ou réorganisation d'une société en vue de former des raids de guerre pour tuer des ennemis, voler leurs chevaux et ramener du butin.

LES « GRANDES VISIONS » DES CHAMANS

Dans un premier temps, le candidat chaman rencontre des messagers *(akicita)* des Entités surnaturelles. Ces messagers, souvent thériomorphes, viennent le chercher et l'emmènent dans un « monde en haut ». De là-haut, il voit la terre et les corps célestes (étoiles, lune, arc-en-ciel, Voie lactée, aurore boréale).

Dans un deuxième temps, les messagers l'amènent devant des Esprits supérieurs. Ces « puissances » (les Sioux disent *powers* en anglais) sont en fait certains des avatars principaux du Grand Esprit — Wakan Tanka. Actuellement, il s'agit des « Amis des Quatre Quartiers de l'Univers » *(kola of the Four Quarters of the World* ou *Four Winds)*, la « Terre-Mère » *(Mother Earth)* et « l'Esprit du Monde » *(World Spirit)*. Les Sioux contemporains appellent ces puissances des « Grands-pères ». Ces « Grands-pères du Monde » prennent souvent la forme d'un vieil homme ou d'une vieille femme, ils peuvent se métamorphoser en humains et en animaux au cours de la vision, permettant ainsi au vision-naire de les identifier.

Dans un troisième temps de la rencontre, les Grands-pères du Monde qui ont décidé d'aider le futur chaman font une démons-tration des pouvoirs qu'ils vont lui accorder. Tout d'abord, le candidat voit défiler, en bas, sur la terre, le passé, le présent et l'avenir de la nation sioux. Les Grands-pères lui font voir aussi le film de ses actions futures de guérisseur et de guide spiri-tuel de son peuple. Parfois, ils exigent du candidat chaman que celui-ci fasse, dans le Monde des Esprits, une démonstration des pouvoirs qui vont lui être octroyés, en lui demandant par exem-ple de guérir un Esprit.

Finalement, devant son succès, les Grands-pères lui octroient définitivement des pouvoirs surnaturels et l'aide de certains Esprits subalternes : animaux, pierres et plantes. Les Esprits messagers venus le chercher le ramènent sur terre, souvent sur un petit nuage.

Une telle vision, décrivant un voyage céleste dans le Monde des Esprits, est considérée par les chamans comme étant « la grande vision » *(wakanyan wowanyanke)*. Celui qui a eu une expérience extatique de ce type est reconnu comme ayant été choisi par les Grands-pères pour devenir un chaman, un voyant-guérisseur capable de guérir grâce aux seuls pouvoirs surnatu-rels octroyés par les Esprits et de voyager dans les mondes parallèles.

QUELQUES CLEFS DES SONGES SIOUX

Pour comprendre les multiples niveaux de significations de l'Autre Réalité, il faut connaître les clefs du symbolisme cosmologique de la société chamanique considérée. Nous analyserons brièvement quelques-uns des aspects symboliques du contenu des rêves et de leur mise en scène pour en souligner la richesse.

Dans les rêves fondateurs de nombreuses sociétés, surtout du type policières et guerrières, ainsi que dans les rituels de mise en scène, Esprit Loup joue un rôle important en rapport avec les pratiques guerrières et cynégétiques des tribus des Plaines. Le loup est, avec le chien et le coyote, un animal en rapport avec les puissances de l'ouest. Il est associé au brouillard qu'il fait venir pour faciliter l'approche des guerriers ou des chasseurs.

Autrefois, les Sioux consommaient du chien pour honorer leurs visiteurs, ainsi qu'après une séance chamanique et pendant le rituel dit « Danse de la Marmite », anciennement appelé « rituel pour faire le clown » *(heyoka kaga)*. Obligation était faite aux chamans dits « contraires », visionnaires de *Wakinyan* (« être ailé ») — Oiseau Tonnerre —, sous sa forme de divinité *heyoka* (clown), d'accomplir une cérémonie de ce type. Il leur fallait attraper à mains nues de la viande brûlante, et agir de manière opposée aux normes sociales et religieuses. Il existait un rituel et une obligation similaires que les *Omaha Dancers* (ou *Grass Dancers*) devaient périodiquement accomplir autrefois. Leur coiffure, deux plumes d'aigle pivotantes fixées au centre d'une coiffe en crin de cervidés et piquants de porc-épic, symbolisait en quelque sorte leur maîtrise du feu, signification qui semble inconnue aux Sioux contemporains, et pourtant de nombreux danseurs l'arborent fièrement lors des *pow-wow* actuels.

La maîtrise du feu se retrouvait dans les rituels de la société dite *Miwatani* (ou Mandan). Des parentes (le plus souvent les sœurs) des nouveaux membres apportaient des braises dans leurs mains nues. D'où tenaient-elles ce pouvoir ? les textes anciens ne le précisent pas. Par ailleurs, l'homme *miwatani* qui reprenait sa femme après l'avoir « jetée » devenait, semble-t-il, un clown contraire — *heyoka*.

Les rêveurs de Deer Woman envoyaient des éclairs, à l'aide de miroirs, pour aveugler certains des spectateurs qui tombaient inconscients et crachaient du sang, de la terre et de l'armoise, signes en quelque sorte de leur élection par cette entité. De leur côté, les rêveurs du Wapiti portaient un miroir, souvent placé au centre d'un cerveau de cordes entrelacées dit en toile d'araignée. Un autre miroir était placé sur l'autel du Wapiti pour symboliser la lumière (Densmore, 1918 : 249). Les rêveurs du Wapiti manipulaient leurs miroirs comme les visionnaires de Femme Biche, avec les mêmes résultats.

On peut interpréter la « mort momentanée » causée par le « regard meurtrier » des rêveurs du Cerf-à-queue-noire de la même manière que l'inconscience induite par les éclairs des miroirs. D'ailleurs, ces rêveurs détectaient les futurs membres de leur société en regardant dans un miroir ou dans un cerceau de corde en toile d'araignée.

Dans un ouvrage précédent, nous avons démontré que les Sioux du passé considéraient que la plus grande compréhension du Mystère de Wakan Tanka pouvait être entr'aperçue lors de fulgurantes révélations provoquées par les éclairs lancés par les yeux d'Oiseau Tonnerre. D'une manière similaire, mais à un moindre niveau, les Esprits cervidés, par l'intermédiaire des éclairs de lumière, projetés par des miroirs portés par les rêveurs de ces animaux, communiquaient une certaine connaissance de l'invisible et certains pouvoirs mineurs.

Pour les Sioux, les éclairs symbolisent l'imprévisibilité, la rapidité et l'invulnérabilité. Ces propriétés caractérisent les animaux consacrés aux Oiseaux Tonnerre. Or, les cervidés sont aussi des animaux à la course rapide, bondissante, zigzagante, donc imprévisible, qui leur assure une protection certaine contre les prédateurs, y compris les flèches des chasseurs. Dans certains rêves, c'est un cervidé aux mouvements lents, donc l'inverse de l'attitude habituelle de ces animaux craintifs, qui sert de messager pour annoncer la manifestation imminente des Esprits de l'ouest, inspirateurs des visionnaires contraires.

Par ailleurs, dans les mythes des Sioux, Deer Woman, appelée Anog Ite (« Femme au double visage »), est en rapport avec Iktomi le trickster (un fripon divin), un homme-coyote, dont le nom signifie araignée, et qui est le bizarre rejeton d'Oiseau Tonnerre et de Inyan (Rocher), autre puissance de l'ouest symbolisant la masculinité.

On peut conclure en affirmant que les Puissances de l'ouest, sous la forme des Êtres-Tonnerre, sont les Esprits qui ont inspiré le plus grand nombre des rêves-visions aux visionnaires et chamans sioux, en particulier les très puissants Heyoka du passé. Les messagers thériomorphes de ces puissances ont inspiré les rituels guerriers et cynégétiques des Indiens Sioux.

BIBLIOGRAPHIE

DENSMORE FRANCE, 1918, *Teton Sioux Music*, Bulletin of the Bureau of American Ethnology n° 61, Washington DC, 1-533. Reprint. Da Capo Press, New York, 561 p., 1972.
NEIHARDT JOHN, 1977, *Élan Noir ou Mémoire d'un Sioux*, Paris, Stock, 279 p., traduction française de *Black Elk Speaks*, 1961.

VAZEILLES DANIÈLE, 1977, *le Cercle et le Calumet*, Toulouse, Privat, 200 p. ; 1982, « Quelques aspects du chamanisme des Indiens Sioux Lakota », *in l'Ethnographie : voyages chamaniques II*, t. 78, n° 87188, Paris, Maisonneuve et Larose, 113-130 ; 1985, « Chamans et guérisseurs sioux : parenté et harmonie cosmique », *Anthropologie et ethnologie françaises : le Corps humain, Nature, Culture, Surnaturel*, 110e Congrès national des Sociétés savantes, Montpellier, 345-364 ; 1986-a, « Oiseau-Tonnerre, Maître des Eaux : représentations symboliques de l'eau chez les Indiens des Plaines », *Anthropologie et ethnologie françaises : Usages et Représentations de l'eau*, 111e Congrès national des sociétés savantes, Montpellier, 287-301 ; 1986-b, « Communication avec les Esprits et identité culturelle : exemples sioux », *La Communication, revue languedocienne de sociologie et d'ethnologie*, université de Montpellier III, mai, 195 p., 47-49 ; 1990-a, « Le double style de vie des berdaches, les hommes-femmes amérindiens », *Identité et style de vie, revue languedocienne de sociologie et d'ethnologie*, juin, 167-193 ; 1990-b, « Suenos y visiones de los Sioux Lakotas », *in Antropologia y Experiencias del Sueno*, Michel Perrin coordinador, coédition : MLAL y Ediciones Abya-Yala, Ecuador, 302 p., 49-66 ; 1990-c, « Les plantes dans les mythes et les rituels des Indiens Sioux », *les Plantes et les saisons : calendriers et représentations*, éd. Marianne Mesnil, collection Ethnologies d'Europe, revue Civilisations, institut de sociologie de l'université libre de Bruxelles, 389-415.
WALKER JAMES R., 1980, *Lakota Belief and Ritual*, éds. R. de Mallie et E.A. Jahner, Lincoln, University of Nebraska Press, XII-XXIX, 329 p.
WISSLER CLARK, 1912, *Societies and Ceremonial Associations in the Oglala Division of the Teton Dakota*, Anthropological Papers, American Museum of Natural History, vol. 11, pt. 1, New York, 1-99.

DANIÈLE VAZEILLES

DANIÈLE VAZEILLES

LA DANSE DU SOLEIL

La Danse du Soleil (sundancing en anglais ; wiwanyang wacipi « en regardant le soleil ils dansent ») est la grande cérémonie annuelle des Indiens des Plaines et des Sioux en particulier, chez qui nous avons pu assister à environ une douzaine de danses depuis 1970. C'est une cérémonie religieuse impressionnante pendant laquelle les Indiens rendent grâces au Grand Esprit, par des prières et des pratiques d'autosacrifices, pour sa bonté envers les êtres humains, pour toutes les choses et les animaux peuplant l'Univers.

Dans le passé, les rares observateurs blancs : agents indiens, missionnaires, visiteurs éventuels, aveuglés par les aspects sanglants et barbares, et effrayés par la violence et le sang, furent incapables de comprendre les buts profonds du rituel de la Danse du Soleil. Pourtant, les sacrifices sanglants ont appartenu à toutes les sociétés, qui s'en sont servies à un ou plusieurs moments de leur histoire. Répandre le sang des hommes et des animaux apparaissait, et continue d'apparaître pour de nombreux groupes humains, comme le meilleur moyen d'invoquer les puissances qui gouvernent l'univers. Le Christ lui-même ne donna-t-il pas son accord à un rituel dont il fut la victime ? Comme George Grinnell le souligne justement dans son livre sur les Indiens Cheyennes : « ... on condamne les sauvages pour les actions mêmes que l'on admire lorsqu'elles sont rapportées dans les Livres saints » (Grinnell, 1972, 214).

Or, tout au long de la semaine que duraient les préparatifs et la cérémonie, les observateurs auraient pu constater, s'ils ne s'étaient pas laissé obnubiler par les pratiques d'autotorture, un raccourci des pratiques et des croyances religieuses des Sioux. De même, ce rituel leur permettait de se retrouver tous les ans dans un immense campement où les amitiés se nouaient et se consolidaient ; des dettes au Grand Esprit se payaient ; des alliances matrimoniales se décidaient ; des liens politiques s'affirmaient ; et les sociétés, les confréries et associations se réorganisaient. En bref, tous faisaient des plans pour l'avenir de la nation sioux.

199

Cette cérémonie fut interdite dès 1879 par le gouvernement de Washington, mais les Sioux continuèrent à la pratiquer clandestinement dans des endroits reculés des réserves, hors de portée des agents gouvernementaux, car une société n'abandonne pas, du jour au lendemain, ce qui forme le cœur de son existence. Ces rituels clandestins se déroulaient en prenant certaines précautions : un mât central beaucoup plus court pour ne pas attirer l'attention, sans enceinte de branchages ; pas de sacrifice sanglant, les Danseurs du Soleil se contentant de passer des cordes autour de leur torse. Les seules cérémonies publiques autorisées avaient lieu pendant les fêtes annuelles américaines : il y eut des *pow-wow* (danses traditionnelles à caractère profane et religieux, un peu l'équivalent des bals du samedi soir) pour la fête nationale du 4 juillet et la fête des moissons à l'automne.

À partir de 1920, la *Sundance* reprit un peu d'importance, plus ou moins ouvertement jusqu'en 1928, année qui connut un changement dans la politique du gouvernement fédéral. Et la Danse du Soleil recommença à être pratiquée officiellement, mais toujours sans *piercing*, des non-Indiens y assistèrent, certains y participèrent, dit-on. Dès 1928, le directeur de la *Sundance (Sundance Intercessor)* demanda à un jeune chaman (*wicasa wakan*, « homme saint »), Frank Fools Crow, de l'aider à encadrer le rituel, que Fools Crow fut seul à diriger à partir de l'année suivante. Cependant, vers les années 40, il y eut une baisse d'intérêt des Sioux envers leur grande cérémonie annuelle. Ainsi, certains soldats, qui, au retour de la Seconde Guerre mondiale, voulurent accomplir ce rituel, durent aller chez leurs voisins les Cheyennes.

Les Indiens exercèrent des pressions sur l'agent indien pour que la *Sundance* se déroule normalement comme autrefois. À partir de 1952, le Bureau des Affaires indiennes (BIA) donna son accord, à une seule condition, que Fools Crow soit responsable si les danseurs tombaient malades à la suite d'une infection de leurs blessures.

Peu de temps après que les Sioux traditionalistes eurent remis à l'honneur le sacrifice personnel *(piercing)* des Danseurs du Soleil, les chefs politiques des réserves sioux essayèrent de se servir de cette cérémonie pour leur propre publicité et leur avancement politique. Mais c'était sans compter avec la force de la tradition et l'influence des leaders traditionalistes qui jouèrent un plus grand rôle que certains spécialistes ne l'avaient prévu. D'un autre côté, le fait que les Indiens aient été enfermés pendant si longtemps dans les réserves, où ils furent considérés comme des prisonniers de guerre jusque vers la Première Guerre mondiale, les avaient aidés à maintenir leur foi religieuse, qui restait, tout compte fait, la seule force morale et culturelle capable d'unifier les Sioux, et cela malgré l'intrusion et une adoption certaine, par la plupart des Indiens, d'un mode de vie non indien.

Et d'ailleurs, les rassemblements pour la Danse du Soleil se sont faits de plus en plus traditionalistes, depuis l'année 1970, où, pour la première fois, j'ai pu assister à la *Sundance* de la réserve des Sioux Oglala de Pine Ridge (Dakota du Sud). Depuis plusieurs années, les manèges et les attractions commerciales, qui se déroulaient dans les années 70 autour de l'enceinte cérémonielle, ont disparu ou se tiennent loin de l'emplacement consacré.

ANCIENNETÉ DE LA DANSE DU SOLEIL

Les Sioux disent qu'ils ont pratiqué la Danse du Soleil depuis la nuit des temps. Les anthropologues la font remonter à 1750-1800. Les archéologues ont mis en évidence la disposition particulière de certaines des pierres composant les alignements à vingt-huit tas de pierres dits « Roues de la Médecine » *(Medicine Wheels)* que l'on trouve dans les hautes plaines du nord des États-Unis, de chaque côté de la frontière canadienne. Or, on sait que le « tipi du Soleil » comporte lui aussi vingt-huit poteaux. Ces monuments de pierre auraient été construits entre − 5 000 à − 4 000 av. J.-C. Ces « Roues de la Médecine » présentent trois tas de pierres alignés de manière à ce qu'ils annoncent successivement l'apparition de trois étoiles : Aldébaran de la constellation du Taureau, Rigel d'Orion et Sirius du Grand Chien. Vers les années de leur construction, Aldébaran se levait le jour du solstice d'été juste avant le soleil, annonçant ainsi ce jour fastueux. Vingt-huit jours plus tard, c'était le tour de Rigel d'annoncer le lever de l'astre solaire, et vingt-huit jours après, le tour de Sirius.

DANSE DU SOLEIL ET SOLSTICE D'ÉTÉ

Les Danses du Soleil jusqu'au début du XXᵉ siècle se déroulaient aux alentours du solstice d'été, plutôt quelques jours après. Certaines autres conditions devaient être réalisées : « pendant le mois lunaire » ; ... « quand les bisons sont gras » ; ... « quand les nouvelles pousses d'armoises ont un *span* de long » (dans les plaines du Dakota du Sud, il s'agit souvent de l'armoise, *sage* ou *sagebrush* — termes à tort traduits par « sauge » —, identifiée le plus souvent comme étant *Artemisia gnaphalodès Nutt*, qui fleurit de juin à octobre) ; « ... quand les merises sont mûres » ; « ... quand la lune se lève lorsque le soleil se couche »... Mais d'autres Sioux ont proclamé que ce rituel avait lieu « chaque année à la pleine lune au milieu de l'été quand les *june berries* étaient mûres et quand l'armoise avait atteint sa pleine maturité »... (*cf.* Densmore, 1918 : 99).

Aujourd'hui, il y a une certaine volonté et désir, pour un nombre de plus en plus important d'Indiens, de participer à plusieurs *Sundances*, ce qui explique, entre autres, les différentes dates espacées de juillet à fin août, voire fin juin pour des Danses du Soleil pour les femmes. Par ailleurs, les Indiens étant des travailleurs comme tout le monde, il vaut mieux fixer les dates aux périodes de vacances officielles et pendant les week-ends, pour permettre à un plus grand nombre d'assister et de participer à ce rituel. D'ailleurs, autrefois, il y avait plusieurs *Sundances* par an ; les Sioux Teton Lakota (ceux de l'Ouest) s'alliaient avec les Yanktonais, et les Sioux Santee avec les Sioux Sisseton (Sioux de l'Est), ce qui expliquerait les différences entre les cérémonies pratiquées par ces deux grands groupes.

La plupart des tribus des Plaines célébraient annuellement une cérémonie de ce genre, sous des formes différentes dues à l'éparpillement des tribus. Les symboles variaient d'une tribu à l'autre. Un même terme pouvait désigner là une réalité fondamentale et ailleurs un aspect secondaire de cette même réalité. Mais les aspects essentiels de la pensée mythologique et religieuse des Indiens des Plaines restaient toujours assez identiques dans la variété de leurs expressions.

Il est certain que la rencontre des Indiens et des Euro-Américains modifia quelque peu ces cérémonies. Dès la fin du siècle dernier, les relations privilégiées que ce rituel entretenait avec la chasse et la guerre s'estompèrent, mais ne disparurent pas entièrement. Par ailleurs, le but central de la cérémonie devint la survie et le bien-être des Indiens confinés, dans un premier temps, dans les réserves.

LES DANSES DU SOLEIL
DANS LA LITTÉRATURE ETHNOGRAPHIQUE

Les quelques bonnes descriptions complètes de la *Sundance* des Sioux Lakota sont celles de J.O. Dorsey (1894), Frances Densmore (1918), J.R. Walker et, pour les cérémonies récentes, Ethel Nurge, D. Vazeilles (1977 et un ouvrage encore inédit de 1984) et surtout Thomas Mails dont le livre *Sundancing at Pine Ridge and Rosebud* comporte un important dossier photographique complété par des dessins et peintures de l'auteur.

L'étude ancienne la plus complète reste l'ouvrage de J.R. Walker (vol. 16 des AP AMNH : 55-121). Walker lui-même, qui a vécu dans la réserve de Pine Ridge de 1896 à 1914, n'a jamais assisté à aucune *Sundance*. Cependant, il a collecté des matériaux auprès de plusieurs chamans, visionnaires et leaders des Sioux Lakota, qui croyaient à l'époque que les rituels de leur peuple risquaient fort de disparaître complètement. Il suffit pour s'en rendre compte de lire les notes complètes de Walker qui viennent d'être éditées avec des commentaires de Raymond De Mallie par les éditions de l'University of Nebraska Press (1980, 329 p.). Les témoignages des informateurs de Walker ne peuvent être mis en doute car, comme ils l'expliquèrent à l'auteur anthropologue et médecin :

> « ... J'ai fait la *Sundance*. Ainsi lorsque je montrerai mes cicatrices, aucun Oglala (tribu sioux lakota) ne doutera de ma parole... »
> Dixit Little Wound, *in* Walker, 1980 : 67

LA DANSE DU SOLEIL DES SIOUX LAKOTA AU SIÈCLE DERNIER

Selon les informateurs oglala de Walker (1917 : 60-112), la *Sundance* se déroulait en deux périodes de quatre jours.

La première période était celle des préparations. Le premier jour, on commençait par nommer les responsables des divers rituels et manifestations. Le deuxième jour, avait lieu une assemblée et procession de tous les *medicine men* autour de leur « Esprit-patron » *Hunonpa Wakan*, « ours surnaturel, sacré ». Suivait un festin de viande de chien pendant lequel on annonçait les noms des Danseurs du Soleil. Le troisième jour, on choisissait les hommes qui devraient repérer l'arbre solaire, appelés « chasseurs » ou « éclaireurs », et ceux qui participeraient à l'escorte pour ramener l'arbre. On décorait aussi un crâne de bison qui servirait en quelque sorte d'autel portatif. Puis avait lieu une fête en l'honneur de *Tatanka Wakan*, « Bison Sacré », un des seize avatars de Grand Esprit *(Wakan Tanka)*. Le quatrième jour, on nommait les femmes qui serviraient d'aides aux danseurs. Dans un rituel précis, « *biting of the snake* », elles affirmaient leur virginité. Ensuite, avait lieu un festin réservé aux femmes. Le soir, une procession des *medicine men* chassait les mauvaises influences et faisait des prières aux morts.

La deuxième période était consacrée aux différentes étapes plus précises de la *Sundance*, et le quatrième jour avait lieu la Danse du Soleil proprement dite. Ces quatre jours étaient dédiés à *Maka* (Terre) et à *Wakinyan* (Oiseau Tonnerre), qui font croître et pousser toutes choses avec l'aide de *Skan* (Ciel), *Tate* (Vent), et *Wi* (Soleil). Les Sioux pensaient que des gens impurs qui se risqueraient à rester dans le campement seraient un jour ou l'autre punis par Oiseau Tonnerre.

Le premier jour débutait par des prières à l'Aurore. Puis, sur l'ordre du chaman *(wicasa wakan)* directeur de la *Sundance*, les guerriers chargeaient rituellement l'emplacement sacré pour en chasser les *Wakan Sica*, « les mauvais Esprits ». Les *medicine men* marquaient l'endroit où il faudrait planter l'Arbre solaire. Ils y faisaient du feu avec des bouses de bison séchées. Ils déterminaient aussi l'emplacement de la Loge sacrée réservée au « leader des Danseurs » et aux objets sacrés. Les femmes se chargeaient ensuite de la construire (monter la tente étant un travail féminin). Le directeur de la Sundance en préparait l'intérieur et disposait les objets sacrés. Les Danseurs du Soleil y faisaient ensuite en grande pompe leur entrée et y fumaient un calumet avec les *medicine men*. Entre-temps, les « chasseurs » étaient partis à la recherche de l'Arbre, pendant que d'autres hommes s'affairaient à construire la « Loge du Soleil ». La journée se terminait par une procession en l'honneur de *Tatanka Wakan* et de *Yumni* (Tourbillon). À ce moment, écrit Walker, « les jeunes hommes et les jeunes femmes pouvaient faire l'amour ». Le soir, il y avait une fête pour tous, « dans la joie et l'égalité des sexes ». Les jeunes hommes jouaient de la flûte d'amour pour les jeunes femmes.

Le deuxième jour, après les prières à l'Aurore, avait lieu un simulacre de combats contre les *Can Oti*, les *Ungla* et les *Gica*, des entités espiègles et méchantes de la nature et des habitations. Puis se déroulait une procession en l'honneur de « l'Ours surnaturel ». Ensuite, avait lieu la capture de l'Arbre solaire.

Le troisième jour débutait comme le deuxième. Pendant la procession des sexes, les femmes, qui défilaient en premier, chantaient en l'honneur de *Maka* (Terre) et de *Wohpe* (Étoile filante ou Féminité), et les hommes en l'honneur de *Skan* (Ciel) et des Vents. On érigeait ensuite l'Arbre et on terminait l'installation de l'Enceinte du Soleil.

Le quatrième jour était particulièrement propice et heureux, car il devait s'agir en fait du « jour du milieu de l'année lunaire », le solstice d'été (Walker, 1917 : 112). Dès l'apparition de l'Aurore, chacun portait ses plus beaux vêtements. Les Danseurs annonçaient leurs décisions quant à la forme de sacrifice qu'ils voulaient subir. Puis ils étaient solennellement décorés et peints. Ensuite, venait une procession entre la Loge sacrée et l'Enceinte du Soleil, le long du Sentier du Soleil, dont les seize poteaux étaient arrachés après le passage des Danseurs. Avant d'entrer dans l'Enceinte, ils en accomplissaient quatre fois le tour en se lamentant. Il fallait un certain temps pour que chacun prenne place, y compris les musiciens et chanteurs, le public et les familles des enfants qui auraient les oreilles percées.

On remettait aux Danseurs leur sifflet en os d'aigle, et ils étaient proclamés officiellement Danseurs du Soleil (Walker, 1917 : 114). Alors avait lieu autour du crâne de bison la Danse du Bison, en quatre parties, dansée par les hommes qui allaient accomplir les sacrifices des deuxième, troisième et quatrième formes. Ils ne devaient pas quitter des yeux le crâne. Ce rituel accompli, ils devenaient des Hommes Bisons et allaient pouvoir communiquer avec *Wi* (Soleil), et par la suite, « leur réputation serait telle qu'ils n'auraient plus à payer leur épouses ». Pendant cette Danse du Bison, des hommes de haut renom perçaient les oreilles des enfants, « qui ainsi obéiraient aux lois de la tribu » (Walker, 1917 : 116).

Alors, commençait à proprement parler la danse *wiwanyang wacipi*. On chantait vingt chants. Le premier, lent et plaintif, consacré aux Danseurs et le dernier, un chant de victoire, n'étaient chantés qu'une fois. Les autres pouvaient l'être aussi souvent que nécessaire. Les Danseurs du Soleil étaient brutalement « capturés » par les guerriers qui devaient les « percer ». Les femmes-aides, à chaque pause, essuyaient la sueur ou le sang des danseurs. À un certain moment, les hommes qui les avaient « percés » leur remettaient une queue de bison qui signifiait qu'ils étaient prêts à les aider. Alors, les Danseurs dansaient encore quatre fois pour se libérer. Si certains n'y arrivaient pas, la cérémonie pouvait se poursuivre jusqu'à ce que tous le soient, ou alors jusqu'à l'aube où le directeur de la cérémonie donnait l'ordre de les détacher. Souvent, une danse du scalp suivie d'une danse pour les femmes clôturaient la cérémonie. Puis, rapidement, tous levaient le camp et s'en allaient.

DANSES DU SOLEIL CONTEMPORAINES

Depuis que je l'ai observée pour la première fois, la Danse du Soleil a connu un développement extraordinaire. En 1969, il n'y en avait qu'une seule pour toutes les réserves sioux, celle de Pine Ridge. Dès 1973, après l'occupation du village de Wounded Knee par les militants indiens et chicanos (immigrés d'origine indienne mexicaine), la *Sundance* connaissait un premier éclatement : chaque réserve sioux en organisa une. Par ailleurs, de quatre Danseurs du Soleil masculins en 1970, le nombre des participants augmenta pour atteindre celui de quelque cent trente Danseurs, dont quatre-vingt-quinze hommes, en 1980, pour la *Sundance* de Green Grass dans la Cheyenne River Sioux Indian Reservation. Depuis 1983, cette grande cérémonie annuelle a encore « éclaté ». À peu près toutes les communautés « traditionalistes » des réserves sioux ont leur *Sundance*, avec une vingtaine, voire plus, de Danseurs chacune. J'ai pu constater qu'à Green Grass, communauté de la réserve de Cheyenne River où est gardée la Pipe sacrée des Indiens Sioux Lakota, deux groupes rivaux de Sioux traditionalistes organisent chacun leur *Sundance* (terrain d'août 1990).

Comment expliquer cet engouement pour une cérémonie si difficile à supporter physiquement et mentalement ? Ce grand rituel annuel fait partie des sept rituels sacrés des Indiens Sioux, dont le cérémonial est en rapport avec le cycle de l'envoyée du Grand Esprit, White Buffalo Calf Woman (« Femme Petite Bisonne Blanche ») (*cf.* Vazeilles, 1977 ; Hehaka Sapa & Brown, 1953). Cette cérémonie collective permet des possibilités de communication avec les Esprits, en particulier lorsque l'émotion atteint son comble au moment des sacrifices des Danseurs. Ceux-ci, qui jeûnent tout au long du rituel, se suspendent des crânes de bison à la peau du torse et du dos au moyen de « broches » en bois, en os et en griffes d'aigle et d'une lanière en cuir brut. Par une plus longue lanière, ils peuvent aussi choisir de se relier à l'Arbre du Soleil, un peuplier aux feuilles bruissantes et vertes. Cet arbre symbolise l'axe du Monde permettant la communication entre les humains et les Esprits, en particulier Soleil, *Tatanka* (« Bison Mâle ») et Oiseau Tonnerre. Les Danseurs du Soleil doivent arriver à se détacher en exerçant des tractions sur les cordes, sauvage et douloureux combat contre l'ignorance et le mal-être, pour acquérir, pendant l'éclair de communication extatique qui peut s'établir, la connaissance et le bien-être pour soi-même, son peuple et les « hommes de bonne volonté ». Les jeunes Indiens trouvent dans cette participation active à la Danse du Soleil, y compris et surtout aux pratiques d'autosacrifices, une manière spectaculaire et efficace d'affirmer à tous les spectateurs et à eux-mêmes leur appartenance aux traditions et aux valeurs de leurs ancêtres.

DANIÈLE VAZEILLES

Un camp de tipis rassemblés à l'occasion d'une Danse du Soleil des Indiens
Blackfoot dans leur réserve de l'Alberta, Canada (probablement début du siècle)

RÉPARTITION DES ETHNIES DU SUBARCTIQUE

KOYUKON
INGALIK
TANANA
TANAINA KUTCHIN
HAN
HARE SASCHUTKENNE
NABESNA
AHTENA MOUNTAIN
TUTCHONE YELLOWKNIFE
TAGISH DOGRIB
TAHLTAN
KASKA
TSETSAUT SLAVE
SEKANI CHIPEWYAN
CARRIER BEAVER
CHILCOTIN WESTERN SWAMPY CREE
WOOD
CREE
OJIBWA
SEPTENTRIONAUX
OJIBWA ALGONKIN
NASKAPI
CREE
MONTAGNAIS BEOTHUK

EMMANUEL DÉSVEAUX

SECRETS ET POUVOIRS DES VIEUX

REPRÉSENTANTS D'UNE GÉNÉRATION DATANT D'AVANT LE DÉBUT DE LA GRANDE TRANSFORMATION CONTEMPORAINE, LES VIEUX DU GRAND NORD CANADIEN SEMBLENT CATALYSER EN LEUR PERSONNE TOUTES LES VERTUS (AU SENS LATIN) ET TOUTES LES ÉNIGMES D'UN MODE DE VIE RÉVOLU. LÀ-BAS, ACCÉDER AUX PAROLES D'UN VIEIL INDIEN, C'EST — PRIVILÈGE INOUÏ — ACCÉDER À L'INDIANITÉ À L'ÉTAT PUR.

La forêt subarctique, cette nature faite de conifères, de lacs et de marécages à l'infini, cet univers englouti sous la neige et la glace plus de huit mois par an, s'étend sur les trois quarts de la superficie du Canada. Contrairement aux idées reçues, cette immensité n'est pas vide d'hommes ; des Indiens la peuplent depuis des « temps immémoriaux ». À cause précisément de conditions écologiques extrêmes, les densités de population ont toujours été très faibles en comparaison d'autres aires. Pourtant il semble bien que ce soit plutôt l'apparence extérieure de ces Indiens qui explique le dédain dans lequel les maintient notre imaginaire. Très tôt, les Européens, Français ou Anglais, sont entrés en contact avec les Algonquins puis avec les Athapascans de la grande forêt boréale. Mais que pouvaient offrir ces Indiens à leurs observateurs putatifs ? À la différence des Indiens des Plaines pour leurs dispositions guerrières, de la côte nord-ouest pour leur sculpture monumentale, du sud-ouest pour leur obsession ritualiste, à la différence encore des Esquimaux pour leurs igloos, ces Indiens n'ont rien de remarquable. Leur culture matérielle était très rudimentaire.

Simplement vêtus de peaux de lièvres tressées, les Indiens du Subarctique s'abritaient dans des petits tipis recouverts d'écorces ou de peaux de cervidés, constamment enfumés. Ils vivaient de la chasse, leurs principaux gibiers étant l'élan et le caribou, le castor, les lièvres et, l'été, le gibier d'eau. S'ils possédaient des arcs et des flèches pour la chasse, l'essentiel des prises provenaient toutefois de pièges de diverses sortes. Les produits de la pêche occupaient une place prépondérante dans leur nourriture. Là encore les Indiens avaient recours à des techniques de piégeage, construisant d'immenses nasses barrant les rivières. Ils fléchaient ou harponnaient de même les poissons. En revanche, ils ignoraient le filet et la pêche hivernale prenait le caractère très prosaïque d'une simple pêche à la ligne. Seulement, il fallait d'abord creuser un trou à travers la glace du lac, laquelle, au plus fort de l'hiver, peut mesurer jusqu'à un mètre d'épaisseur, et s'asseoir à côté, immobile dans le froid en attendant que le poisson morde.

D'INSAISISSABLES INDIENS

En définitive, ce sont les accomplissements techniques de ces Indiens pour se déplacer, c'est-à-dire maîtriser l'immensité de leurs territoires, qui traduisent le mieux une parfaite adéquation entre un environnement naturel donné et une culture matérielle : l'été, le canot en écorce qui, grâce aux portages, permet de se déplacer en toute liberté dans une nature largement amphibie et l'hiver, l'association des mocassins et des raquettes à neige qui, outre une liberté de mouvement encore supérieure à celle de l'été, conférait aux chasseurs un avantage souvent déterminant sur leur gibier. La chasse à l'élan n'est en effet rien d'autre qu'une traque. Une fois la bête débusquée, le chasseur va la poursuivre jusqu'à l'épuisement, jusqu'à ce qu'il puisse s'en approcher suffisamment pour l'abattre. L'élan s'enfonce profondément dans la neige, ce qui entrave sa fuite. Cela étant, il s'agit d'une bête particulièrement puissante et la course dure couramment cinq ou six heures, voire une journée entière... Il arrive très fréquemment que, les conditions de la neige étant contraires, le chasseur se fatigue avant sa proie et doive abandonner avant de réussir à la rejoindre. La chasse à l'élan est une épreuve qui exige du chasseur un engagement physique extrême, pour reprendre l'expression des sportifs contemporains. Elle n'a pratiquement pas été modifiée par l'irruption de la modernité (sur laquelle nous allons revenir).

Mais, d'une certaine façon, les premiers Européens qui parcouraient la forêt boréale ne pouvaient guère s'émerveiller devant canots d'écorce et raquettes, ayant adopté eux-mêmes ces techniques dès qu'ils avaient mis le pied en Amérique du Nord. Pour le reste, prêts à admettre les capacités de chasseurs des Indiens aussi longtemps qu'elles servaient leurs intérêts, ils se sont contentés pendant longtemps de faire avec eux commerce de la fourrure : des peaux de castors (mais aussi de tous les autres mammifères de la forêt, des écureuils aux ours) contre des couteaux, des haches, des casseroles, des fusils, de la poudre, et... du tabac.

Ainsi au XVIIIᵉ siècle, les postes de traite appartenant à la compagnie anglaise de la baie d'Hudson avaient un règlement très strict, reflet d'une volonté de limiter autant que faire se pouvait les relations avec les Indiens. Les échanges marchands étaient confinés à un simple guichet, percé dans le mur extérieur du fort. Les Indiens ne pouvaient pénétrer à l'intérieur. Non que les autorités redoutassent particulièrement quelque coup de force qui aurait rendu les Indiens maîtres des lieux mais plutôt que les employés succombent au charme des indigènes et ne deviennent ainsi *de facto* et sans vraiment s'en rendre compte des beaux-frères de tel ou tel chasseur venu échanger des peaux. Car il n'est rien de tel pour troubler un ordre commercial conçu à l'époque comme inflexible. Les coureurs des bois d'origine française avaient, eux, des pratiques nettement plus conviviales, à tel point qu'ils se sont souvent fondus dans la population indienne.

Que ce soit par défaut ou par excès de contact, les premiers Européens se révèlent incapables de nous transmettre un témoignage valable sur l'organisation sociale des Indiens subarctiques. À leurs yeux, il s'agit de pauvres hères nomades soumis aux rigueurs d'une nature cruelle. Tout juste les voit-on quelques jours par an aux environs du poste, attirés par les mirages du commerce. Au reste, il leur arrive de disparaître d'un seul coup, du jour au lendemain sans crier gare, et de retourner vers leurs territoires de chasse. Leur retour au poste est tout aussi imprévisible, les Indiens choisissant un poste ou un autre afin d'obtenir le meilleur change pour leurs peaux. Les trafiquants ont en règle générale toutes les peines du monde à identifier les individus dont parfois jusqu'aux noms semblent varier d'une année sur l'autre. La définition des groupes et leurs règles d'organisation leur échappent complètement. En ce domaine, il faut attendre les enquêtes ethnographiques contemporaines pour commencer à y voir un peu plus clair.

RATTRAPÉS PAR L'HISTOIRE

Mais si cette histoire, elle-même dépendante des conditions écologiques, s'est forgée sur l'enclume de l'incompréhension réciproque, elle a pour un temps présenté une chance exceptionnelle pour les Indiens du Subarctique, en comparaison du génocide généralisé qui s'est perpétré des siècles durant partout ailleurs en Amérique du Nord. Car les Européens ne trouvèrent rien d'autre que de la fourrure à exploiter dans cet environnement hostile. La terre elle-même, désespérément impropre à l'agriculture, au contraire de celles des Grandes Plaines ou de Californie, ne suscitait aucune convoitise particulière de la part des nouveaux arrivants.

Les Indiens du Subarctique, de leur côté, n'ont jamais fait qu'échanger la peau, partie de leur gibier qui restait de toute façon sous-employée dans leur économie, contre des objets métalliques destinées à leur faciliter la vie quotidienne, comme des haches, des casseroles, des fusils... Leur isolement géographique — il fallait de longues expéditions, renouvelées chaque été, aux trafiquants pour les contacter au cœur de leur territoire de chasse — les a préservés de même d'une influence directe et massive du monde des Blancs. De sorte que, malgré un contact vieux de plusieurs siècles déjà, les modes de vie et les organisations sociales sont restés pratiquement inchangés jusqu'à ce que la généralisation de l'aviation légère ouvre, à partir des années 30 et plus encore 40, l'ensemble du Grand Nord canadien.

À Big Trout Lake, dans le nord-ouest de l'Ontario, un des « postes » parmi les plus retirés du pays, et où j'ai fait mon terrain, le processus s'inscrit comme suit. L'été 1929, les Indiens voient pour la première fois un avion. Il transporte le mandataire de la Couronne qui va leur faire signer le traité, le dernier de ce type signé en Amérique du Nord, par lequel ils cèdent leur souveraineté sur un territoire équivalent à un quart de la France. Une dizaine d'années plus tard, un dispensaire est construit à Big Trout Lake ; une infirmière y est affectée et y demeure en permanence. Les chances de survie des nouveaux-nés font alors un bond en avant, faisant totalement basculer le rapport entre les ressources naturelles disponibles et la pression démographique que la population indigène exerce sur le milieu. La spirale infernale de la dépendance des Indiens vis-à-vis de l'extérieur est amorcée, les fragiles équilibres qui présidaient à l'ancienne économie du commerce de la fourrure étant rapidement débordés. Au début des années 60, une école est construite. Les autorités n'accordent les allocations familiales, devenues un complément indispensable, qu'aux seules familles qui y envoient leurs enfants afin d'être bien certaines de perturber avec le plus d'efficacité possible ce qui se maintient encore de l'économie traditionnelle. En effet, les Indiens, ne se rassemblant que durant la brève période estivale, avaient coutume de vivre tout l'hiver en petites unités sociales dispersées à travers leur territoire, permettant ainsi la meilleure exploitation de celui-ci.

Aujourd'hui nous pouvons observer à Big Trout Lake, comme

E. DÉSVEAUX

E. DÉSVEAUX

*Haut : habitat contemporain. Notez la moto-neige, les raquettes, le désordre et
l'emballage « à la Christo » (contre le froid) de la maison elle-même
Bas : Long Dog Lake, perspective sur le lac. Les canots sont remisés en
hauteur pour le temps de l'hiver*

partout à travers le Subarctique canadien, les conséquences de ce trop banal processus qui détruit aux quatre coins de la planète les sociétés traditionnelles — processus, nous venons de le voir, rendu ici encore plus fulgurant qu'ailleurs grâce à la puissance économique de la société nord-américaine. Images du diachronisme ambiant : les parents qui ne parlent pas un mot d'anglais et les fils qui sortent de l'Université. Des habitations en contre-plaqué, dont les murs bâillent aux jointures dès le deuxième hiver, et à l'intérieur desquelles le poste de télévision, recevant grâce au satellite une bonne trentaine de chaînes, côtoie la bassine dans laquelle trempe, en instance de tannage, la peau d'un élan dans une mixture préparée à base de sa cervelle. Des supermarchés, entièrement approvisionnés par avion, et des tipis qui, recouverts de toiles cirées, servent à fumer viandes de gibier et poissons. Des motoneige et des tronçonneuses d'un côté, des cadres à faire sécher les peaux de castor et des vieux pièges à mâchoire de l'autre. Des adolescents arborant des badges à l'effigie de leurs stars préférées (il s'agit en général de rockers tendance « hard ») et portant des moufles et des mocassins frangés et brodés au style typiquement indien.

LE POUVOIR REDOUTÉ DES VIEUX

Au milieu de ce capharnaüm (qui, au reste, relève surtout de l'apparence) trônent, réfugiés dans un recoin de leur maison, les vieux. L'ordre social traditionnel était une gérontocratie, les vieux y détenant la puissance chamanique et le pouvoir politique qui lui était indissociablement lié. La puissance chamanique est avant tout quelque chose de craint. Nous discutions justement de cela lorsqu'à la télévision passa un reportage sur un défilé de l'armée Rouge. Au moment de mon premier séjour dans le Nord, il y a une dizaine d'années, l'ère Brejnev battait encore son plein. Désignant sur l'écran les visages hermétiques des maîtres du Kremlin, visages slaves aux composantes asiates accentuées par l'âge, mon vieil informateur, au demeurant très au fait de la guerre froide, me dit avec un sourire ironique : « Tu vois ceux-là, eh bien, nous les avons surnommés les "redoutés", exactement comme on appelait les vieux lorsque nous étions jeunes. Les "redoutés", les vieux, mais seulement ceux parmi eux qui avaient du pouvoir. En ce temps-là, ils étaient puissants. »

Pourtant, ce n'est pas de ce pouvoir que provient la fascination de l'ethnographe pour ces vieux, dans un premier temps du moins ; elle résulterait plutôt de sa propre fantasmagorie quant aux origines. L'ethnographe est sous l'emprise d'un principe qu'il faut bien reconnaître comme appartenant moins à la raison qu'à une sorte de participation naïve (soit le principe qui caractérisait précisément, aux yeux de Lévy-Bruhl, la pensée primitive). Dans le Subarctique moins qu'ailleurs, il n'est possible d'échapper au syndrome de l'ethnographie : du vieux comme paradigme de l'informateur. Malheureusement, peu d'entre eux se montrent enclins à le devenir, du moins dans l'immédiat. Ils pensent, et n'ont pas entièrement tort, que ce qu'ils ont à dire demeurera dans un premier temps incompréhensible. Déjà de nombreux mots de leur vocabulaire sont devenus inintelligibles à leurs propres enfants. Non que la langue ait tellement changé en l'espace d'une génération, mais nombre de réalités, donc de préoccupations à exprimer, ont, elles, été modifiées.

Lors des premiers mois de séjour sur le terrain, quelques mésaventures me firent comprendre que je devais plutôt aller accompagner les chasseurs en brousse afin de me familiariser avec le sujet. Aller creuser la glace par moins trente-cinq pour tirer le filet à poisson, aller forcer l'élan, raquettes aux pieds, des heures durant et, à défaut de réussir à l'abattre, aider à transporter sur des kilomètres ses quartiers de viande le long de sentiers évanescents ; aller ramper dans la neige mouillée sous les aulnes avec l'espoir de tirer une oie sauvage ; aller installer le bivouac lorsqu'il fait si froid que les arbres craquent sous l'effet du gel ; aller, au terme d'une longue journée de marche, à l'heure où la nuit s'avance et où la fatigue altère les sens, se laisser illusionner par les formes que prennent les ombres là-bas à la lisière du couvert ; aller poser les pièges ; aller voir un couple de grues s'élever en larges cercles et atteindre une hauteur telle qu'elles en deviennent indiscernables à l'œil nu, absorbées par l'éther rayonnant ; aller descendre les rapides qu'il faudra par la suite, lors de la remontée, contourner au prix d'épuisants transbordements à travers la forêt ; aller redouter que l'embâcle survienne soudainement et rende le retour impossible ; aller endurer la faim le jour — et parfois les jours suivants — où les chasseurs du camp sont rentrés bredouilles ; aller ressentir la satisfaction, qu'il ne convient pas pour autant d'afficher, d'avoir tué ; aller entendre, à la fin de l'hiver, signe annonciateur du printemps, le chant perpétuel de la chouette de Tengmaln.

J'y allai et au bout d'un an, deux ans même, tel ou tel vieux me fit savoir alors qu'il était disposé à me recevoir. Cela dit, certains d'entre eux ne se sont jamais manifestés et d'autres ne m'ont accordé qu'une seule entrevue, parfois fort décevante au demeurant. Heureusement, quelques relations ont eu un caractère plus suivi.

Henry Frogg, méditatif. La photo a été prise dans la maison de son beau-frère, à la fin d'un repas cérémoniel

LA CHASSE D'HENRY FROGG

Justement la première année, c'est à Long Dog Lake que se déroula mon initiation. Long Dog Lake était à ce moment un établissement intermédiaire entre les camps hivernaux de jadis et la communauté contemporaine. Y vivaient de deux à six familles, au rythme des variations saisonnières et des variabilités de l'humeur individuelle, les unes et les autres parfaitement conformes à l'ordre ancien : c'est l'hiver que l'on y était le plus nombreux et dès qu'apparaissait le moindre conflit entre corésidents, ce dernier était désarmorcé par le départ, volontaire, d'un des protagonistes. J'habitais chez Henry Frogg, leader manifeste, bien que loin d'être absolu, de l'endroit.

Henry était déjà un homme assez âgé. Tout au long de mon séjour, bien que fort bavard, Henry demeura l'un de mes plus mauvais informateurs, n'abordant pratiquement jamais ceux des sujets qu'il savait pertinemment m'intéresser avant tout, sinon parfois des *Wiitikowuk*, ces monstres cannibales qui surgissent des profondeurs de la brousse et, leurs forfaits accomplis, s'y évanouissent sans laisser aucune trace ou encore des *Amantsokanuk*, mystérieux visiteurs nocturnes revenant avec la débâcle troubler la quiétude des campements isolés.

L'enseignement d'Henry fut autre, ainsi qu'en atteste une expédition de chasse où il m'emmena. Celle-ci se déroula au printemps justement, à cette époque où de véritables vagues de chaleur portées par le vent du sud sont en train d'en finir avec les dernières glaces qui ne subsistent déjà, à l'état de charpie, que sur les grandes étendues d'eau, époque également où les myriades de moustiques prennent pour quelques mois possession des sous-bois.

Ce jour-là, le soleil est des plus resplendissants, profitant au mieux de la transparence d'un air légèrement humide. Il ferait presque chaud si une légère brise ne soufflait. C'est le milieu de la journée. Nous avançons le long d'un portage et débouchons sur une large clairière au creux de laquelle se love un petit lac. Henry, qui ouvrait la marche, a ralenti l'allure puis s'est arrêté : il y a là des canards, cachés à la limite de l'eau et de la terre parmi les tiges jaunies des roseaux de l'été dernier. Ayant armé son fusil, il avance maintenant de quelques mètres, suivi par son petit-fils. Soudain, dans cette clairière rayonnante, on ne tend plus l'oreille que pour le léger clapotis de l'eau, bruit de fond sur lequel se distinguent encore quelques bruissements d'herbe sèche froissée. Ces derniers bruits cessent enfin : Henry épaule son fusil, anticipant de quelques secondes le lever des canards. Effectivement, le battement d'ailes caractéristique se fait entendre, et deux couples de malards s'élèvent de concert. Henry parvient à abattre deux oiseaux d'un coup de fusil et un troisième de son second coup. Tous trois retombent à l'eau, à plusieurs mètres du rivage, à première vue perdus car irrécupérables. Nous n'avons pas de canot ! N'est-il pas vain — simple acte de présomption — d'abattre ce gibier si, tombé à l'eau, on ne peut pas le récupérer ensuite ? Henry reprend sa marche et contourne le lac ; il s'allonge alors dans l'herbe et semble s'assoupir sans se préoccuper de rien. Pendant ce temps, les cadavres de canards, portés par la brise légère, se dirigent lentement vers lui, traversant imperturbablement le lac. Au bout d'une heure et demie, son petit-fils n'aura plus qu'à se pencher pour récupérer la base du dîner vespéral à l'aide d'une branche d'aulne. Il suffit d'attendre.

Henry n'est certes plus aussi alerte qu'il l'a été. De tout l'hiver il n'a pratiquement pas bougé. Sa vue n'est plus très bonne, ainsi que l'atteste l'iris vitreux de ses yeux. Pourtant le matin, lorsque nous étions dans le canot, il avait déjà abattu un couple de canards en vol. Les oiseaux s'étaient envolés face au vent et, décrivant un parfait demi-cercle, étaient revenus pour passer d'un vol rapide sur notre droite, à une vingtaine de mètres. La visée d'Henry dépend peu de sa vision ; elle repose sur une perception globale de la situation, qui elle-même est une synthèse immédiate de tout un savoir concernant le comportement des canards en fonction du temps et de la configuration des lieux, de la direction et de l'intensité du vent, de la position initiale des oiseaux par rapport à ce dernier. Henry sait à quelle vitesse volent les canards et quelle direction ils prennent. Il les attend au bout de son fusil et tant qu'il lui restera assez de réflexe et d'agilité pour pouvoir aligner celui-ci dans la bonne position, il tuera des canards.

Mais, aux yeux des Indiens, sa facilité à tuer des canards ne tient pas uniquement à une longue expérience. Il a toujours été bon tireur de canard. Il a acquis cette « spécialité » lors de son initiation, lors du long jeûne qu'il endura en solitaire au sommet d'un arbre à l'âge de douze ans. Là, plusieurs jours durant, il resta exposé aux éléments. Alors il rencontra en rêve une entité de la nature, très probablement un animal. Celui-ci fournit à Henry certaines qualités particulières à condition qu'il respecte de son côté certaines prescriptions rituelles, par exemple de ne pas manger tel ou tel gibier ou encore de toujours traiter les os de tel ou tel gibier en les jetant dans le feu.

COMBATS DE CHAMANS

Chacun possède ainsi en propre une ou plusieurs espèces tutélaires, chacun jouit de qualités de chasseur différentes mais est également soumis à des régimes de précautions distincts. Un tel sera un excellent chasseur d'élan, tel autre sera inégalé dans la pose des pièges à castors, un troisième sera un grand pêcheur d'esturgeon, etc. Celui-ci devra toujours récupérer les vertèbres des castors qu'il a tués afin de les accrocher à hauteur d'homme dans les arbres ; de même, pour celui-là, il faudra, après avoir tué l'élan, en découper soigneusement le diaphragme et le suspendre sur les branches des arbres encerclant le lieu où boucherie a été faite. Quant aux interdits alimentaires, ils abondent. Chez quelques individus, ils peuvent au demeurant se cumuler. Les esprits tutélaires du vieux Solomon Begg, beau-frère d'Henry, spécialiste du travail du bois, grand joueur de violon et merveilleux conteur (et excellent informateur), lui avaient interdit la viande d'élan, celle de lièvre et celle de castor. L'hiver, en l'absence de gibier d'eau, il en était pratiquement réduit à ne se nourrir que de poisson, dur régime qu'il compensait, il est vrai, par la consommation de deux ou trois paquets de cigarettes par jour. Pour lui faire plaisir, il me suffisait de lui offrir des Camels sans filtre, *Kitshimokoman nesema*, littéralement « tabac de Long-Couteau », ces derniers désignant, comme dans les westerns de notre enfance, les soldats américains[1].

Pour en revenir à Henry, celui-ci avait un petit-fils nommé Jerry, âgé de dix-sept ans. Jerry était comme un chien fou, grand séducteur (en dépit de son jeune âge, il était crédité de deux ou trois paternités) mais également rebelle à tout, prêt à tous les excès et notamment à ingurgiter n'importe quelle substance afin d'obtenir des hallucinations. Peu de temps après son arrivée, Jerry m'avait déjà confié qu'Henry, son grand-père, était réputé pour son « pouvoir ». De son côté, Simon, son propre père, m'expliquait qu'il ne fallait pas trop se préoccuper du comportement débridé de son fils : dès son enfance, il en avait toujours été ainsi, il convenait d'interpréter ses excès comme une préfiguration de son statut futur. Ce comportement attestait de ses dispositions à devenir un grand chaman, sous-entendu, à l'image de son grand-père.

---

1. Les Ojibwas septentrionaux de l'extrême nord-ouest de l'Ontario dont il est question ici n'ont jamais eu de contacts directs avec les Américains. L'expression leur vient par diffusion à partir des Ojibwas des pourtours des Grands Lacs, diffusion facilitée par le fait qu'au-delà d'habituelles variations dialectales, tous parlent la même langue.

Quelques mois plus tard, Jerry mourut. À la recherche d'expériences hallucinatoires toujours plus violentes, il s'était empoisonné avec des médicaments. Tel est du moins le point de vue des représentants locaux de la médecine occidentale. Aux yeux des Indiens, Jerry fut la victime d'un chaman ennemi, dont on me révéla d'ailleurs sans difficulté l'identité. Ce dernier demeurait le long de la voie du Transcanadien, à un millier de kilomètres au sud. Il s'était attaqué à Jerry car il ne pouvait pas affronter Henry directement, celui-ci étant trop puissant. Mais c'est également parce qu'il était destiné à devenir puissant que Jerry était mort. Dans la guerre de l'invisible que les groupes se livrent entre eux par chamans interposés, il est toujours plus facile de prévenir que de guérir, de s'attaquer à la partie en devenir des forces de l'ennemi qu'à celle fermement établie.

À la suite de cette mort, Henry était amer. Pendant quelques jours, sa jovialité habituelle avait disparu ; on sentait qu'il ruminait sa peine et son dépit. Il avait été défié et on avait sacrifié son petit-fils favori pour cela. Moins que jamais il n'aurait été opportun de ma part de le faire parler. Plus tard, il retrouva toutefois une bonne partie de son humeur d'avant.

LES MYSTÈRES DE LA « TENTE TREMBLANTE »

Pour Angus Brown il n'est plus question de chasser depuis longtemps déjà, il paraît si vieux, assis en tailleur, recroquevillé sur lui-même, dans la pénombre de la maison. La pièce aux murs de laquelle pendent une image pieuse et un sac en plastique au contenu indéterminé paraît surdimensionnée par rapport à ce corps qui a appris à se mouvoir et à se reposer dans l'exiguïté des tipis d'antan. Sa femme est assise sur une vieille chaise près de la fenêtre ; elle prolonge autant que possible ses travaux de broderie à la lumière d'un jour qui n'en finit pas de décliner. De temps à autre, un enfant surgit du dehors, va chercher dans le fond d'un placard un morceau de poisson, ressort, et ce sans que personne n'ait eu quoi que ce soit à dire. Angus est partiquement aveugle. En revanche, il parle, m'expliquant par exemple l'ancienne technique de fabrication des collets à lièvre : l'été, un jour de pluie, il fallait se rendre dans une peupleraie. On pelait alors les troncs d'arbre, non pour obtenir un matériau couvrant, comme dans le cas de l'écorce de bouleau recueilli pour confectionner vaisselles et canots, mais des sortes de lanières végétales. L'humidité ambiante devait faciliter la délicate opération qui consistait à décoller la couche intérieure de l'écorce de peuplier, la seule qui conserve longtemps les qualités physiques — légèreté, résistance, relative élasticité — la rendant propre à piéger les lièvres. Et Angus de me préciser en quoi cette fibre végétale s'avère supérieure au fil de laiton utilisé de nos jours : la nuit, elle ne risque pas de briller, à la différence du métal, qui, malgré toutes les précautions prises, capte et réfléchit parfois le moindre rayonnement lunaire, éveillant ainsi la méfiance du gibier.

De ces considérations techniques, Angus passe volontiers au domaine, tout aussi concret pour lui, des techniques chamaniques et, notamment, il m'explique comment se déroulait une séance de tente tremblante et en quoi celle-ci pouvait devenir l'instrument privilégié de cette guerre immatérielle qui voyait les Indiens s'élever les uns contre les autres. Grâce à la tente tremblante, *kosapashitkan*, « la vision à distance », les anciens Indiens déjouaient les lois ordinaires de la sensibilité. Ils voyaient mais aussi agissaient à distance. Pour cela, le chaman faisait édifier en baguettes d'aulne un édicule de structure à la base circulaire, en général fermé vers le haut, qui était recouvert ensuite de peaux. Rappelant un peu par sa forme un obus, la « tente » en question se situe à mi-chemin entre un tipi standard et les tentes de sudation utilisées plus au sud, chez les Indiens des Plaines notamment. La nuit tombée, idéalement une nuit sans lune, l'officiant s'enduisait le visage de charbon de bois et pénétrait dans l'édicule. Les assistants entendaient un chant d'invocation puis d'étranges dialogues entre le chaman et les esprits animaux dont il est parvenu à faire ses aides, ses auxiliaires. La meilleure preuve de la présence de ces esprits étant bien entendu pour les assistants les tremblements qui secouent toute la structure. Le chaman demande alors à ses aides d'aller là-bas prendre des renseignements sur des parents ou des amis dont on est sans nouvelles. Il peut également agresser un de ses semblables.

J'ai entendu d'innombrables anecdotes sur ces duels de chamans par tente tremblante interposée. Celle que raconte Angus tient de la légende, les éléments de merveilleux primant. Cela la rend d'autant plus significative. Il y avait ce jeune garçon qui n'avait pas de parents et il y avait ce vieux charman qui lui en voulait. Une fois, le vieux chaman entra dans la tente tremblante et tenta de l'agresser. Il n'y parvint pas. Plus tard, il essaya de nouveau ; cette fois-ci on assista à un véritable combat à l'intérieur de la tente. L'édicule était secoué de toutes parts, on distinguait de l'extérieur des cris et les halètements de combattants. Finalement, la tente s'écroula sur le vieux épuisé. Mais le vieux chaman refusa de s'avouer vaincu pour autant. Une troisième fois, il chercha à défier le jeune garçon. Alors, cet ultime com-

E. DÉSVEAUX

Daniel Nanokeesic chez lui. Il tourne son regard vers l'extérieur, en direction de la brousse, avant de se lancer dans la narration des anciens affrontements entre les Indiens et les Adankanuk *ou d'autres de leurs ennemis à l'identité plus ou moins surnaturelle* bat, fait de bruit et de fureur, fut d'une brièveté inouïe. Très vite tout fut silencieux, rien ne bougea plus à l'intérieur de la tente tremblante.

Après avoir attendu quelques instants, les gens s'approchèrent prudemment de la tente et en soulevèrent un pan : ils découvrent le vieux étendu, mort et castré, la verge enfournée dans la bouche et les couilles pendantes aux commissures des lèvres.

Fabuleuse version subarctique et surnaturelle du combat de David et de Goliath. Fabuleuse histoire qui, par inversion, résume toute la puissance dont on crédite les vieux et la crainte que ces agissements sur la scène invisible inspirent. Elle révèle à ce titre la tension sous-jacente à la société dans son ensemble. L'opposition est bien entre la vigueur de la jeunesse, magnifiée ici dans sa dimension sexuelle, c'est-à-dire vitaliste, contre le pouvoir du chaman, pouvoir d'ordre psychique mais aussi pouvoir de l'ombre. L'opposition est entre le pouvoir — en dernière analyse, il s'agit d'un pouvoir sur la nature, un pouvoir physique, un pouvoir d'ordre matériel donc — que détient le chasseur dans la force de l'âge, lorsqu'il est capable de nourrir les siens et peut partager avec les autres en cas de besoin, et le pouvoir du vieux chaman qui s'exerce sur l'imaginaire de chacun, pouvoir palliatif du précédent et qui cherche à s'affirmer dès que les forces physiques individuelles viennent à décliner.

DANIEL, L'HOMME DE PAROLE

Mais, parmi tous mes informateurs putatifs, le vieux Daniel Nanokeesic (« dix jours ») est celui qui a montré le plus de constance et le plus d'enthousiasme à nos entretiens. Dommage — bien que ce ne soit pas un hasard — que ce soit celui qui passait aux yeux de tous pour le plus déconnecté de la réalité, non seulement de la réalité contemporaine mais de la réalité tout court, autrement dit pour le plus fou !

Daniel vit dans une maison un peu à l'écart de la communauté. Il vit seul, ayant perdu depuis longtemps sa femme ainsi que la plupart de ses enfants. Il sort encore pour fendre son bois de chauffage, bien qu'il ne refuse pas qu'on lui donne un coup de main à l'occasion. Avant même de le rencontrer j'avais déjà entendu quelques anecdotes sur son compte, en particulier celle concernant sa main. Au cours d'une chasse à l'élan en solitaire, il se trouvait déjà à plus d'une cinquantaine de kilomètres de sa base comme cela arrive fréquemment — la chasse hivernale à l'élan est une chasse-poursuite qui dure des heures, voire des journées entières — lorsqu'une mauvaise manipulation de son fusil lui emporta la moitié des phalanges de la main droite. L'exploit est d'être parvenu à s'en tirer tout de même. Daniel n'avait pas le choix, son unique chance était de rentrer immédiatement car dans son état il ne pouvait travailler, couper du bois notamment, donc installer un bivouac dans l'attente de secours. Serrant sa main blessée de son poing valide afin de contenir les saignements, il se mit en marche. « Plutôt résistant, le gars », commente de façon laconique Allan, le jeune neveu de Daniel qui avait pris l'habitude de m'accompagner lors de mes visites à l'ancien chasseur.

J'allais habituellement rendre visite à Daniel vers le milieu de l'après-midi. Même au regard des normes locales, l'intérieur de sa maison surprend par son dépouillement. Il se pourrait qu'à côté du poêle, le téléphone en soit l'élément de mobilier le plus remarquable. Une assiette contenant un reste de *nokahiakan*, sorte de *pemmican* à base de poisson, est rangée au coin d'une étagère. Daniel Nanokeesic semble à première vue très vieux. Plus que les rides, c'est le teint de sa peau, curieux mélange d'un excès de pâleur et d'un renforcement du jaune primordial, qui trahit son grand âge, difficile à fixer au demeurant. Les Indiens ne comptent pas l'âge individuel en années ; ils le font en hivers, en hivers affrontés, en hivers endurés. Mais cela importe uniquement pour les premières années de l'existence, pour les enfants, dont la survie était très aléatoire. Après, on perd rapidement le fil du décompte, de sorte que Daniel a perdu même la notion du nombre de fois qu'il a assisté à l'embâcle puis, de longs mois plus tard, à la débâcle des rivières.

Dès que nous étions en sa présence, le visage de Daniel s'éclairait d'un large sourire. Il parlait les yeux mi-clos, se laissant bercer par sa propre narration. Par instants toutefois, afin de renforcer l'effet persuasif, il se tournait vers nous et nous dévisageait. Invariablement, il entamait son discours par l'expression *weskot*, embrayeur syntaxique (pour parler comme les linguistes) qui situe le référent dans le passé. C'est à la façon dont il charge le mot que l'on comprend dans quelles profondeurs du passé il va puiser l'anecdote du moment. Nul doute que Daniel fut un homme de parole, d'où sa fascination pour le téléphone. Il affirmait ainsi qu'il disposait d'une ligne directe avec la reine d'Angleterre (comme tous les vieux Indiens, Daniel voue un culte à la royauté britannique). Immédiatement après, il nous confiait que, de toute façon, la Compagnie Bell-Canada devrait payer des royalties aux Indiens car ce sont eux les vrais inventeurs du téléphone, eux qui, bien avant les Blancs, avaient developpé un système de communication à distance grâce à la tente tremblante.

Mais surtout Daniel aime à raconter les histoires des différents ennemis, ces fameux *Atmansokanuk* et leurs dérivés, qui hantaient la brousse et auxquels les Indiens s'affrontaient épisodiquement. Ces histoires, où, de notre point de vue encore, se mêlent réalité et fiction, sont des histoires violentes et cruelles, à l'exemple de celle-ci :

> « Les *Adankanuk* sont différents de nous, les Indiens. Ils ont leurs propres coutumes. Ils sont aussi plus puissants que nous. Ils commençaient à tuer les nôtres puis ils les mangeaient. Ils se déplaçaient beaucoup, en canoë ou en raquettes. Une fois ils enlevèrent une jeune fille. Cette jeune fille tomba enceinte de l'un d'entre eux. Ils ont dévoré le nouveau-né au petit déjeuner. Après quoi, ils sortirent chasser toute la journée. La nuit tombée, ils retournèrent à leur tipi. Ils étaient fatigués, ils étaient deux... La fatigue était due au nouveau-né qu'ils avaient mangé. Afin de se reposer, ils se suspendirent la tête en bas à la structure du tipi. La couverture de ce dernier était faite de branches de sapin. Alors cette fille le secoue vigoureusement. Toutes les aiguilles en tombent car ces branches étaient déjà toutes sèches. Après cela, le tipi ressemblait à un énorme tas de brindilles, celles que l'on utilise pour allumer le feu. Elle bloqua l'entrée du tipi et y mit le feu. Les deux types crièrent ''au feu, au feu'', c'est d'ailleurs la dernière chose qu'ils dirent jamais. La fille revint un peu plus tard pour vérifier ce qu'il restait des deux individus : il n'en restait rien sinon quelques ossements blanchis par la flamme. »

Le conteur enchaîne ensuite sur une autre rencontre entre ces étranges personnages et les Indiens, rencontre dont les Indiens sortent une fois encore victorieux. Pour conclure sur eux, Daniel explique que les *Adankanuk* étaient plutôt idiots. Ce qui ne les empêchait pas de se montrer malins à l'occasion comme, par exemple, lorsque, traquant un élan, ils chaussaient leurs raquettes devant derrière. Il devenait ainsi impossible à ceux qui croisaient leur piste de savoir la direction qu'ils avaient prise.

La dernière fois que j'ai vu Daniel, c'était à l'automne 1985 lors d'un bref séjour à Big Trout Lake. On m'avait prévenu qu'il était malade. Il était couché, soufflant, les yeux mi-clos, inaccessible à son entourage. À intervalles réguliers, son corps — qui m'apparut alors plus desséché que jamais — était comme pris par des accès de tétanie. Aucun mal particulier n'avait pu être diagnostiqué. Pour Allan, ses *Opawakanuk*, ses esprits tutélaires, les esprits avec lesquels toute sa vie durant il avait dialogué et qu'il avait utilisés dans des agissements chamaniques, étaient la cause de ces troubles. Ils venaient se saisir de lui, en contrepartie de tous les services qu'ils lui avaient rendus mais peut-être qu'il parviendrait, une fois encore, à les amadouer, à leur échapper. Il est certain toutefois que l'étreinte de ces esprits se resserre toujours plus autour de Daniel, héros faustien face à la mort, et qu'un jour prochain ils auront raison de lui, de son vieux corps décharné, de son propre esprit possédé.

LA MONTÉE DU POLITIQUE

Comment peut-on être indien en Amérique du Nord aujourd'hui ? La réponse est assurément multiple. De la perpétuation quasi obsessionnelle d'une rituologie extrêmement complexe, comme chez les Hopi, à la renaissance artistique qu'illustre Bill Reid, le rénovateur de la tradition sculpturale de la côte nord-ouest, en passant par le simulacre guerrier auquel se sont adonnés les jeunes Sioux de l'American Indian Movement il y a quelques années, lors de la deuxième « bataille » de Wounded Knee ou encore dans lequel se sont complus les « Red Warriors » iroquois l'été dernier aux portes de Montréal. D'une certaine façon, ces divers modes de l'indianité, qu'ils soient constants comme chez les Hopi ou itératifs comme chez les jeunes Sioux, trahissent tous une histoire et, de fait, une coupure par rapport à un ordre traditionnel antérieur, coupure qui remonte à la fin du siècle dernier ou aux premières années de celui-ci. Les Indiens du Subarctique sont en train, aujourd'hui c'est-à-dire avec quelques décennies de décalage, de vivre à leur tour cette coupure.

Il est probable que le mode d'indianité à l'émergence duquel nous sommes en train d'assister sera, pour l'aire subarctique, un mode résolument politique. C'est avec admiration que l'on observe ces jeunes Indiens, certes éduqués à l'Université mais aussi héritiers directs de sociétés totalement dépourvues d'institutions politiques au sens occidental, avancer fort habilement leur pion sur la scène politique nationale canadienne dans cette partie au long cours qu'est la question constitutionnelle. Ils semblent avoir compris d'emblée la faiblesse congénitale du système constitutionnel canadien. De même ces jeunes générations, fortes de leur instruction, ont la charge d'administrer au jour le jour les communautés et leurs relations avec le monde extérieur. Or, il se trouve qu'au niveau local comme au niveau national les jeunes politico-bureaucrates d'aujourd'hui se sentent comme paralysés dès qu'il s'agit de prendre une décision importante. Dans ces moments-là, ils éprouvent toujours le besoin de consulter et d'obtenir d'une façon ou d'une autre l'assentiment de l'ancienne génération.

À bien des égards, l'ancien régime gérontocratique prévaut

encore ; tout se passe comme si l'on redoutait toujours les vieux pour leurs agissements éventuels sur la scène du surnaturel. Alors qu'ils devraient être objectivement « dépassés » par les réalités d'un monde contemporain qui n'a pratiquement plus rien à voir avec celui qui les a vus naître, ils demeurent des personnages considérables, à la parole respectée. Là réside peut-être la force et la chance des sociétés subarctiques face à l'agression acculturatrice qu'elles subissent aujourd'hui. Nous avons vu un peu plus haut en effet la tension qui présidait aux relations entre générations dans la société d'antan. Au-delà du discours des informateurs, cette tension n'avait pas que des implications négatives : c'était à elle, en tant qu'agencement d'une nécessaire complémentarité, en tant que mode de transmission d'une identité, autrement dit en tant que véritable lien, que la société devait sa cohésion. Or, que ce lien se maintienne, qu'il apparaisse aussi vivace aujourd'hui qu'hier en dépit du hiatus actuel entre les générations, nous donne personnellement quelque raison de ne pas trop désespérer de l'avenir des Indiens du Subarctique.

*

Puisque j'en suis à suggérer que le pire n'est pas nécessairement à craindre, je ne puis résister à la tentation d'apporter une précision sur un point essentiel, et ce en guise de post-scriptum. La lutte politique que mènent les Indiens du Subarctique pour la survie de leur identité comporte deux fronts : d'une part, celui d'une reconnaissance constitutionnelle allant de pair avec une volonté d'autonomie ; d'autre part, un front moins spectaculaire mais aussi important sinon plus, à savoir un combat de tous les jours contre le sous-développement économique des communautés, synonyme de dépendance vis-à-vis de l'extérieur. Sur ces deux fronts, les activités de chasse (et la pêche) traditionnelles constituent un enjeu primordial, non seulement comme activité productive objective mais également comme arme politique. D'un côté, ces activités permettent en effet aux Indiens de se nourrir, serait-ce partiellement, et de dégager un surplus monétaire, certes modeste mais pour lequel ils n'ont nul besoin de faire appel à des capitaux extérieurs. D'un autre côté, en chassant, les Indiens continuent à exercer concrètement une emprise sur leurs territoires traditionnels. Cet aspect est d'autant plus important qu'en exploitant les ressources cynégétiques de leurs territoires, les Indiens usent du seul droit sur eux que les traités avec les Blancs leur ont laissé. Ce n'est évidemment pas au moment où l'on revendique la consolidation d'un droit qu'il faut, dans les faits, le laisser en déshérence.

Quant à nous, si le sort des Indiens nous inspire une réelle sympathie, plutôt que de signer des pétitions, il nous faut acheter des manteaux de fourrure (castor, ondatra ou, pour les très riches d'entre nous, marte ou, mieux encore, vison sauvage) afin de soutenir le seul secteur de leur économie qu'ils contrôlent un tant soit peu. Voilà qui est paradoxal. Il est rare en effet que le militantisme tiers-mondiste (ou assimilé) induise un consumérisme de luxe. Cela étant, s'offrir de telles fourrures présente un autre avantage : cela nous permet d'affirmer un esprit de résistance face à la nouvelle conscience occidentale qu'incarne avec un indubitable talent une de nos plus illustres actrices de cinéma. Nouvelle conscience qui mériterait d'être qualifiée de néobarbare, si on ne se contentait pas de la considérer purement et simplement comme débile, elle qui place désormais — en prétendant défendre les animaux — la vie *animale individuelle* au-dessus d'existences *humaines collectives*.

EMMANUEL DÉSVEAUX

Ethnologue, attaché au Laboratoire d'anthropologie sociale, spécialiste des Indiens d'Amérique du Nord. Il a passé plus de deux ans dans des communautés indiennes isolées de l'extrême nord-ouest de l'Ontario, au Canada, expérience de terrain qui s'est traduite par de nombreuses publications scientifiques et par la publication d'un ouvrage, *Sous le signe de l'Ours, mythes et temporalité chez les Ojibwas septentrionaux* (Paris, Maison des sciences de l'homme, 1988). Il enseigne actuellement à l'université de Nanterre et à l'École des hautes études en sciences sociales.

E. DÉSVEAUX

Campement hivernal. Les toiles cirées ont remplacé les peaux de cervidé, mais la forme ancestrale subsiste

COMMENT SE RENDRE AUX ÉTATS-UNIS ET AU CANADA AVEC LE GROUPE AIR FRANCE

Aux États-Unis, le Groupe Air France (Air France et UTA) dessert 10 villes dont 9 au départ de la France métropolitaine et San Juan depuis les Antilles françaises.

En 1991, Air France et UTA relient ainsi Paris à New York (3 à 4 fois par jour, selon les jours), Los Angeles 6 à 7 fois par semaine, Chicago 5 à 7 fois, Washington 5 à 7 fois également, Houston 5 à 6 fois, Miami 5 fois, San Francisco 4 fois, Anchorage 3 fois et Boston 2 à 4 fois par semaine. Au départ de la province, Air France relie Lyon ainsi que Nice à New York 2 à 3 fois par semaine.

Une large gamme de services est proposée aux passagers qui, sur Air France, peuvent se rendre aux USA en Concorde, ou en Boeing 747 et Airbus A 310-300 (ces deux derniers appareils disposant d'une Première classe, d'une classe Le Club et d'une classe Économique). Tous les vols d'Air France, au départ de Paris, décollent de l'aéroport Charles-de-Gaulle, aérogare 2, terminal A (excepté le vol quotidien AF 079 sur New York décollant d'Orly pour Newark). Les appareils d'UTA équipés des classes Première de Luxe, Galaxy et Économique décollent également de l'aéroport Charles-de-Gaulle, aérogare 2, terminal A.

Air France assure cet été, en Boeing 747 tri-classe, jusqu'à 7 vols hebdomadaires entre la Métropole et le Canada, dont 3 vols Paris/Montréal/Toronto, et 4 vols Paris/Montreal, au départ de l'aéroport Charles-de-Gaulle, terminal A, aérogare 2.

Le Groupe Air France propose des tarifs « Super Apex » sur les USA et « Visite » sur les USA et le Canada très avantageux, ainsi que des tarifs spécialement étudiés pour les jeunes.

Jumbo America, Jet Tours (marques commerciales de la filiale touristique Sotair) offrent un large choix de séjours et de circuits à travers l'immensité nord-américaine.

Enfin, les Meridien — filiale hôtelière d'Air France — situés aux États-Unis, à Boston, New York, Chicago, La Nouvelle-Orléans, Newport Beach, San Diego et San Francisco et au Canada, à Montréal et à Vancouver, permettent à ceux qui recherchent une hospitalité raffinée d'y retrouver l'art de vivre à la Française.

SÉRIE MUTATIONS

SÉRIE MONDE

Tous ces ouvrages sont disponibles en librairie (diffusion Le Seuil)

Directeur de la publication : Henry Dougier, revue publiée par Autrement

Comm. par. 55778. Corlet, Imp. S.A., 14110 Condé-sur-Noireau. N° 1507/COM. Précédent dépôt : mai 1991

Dépôt légal : juin 1991

Index des annonceurs : Air France, p. 231 Historama, p. 230

ISSN : 0336-5816 - ISBN : 2-86260-332-5. *Imprimé en France*